Vicens Vives
Educación Secundaria

W0406976

Aula3D

GH 4.1

GEOGRAFÍA E HISTORIA
HISTORIA

M. García Sebastián
Catedrática de Geografía e Historia de IES

C. Gatell Arimont
Catedrática de Geografía e Historia de IES

S. Riesco Roche
Profesor de Geografía e Historia de IES

Las actividades del libro están clasificadas según los procesos cognitivos que trabajan:

- **Conocer:** estas actividades son imprescindibles para que los alumnos trabajen directamente el contenido.
- **Aplicar:** estas actividades relacionan el contenido trabajado con los conocimientos previos del alumno y con el entorno, es decir, que trabajan con el contexto.
- **Razonar:** estas actividades tienen como objetivo que el alumno reflexione, explique y razone los porqués de sus respuestas.

Las actividades con el símbolo ✓ están diseñadas para evaluar el nivel de logro de los estándares de aprendizaje.

Además, las actividades pueden incluir competencias clave, que se indican con los siguientes símbolos:

Competencias clave

- Comunicación lingüística
- Competencia matemática y competencias básicas en ciencias y tecnología
- Aprender a aprender
- Conciencia y expresiones culturales
- Sentido de iniciativa y espíritu emprendedor
- Competencias sociales y cívicas (en este libro no se indican estas competencias porque son las propias del área)
- Competencia digital

- Las actividades contenidas en este libro han de realizarse en un cuaderno aparte.
- Los espacios incluidos en las actividades son meramente indicativos y su finalidad es didáctica.

¿Cómo es este libro?

INTRODUCCIÓN

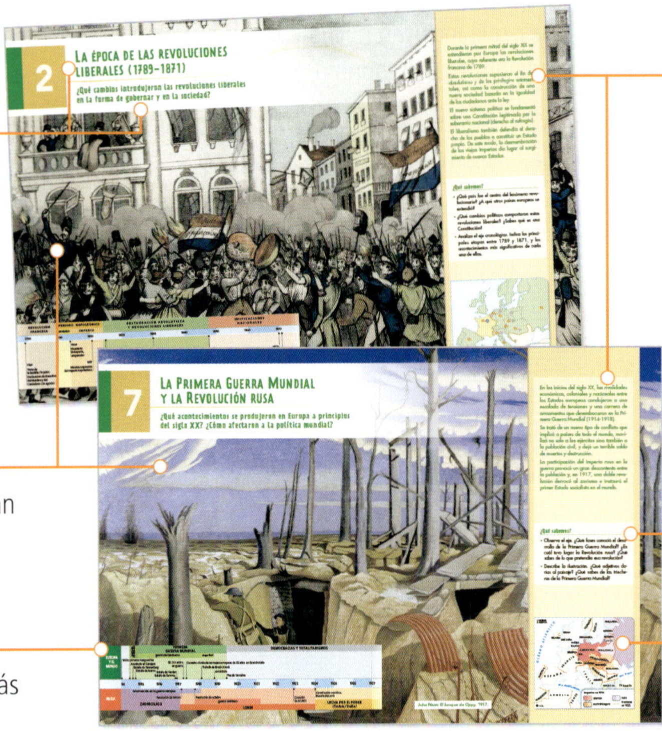

Título y pregunta inicial que constituye el hilo conductor del tema.

Introducción donde se presenta el contenido del tema.

Actividades destinadas a repasar los conocimientos previos y a formar una opinión general sobre el tema.

Imágenes motivadoras que ilustran algunos de los aspectos más relevantes del tema.

Eje cronológico con los hechos más destacados de la época.

Mapa histórico para localizar espacialmente el contenido.

CONTENIDOS DEL TEMA

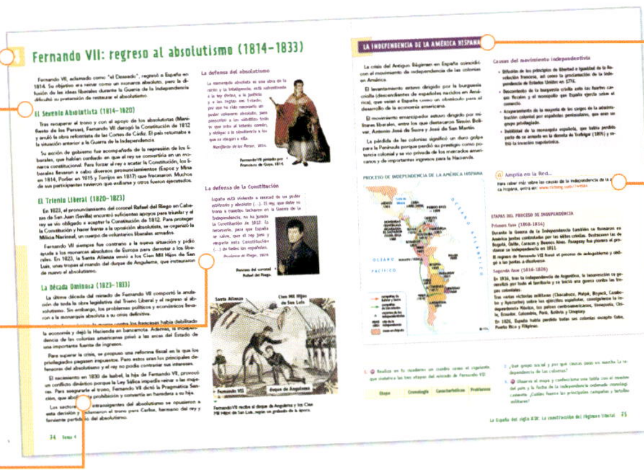

Páginas estructuradas en apartados y subapartados que recogen contenidos esenciales del tema.

Grandes documentos que amplían o complementan contenidos destacados del apartado.

A través de Tiching se accede a Internet para ampliar los contenidos.

Textos históricos para trabajar con fuentes primarias.

Conceptos con asterisco (*) que se definen en el glosario final.

Dibujos con recreaciones que ayudan a comprender y a analizar los edificios históricos y las formas de vida del pasado.

Fotos, mapas, esquemas, dibujos, gráficos... que ilustran el contenido.

Actividades que evalúan los estándares de aprendizaje y las competencias clave.

¿Cómo es este libro?

PÁGINAS MONOGRÁFICAS

Páginas en las que el contenido se plantea mediante un problema a resolver o una situación a debatir. Están estructuradas en bloques, que incluyen documentos de tipología diversa, y contienen actividades para trabajar los estándares de aprendizaje y las competencias.

PREGUNTA CLAVE

Páginas que inician el tema con una pregunta motivadora para fijar la atención y el interés del alumnado.

DESCUBRE

Páginas que profundizan en un determinado contenido del tema.

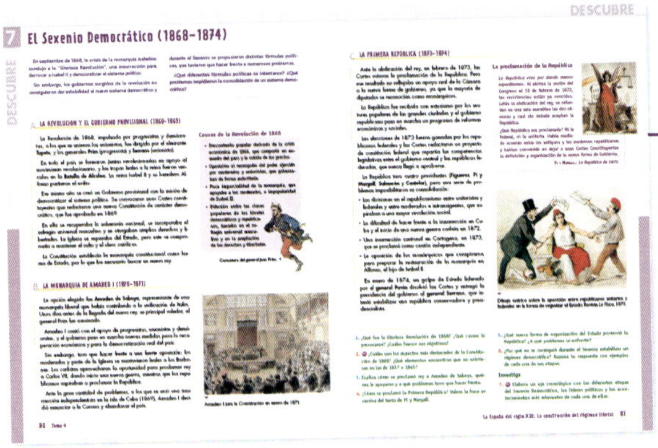

PROTAGONISTAS DE LA HISTORIA

Páginas relacionadas con la vida cotidiana y la sociedad, en que un personaje o un colectivo de la época es el protagonista de un determinado acontecimiento.

PASADO Y PRESENTE

Páginas que presentan procesos políticos, sociales, económicos o culturales del pasado, que tienen su continuidad o relación con hechos de la actualidad.

ARTE Y SOCIEDAD

Páginas concebidas desde la perspectiva del arte como reflejo de la sociedad de un determinado contexto histórico.

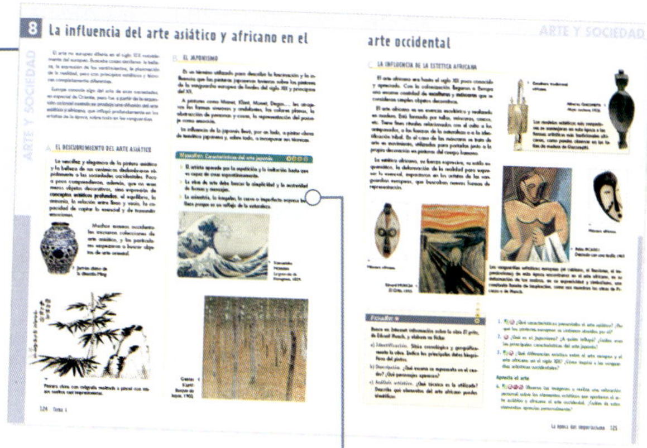

En los *MemoArt* se describen los grandes rasgos artísticos de cada época.

SÍNTESIS

Mapa conceptual para completar los principales contenidos del tema.

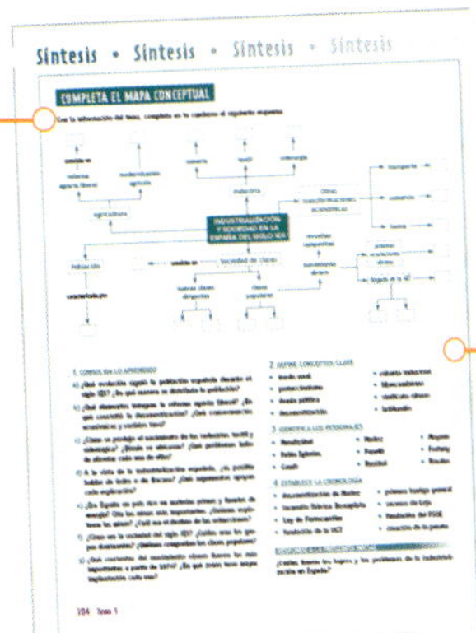

Actividades para consolidar lo aprendido y repasar el vocabulario, la cronología, los hechos y los personajes más importantes del tema.

TALLER DE HISTORIA

Actividades de razonamiento histórico.

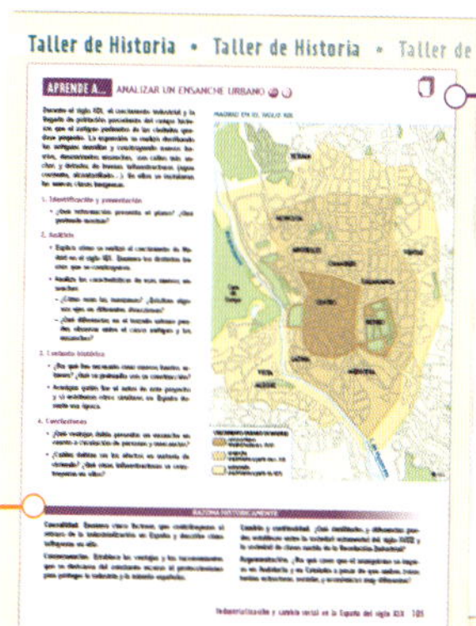

APRENDE A...

Actividad que presta especial atención a los aspectos procedimentales (búsqueda de información, análisis, interpretación, etc.).

Actividades de espacio y tiempo, fuentes documentales, fuentes materiales, causalidad histórica, cambio y continuidad, pasado y presente, empatía, relato e interpretación, el arte en su contexto, etc.

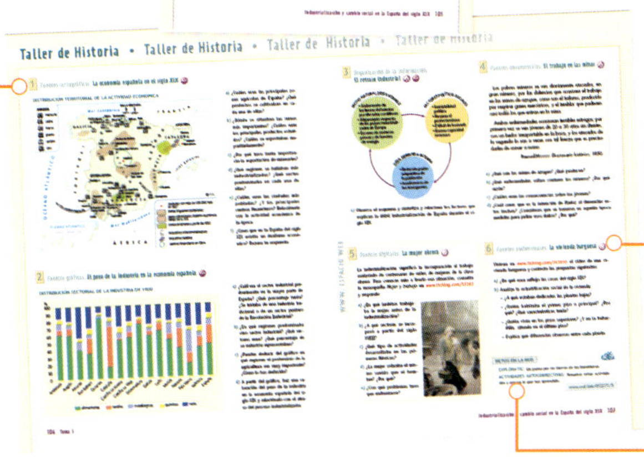

Espacio web: Actividades relacionadas con el tema que remiten a páginas web sobre las que hay que trabajar.

Retos en la Red: recursos en línea para trabajar contenidos relacionados con el tema y proyectos basados en un reto.

Ejercicios autocorrectivos en línea para afianzar los contenidos del currículo.

Historia

1 El siglo XVIII: la crisis del Antiguo Régimen 2

1. Pregunta clave. *¿Por qué el Antiguo Régimen entró en crisis en el siglo XVIII?*
2. Crecimiento económico y desarrollo burgués
3. Descubre. *Los sistemas parlamentarios: Gran Bretaña y Estados Unidos*
4. La Ilustración contra el Antiguo Régimen
5. Pasado y presente. *La* Enciclopedia *difunde los nuevos conocimientos*
6. La monarquía borbónica en España
7. Protagonistas de la Historia. *Jovellanos, un ilustrado español*
8. Arte y sociedad. *Del refinamiento rococó al racionalismo neoclásico*

Síntesis • Taller de Historia

2 La época de las revoluciones liberales (1789-1871) 24

1. Pregunta clave. *¿Por qué estalló una revolución en Francia?*
2. El desarrollo de la Revolución francesa (1789-1799)
3. Protagonistas de la Historia. *Olimpia de Gouges y los derechos de la mujer*
4. Napoleón domina Europa
5. Pasado y presente. *¿Qué herencia nos ha legado la Revolución francesa?*
6. Entre el absolutismo y el liberalismo (1815-1848)
7. Descubre. *¿Qué nuevos Estados se crearon en Europa?*
8. Arte y sociedad. *El nuevo arte de la burguesía*

Síntesis • Taller de Historia

3 El origen de la industrialización 46

1. Pregunta clave. *¿Cómo cambió la producción de bienes con la Revolución Industrial?*
2. Las transformaciones de la agricultura
3. Protagonistas de la Historia. *James Watt y la máquina de vapor*
4. Desarrollo de la industria y aumento del comercio
5. Pasado y presente. *El crecimiento de la población y el desarrollo urbano*
6. El triunfo del capitalismo
7. Descubre. *La nueva sociedad de clases*
8. Los nuevos movimientos sociales

Síntesis • Taller de Historia

4 La España del siglo XIX: la construcción del régimen liberal 68

1. Pregunta clave. *¿Cómo se implantó el liberalismo en España?*
2. Guerra y revolución liberal (1808-1814)
3. Arte y sociedad. *Goya y el nacimiento del arte contemporáneo*
4. Fernando VII: el regreso al absolutismo (1814-1833)
5. Protagonistas de la Historia. *Los carlistas, defensores del Antiguo Régimen*
6. Isabel II y la construcción del Estado liberal (1833-1868)
7. Descubre. *El Sexenio Democrático (1868-1874)*
8. La Restauración borbónica (1874-1902)

Síntesis • Taller de Historia

5 Industrialización y cambio social en la España del siglo XIX — 90

1. Pregunta clave. *La Revolución Industrial en España: ¿éxito o fracaso?*
2. La población y la agricultura
3. Descubre. *Los inicios de la industrialización española*
4. Minería, banca y red ferroviaria
5. El cambio social y sus límites
6. Protagonistas de la Historia. *Los pioneros del movimiento obrero*
7. Arte y sociedad. *El arte del siglo XIX en España*

Síntesis • Taller de Historia

6 La época del imperialismo — 110

1. Pregunta clave. *¿Por qué se produjo la expansión imperialista?*
2. El triunfo del capitalismo industrial
3. Protagonistas de la Historia. *Los emigrantes europeos del siglo XIX*
4. Europa, a la conquista del mundo
5. Descubre. *¿Cómo se repartieron el mundo los imperios coloniales?*
6. Descubre. *La herencia del colonialismo*
7. Arte y sociedad. *El cambio de siglo, hacia una revolución artística*
8. Arte y sociedad. *La influencia del arte asiático y africano en el arte occidental*
9. Pasado y presente. *Del siglo XIX al XX: una transformación constante de la ciencia y la tecnología*

Síntesis • Taller de Historia

7 La Primera Guerra Mundial y la Revolución rusa — 134

1. Pregunta clave. *¿Por qué estalló una guerra en Europa en 1914?*
2. El desarrollo de la guerra
3. Protagonistas de la Historia. *Los soldados en el frente*
4. Una guerra total
5. Descubre. *¿Por qué se produjo una revolución en Rusia?*
6. La Revolución rusa
7. Europa, al finalizar la guerra
8. Arte y sociedad. *Las vanguardias artísticas*

Síntesis • Taller de Historia

8 El periodo de entreguerras — 156

1. Pregunta clave. *¿Qué problemas condujeron a una nueva guerra mundial en tal solo veinte años?*
2. Estados Unidos: de la prosperidad a la crisis
3. Descubre. *1929, ejemplo de crisis de la economía capitalista*
4. La crisis de la democracia: el fascismo italiano
5. Alemania, el ascenso del nazismo
6. Descubre. *El régimen nazi, un sistema totalitario*
7. La Unión Soviética, la dictadura estalinista
8. Arte y sociedad. *El arte del periodo de entreguerras*

Síntesis • Taller de Historia

1 El siglo XVIII: la crisis del Antiguo Régimen

¿Por qué las ideas de la Ilustración y el desarrollo económico del siglo XVIII hicieron entrar en crisis al Antiguo Régimen?

EUROPA Y EE UU

- 1689 Declaración de Derechos en Inglaterra
- 1713 Tratado de Utrecht
- 1751 Publicación de la *Enciclopedia*
- 1762 *El contrato social*, de Rousseau
- 1773 Revuelta del té
- 1776 Independencia de EE UU
- 1787 Constitución de EE UU

1680 · 1710 · 1720 · 1730 · 1740 · 1750 · 1760 · 1770 · 1780 · 1790

ESPAÑA

- 1700 Inicio de la dinastía de los Borbones
- 1701 Guerra de 1714 Sucesión española
- 1707 Decretos 1716 de Nueva Planta
- 1719-20 Primeras manufacturas reales
- 1738 Inicio de la construcción del Palacio Real de Madrid
- 1778 Libertad de los puertos para comerciar con América
- 1794 *Informe sobre la Ley Agraria*, de Jovellanos

FELIPE V · FERNANDO VI · CARLOS III · CARLOS

Luis PARET: *Carlos III comiendo ante su corte*, 1775.

El siglo XVIII fue un periodo de transición. Por un lado, se mantuvieron las características del Antiguo Régimen: la monarquía absoluta, la sociedad estamental y una economía señorial agraria.

Sin embargo, el intenso impulso demográfico y económico, el crecimiento de la burguesía, los ejemplos de la Revolución inglesa y de la independencia americana y las ideas de la Ilustración hicieron entrar en crisis al Antiguo Régimen.

En España, el siglo XVIII significó la entronización de una nueva dinastía, los Borbones, que implantaron el modelo absolutista francés. Pero a mediados de siglo, la difusión de las ideas ilustradas influyó en el monarca Carlos III, que aplicó algunos de los principios reformistas del Despotismo Ilustrado.

¿Qué sabemos?

- ¿Qué caracterizaba a la sociedad del Antiguo Régimen?
- ¿Qué sistemas políticos se reflejan en el mapa? ¿Puedes establecer alguna diferencia entre ellos?
- ¿Sabes qué fue la Ilustración? ¿Recuerdas el nombre de algún pensador ilustrado?
- Fíjate en el eje cronológico. ¿Qué dinastía empezó a reinar en España en el siglo XVIII? ¿De dónde procedía?

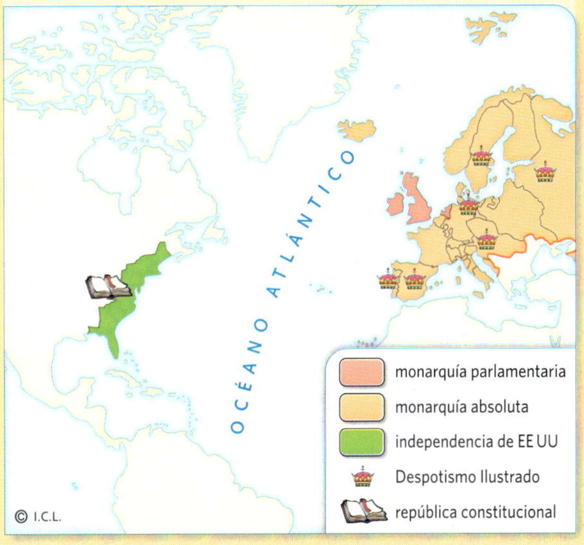

¿Por qué el Antiguo Régimen entró en crisis en el

El Antiguo Régimen era el sistema económico, social y político, heredero del feudalismo medieval, que se hallaba vigente en la Europa del siglo XVIII.

El sistema de gobierno era el absolutismo monárquico, la sociedad era estamental y fundamentada sobre los privilegios de una minoría (nobleza y clero), y la agricultura constituía la base de una población mayoritariamente campesina.

El desarrollo de las actividades manufactureras y comerciales, sobre todo del comercio marítimo a larga distancia, había generado nuevas fuentes de riqueza, que beneficiaban a la burguesía, la clase social en ascenso.

Pero el desarrollo de las nuevas actividades económicas de la burguesía se veía obstaculizado por el mantenimiento de unas estructuras económicas y sociales caducas. Además, la burguesía aspiraba al reconocimiento político y social que la pervivencia del Antiguo Régimen le negaba.

El siglo XVIII fue de tránsito entre el viejo mundo aristocrático en declive y el nuevo mundo burgués que emergía con fuerza. Esta pugna marcó el fin de una época y la gestación del mundo contemporáneo.

¿Qué papel desempeñaron la burguesía y sus nuevas ideas en la quiebra del Antiguo Régimen?

A UNA ECONOMÍA AGRÍCOLA Y SEÑORIAL

La economía del Antiguo Régimen era básicamente **rural** y más del 80% de la población se dedicaba a tareas agrícolas. La propiedad de la tierra era vinculada, es decir, no se podía comprar ni vender, y estaba concentrada en manos de la nobleza y de la Iglesia.

En el campo seguía vigente el **régimen señorial**, heredado del feudalismo. Los señores vivían de las rentas e impuestos que los campesinos debían pagarles, y además tenían la facultad de dictar órdenes y de impartir justicia. Los campesinos también estaban obligados a pagar el diezmo (10% de la cosecha) a la Iglesia.

La agricultura utilizaba métodos muy tradicionales, con escasas mejoras técnicas y una baja productividad, que a duras penas podía alimentar a la población. La mayor parte de la producción se dedicaba al autoconsumo, los intercambios eran escasos y el comercio se veía dificultado por la insuficiencia de sistemas de transporte.

A pesar del predominio agrícola, la burguesía desempeñaba actividades artesanales y manufactureras que en el siglo XVIII se vieron fuertemente estimuladas por el desarrollo del **comercio ultramarino**.

Grabado francés del siglo XVIII que refleja la dureza de la vida del campesino en esa época.

@ Amplía en la Red...

Para saber más sobre la sociedad estamental, entra en: www.tiching.com/67895

B UNA SOCIEDAD FUNDAMENTADA SOBRE LOS PRIVILEGIOS

La sociedad estaba dividida, según el derecho tradicional, en tres órdenes o estamentos: el **clero**, la **nobleza** y el **estado llano** (o Tercer Estado), que comprendía grupos tan diversos como el campesinado, la burguesía y las clases populares de las ciudades.

La característica principal de la sociedad estamental era su **desigualdad civil**. La nobleza y el clero eran los privilegiados, que gozaban de derechos y privilegios, acaparaban todos los cargos del ejército, la Iglesia y la administración y estaban exentos de pagar impuestos. El resto de la sociedad no gozaba de privilegios y debía soportar todas las cargas fiscales del Estado.

Grabado del siglo XVIII que representa las desigualdades de la sociedad estamental.

siglo XVIII?

C LA MONARQUÍA ABSOLUTA DE DERECHO DIVINO

La forma predominante de gobierno en toda Europa era la **monarquía absoluta** de derecho divino. La autoridad del rey provenía de Dios y en su nombre ejercía el poder sobre sus súbditos. El rey Luis XIV de Francia, conocido como el "Rey Sol", fue el prototipo de monarca absoluto.

El rey concentraba todos los poderes: dictaba leyes, nombraba a los magistrados y ministros, administraba justicia, comandaba el ejército y dirigía la política exterior. No se sometía a ningún control y no compartía la soberanía con nadie.

Sin embargo, el poder del rey estaba limitado por la ley divina y por las leyes fundamentales del reino, que el monarca debía aceptar en el momento de su coronación.

LOS ESTADOS EUROPEOS EN EL SIGLO XVIII

D LOS FACTORES IMPULSORES DEL CAMBIO

El **crecimiento económico** del siglo XVIII unido a las aspiraciones de cambio del **Tercer Estado** impulsadas por la **burguesía** resquebrajaron las bases del Antiguo Régimen.

La burguesía aspiraba a participar en el gobierno, criticaba los privilegios y reclamaba que el reconocimiento social fuese el resultado de los méritos de cada individuo y no de la familia en que uno había nacido.

Los campesinos y las campesinas se oponían al régimen señorial y rechazaban los fuertes impuestos que pesaban sobre ellos y los sumían en la miseria. En las ciudades, las **clases populares** se empobrecieron como consecuencia de que los precios subían más que sus salarios.

En este contexto, un grupo de pensadores, los **ilustrados**, socavó los fundamentos ideológicos del Antiguo Régimen y propuso **nuevos modelos sociales y políticos** para organizar la sociedad.

A finales del siglo XVIII, la mayor parte de la sociedad deseaba acabar con el predominio de los privilegiados y con una monarquía que solo gobernaba para ellos. Se había iniciado el camino de las revoluciones que pondrían fin al Antiguo Régimen.

Nicolas-Bernard Lépicié: *La familia Leroy*, 1766. Algunos burgueses del siglo XVIII se habían convertido en una clase adinerada.

1. Completa en tu cuaderno el siguiente mapa mental con las principales características del Antiguo Régimen:

2. Observa el mapa. ¿Qué sistema político predominaba en Europa en el siglo XVIII? ¿Cuáles eran los grandes imperios y Estados?

Argumenta la respuesta

3. ¿Por qué a finales del siglo XVIII entró en crisis el Antiguo Régimen? ¿Qué papel desempeñó la burguesía en este proceso de cambio?

2 Crecimiento económico y desarrollo burgués

Después de las largas guerras del siglo XVII, se inició un periodo de paz, que favoreció el desarrollo de las actividades económicas durante el siglo XVIII.

El aumento demográfico

El continente europeo pasó de 100 a 200 millones de habitantes entre 1650 y 1800. Este notable **crecimiento** de la población fue debido al aumento de la producción agrícola, a la mejora general de la economía y a la disminución de las grandes epidemias, que originaron un descenso de la mortalidad y un progresivo aumento de la natalidad.

El mayor número de personas supuso un estímulo para el incremento de la producción (a más consumidores, más demanda) y fue una de las causas de la reactivación de la economía.

El desarrollo agrícola y manufacturero

El crecimiento de la demanda estimuló la **roturación** de nuevas tierras para aumentar la producción agrícola así como la introducción de **nuevos cultivos** (patata, maíz...) y **técnicas**. Todo ello inició el camino hacia la revolución agrícola de finales del siglo XVIII.

Para aumentar la producción artesanal y escapar del rígido control que ejercían los gremios, que regulaban la producción y los beneficios, se introdujeron nuevos sistemas de producción:

- El **trabajo a domicilio**, que consistía en facilitar la materia prima y los instrumentos de trabajo a familias campesinas para que elaborasen productos en sus pequeños talleres.
- Las **manufacturas**, que eran instalaciones que concentraban un elevado número de trabajadores para elaborar determinados artículos, normalmente de lujo. Estos establecimientos podían estar impulsados por el Estado o ser de iniciativa privada.

La producción se vendía en los mercados urbanos en expansión, pero sobre todo en los mercados internacionales, por medio del **comercio colonial** que se desarrollaba a través de la navegación.

El auge del capital y de la burguesía

La subida de precios que se produjo en el siglo XVIII como consecuencia del aumento de la demanda, empobreció a la nobleza que vivía de las rentas agrarias. Por el contrario, enriqueció a la burguesía, que impulsaba los negocios que daban mayores ganancias.

El desarrollo de las nuevas formas productivas y la expansión del comercio causaron la pérdida de la importancia económica de las rentas de la agricultura para dar protagonismo a la producción de bienes, al comercio y al dinero, es decir, al capital (riqueza mobiliaria). Este cambio contribuyó a la crisis del Antiguo Régimen, un sistema económico y social basado en la propiedad territorial como fuente de riqueza y de privilegios sociales.

EL CRECIMIENTO DEMOGRÁFICO

País	Hacia 1700	Hacia 1800
Gran Bretaña	9 400 000	16 000 000
Francia	19 000 000	27 000 000
España	6 000 000	11 000 000
Italia	13 000 000	18 000 000
Alemania	12 000 000	23 000 000
Rusia	14 000 000	36 000 000

1. ¿Qué evolución tuvo la población en el siglo XVIII? ¿A qué se debió? ¿Cuáles eran los países más poblados?

Un tejedor a domicilio de finales del siglo XVIII. El promotor del trabajo era un artesano-comerciante que encargaba el trabajo a familias campesinas, pagaba por pieza y comercializaba el producto.

Elogio de la burguesía

En Francia, un noble es considerado muy superior a un negociante.

Yo no sé, sin embargo, quién es más útil a un Estado: el señor bien engalanado, que sabe con precisión a qué hora se levanta el rey, y que se da aires de grandeza, o un negociante que enriquece a su país, da órdenes en El Cairo y contribuye a la felicidad del mundo.

VOLTAIRE: *Cartas filosóficas*, 1734.

2. ¿Qué reflexión hace Voltaire sobre el papel social de la nobleza y de la burguesía?

¿EN QUÉ CONSISTÍA EL COMERCIO TRIANGULAR?

El **comercio colonial**, es decir, el comercio marítimo con los territorios extraeuropeos, tuvo un gran auge en el siglo XVIII. Los comerciantes europeos (Gran Bretaña, Holanda, Francia, España y Portugal) intercambiaban **productos manufacturados** de Europa por **materias primas**. Algunos productos coloniales, como el azúcar, el café y el algodón se hicieron habituales en Europa.

La base de este comercio era el llamado **comercio triangular** que tenía en el **tráfico de esclavos** de raza negra un elemento esencial. Los esclavos eran apresados en África, trasladados a América y vendidos allí para trabajar de manera infrahumana en las plantaciones. El destino de los esclavos era, sobre todo, la zona del Caribe, Brasil y las colonias inglesas de Norteamérica.

Los beneficios obtenidos con el comercio colonial eran muy altos, lo que favoreció la proliferación de mercaderes, banqueros y prestamistas, así como un mayor desarrollo de los **bancos** y de las **compañías comerciales**. Estas compañías estaban organizadas por comerciantes privados que gozaban de la protección del Estado, que les otorgaba privilegios.

Venta de esclavos en la República Dominicana, según un grabado de 1826.

@ Amplía en la Red...

Para saber más sobre el comercio triangular, entra en: www.tiching.com/746181

LAS GRANDES RUTAS COMERCIALES

3. ¿En qué consistía el trabajo a domicilio y las manufacturas? ¿Por qué los productores querían evitar los gremios?

4. ¿Qué grupo social se vio beneficiado con las actividades económicas del siglo XVIII? ¿Cuál resultó perjudicado?

5. Observa el mapa y describe las grandes rutas comerciales marítimas y los productos que se intercambiaban. ¿Por qué se denomina comercio triangular?

6. ¿Qué eran las compañías comerciales? ¿Por qué el desarrollo del comercio a larga distancia provocó el crecimiento de estas compañías?

7. Explica en qué consistía el comercio de esclavos, dónde eran recogidos y cuál era su destino. ¿Puedes establecer alguna relación entre el consumo en Europa de productos como el café, el azúcar o el algodón y el tráfico de esclavos?

DESCUBRE

3 Los sistemas parlamentarios: Gran Bretaña

En el siglo XVIII, Gran Bretaña había limitado el poder del rey y reforzado el del Parlamento. Por otro lado, Estados Unidos se organizó como una república fundamentada sobre una Constitución y sobre los derechos de los ciudadanos.

La monarquía parlamentaria británica y la república americana constituyeron un modelo para los pensadores de la Ilustración e inspiraron las revoluciones que pusieron fin al absolutismo en Europa.

A LA MONARQUÍA PARLAMENTARIA EN INGLATERRA

Desde la Edad Media, en Inglaterra, el poder real estaba limitado por las dos cámaras del Parlamento: la de los nobles y los clérigos (**Lores**) y la de los burgueses representantes de las ciudades (**Comunes**). Los monarcas necesitaban su autorización para aprobar los impuestos o para declarar la guerra.

Las revoluciones del siglo XVII

En el siglo XVII, la dinastía **Estuardo** pretendió gobernar sin el Parlamento y procedió a detener o ajusticiar a sus oponentes. Estos hechos enfrentaron a los defensores del Parlamento y a los de la monarquía. El conflicto tuvo dos etapas:

- En 1649, el rey Carlos I fue ajusticiado y se proclamó una República, que quedó en manos de **Oliver Cromwell**.

  En 1660 se restableció la monarquía y el nuevo rey, Carlos II, tuvo que aceptar el control del Parlamento. En 1679 se aprobó el ***Habeas corpus***, un texto que garantizaba las libertades individuales e impedía al rey toda detención arbitraria.
- En 1689, la política absolutista de Jacobo II y su fe católica provocaron una segunda revolución. El Parlamento ofreció la corona al príncipe holandés **Guillermo de Orange**, protestante y dispuesto a jurar la Declaración de Derechos (***Bill of Rights***), que limitaba los poderes del monarca y sometía algunas de sus decisiones al Parlamento.

Ejecución de Carlos I de Inglaterra en 1649.

La monarquía con derechos limitados

A lo largo del siglo XVIII, toda una serie de medidas precisaron las atribuciones del Parlamento ante el monarca y asentaron el principio de **separación de poderes**. La elaboración de leyes quedaba en manos del Parlamento y el poder judicial era independiente del Gobierno, aunque el monarca dirigía el ejecutivo y conservaba muchas de sus atribuciones.

Sin embargo, solo una minoría (grandes propietarios agrarios, burgueses, etc.) tenía derecho a votar, los habitantes de las colonias no estaban representados en el Parlamento y la esclavitud continuaba siendo comúnmente aceptada.

La Cámara de los Lores del Parlamento británico, a comienzos del siglo XVIII.

El sistema político inglés visto por Voltaire

La Cámara de los Comunes es verdaderamente la nación porque cada uno de sus miembros es un diputado que representa al pueblo (...).

La legislación inglesa ha otorgado a cada individuo todos los derechos de que es despojado en casi todas las monarquías. Esos derechos son: la entera libertad de las personas y de sus bienes, poder dirigirse a la nación a través de su propia pluma y publicar lo que piensa, no poder ser juzgado si no es en los términos precisos que marca la ley y poder profesar en paz la religión que quiera. Allí podéis estar tranquilos de que (...) tan solo seréis detenidos y juzgados siguiendo la ley.

VOLTAIRE: *Diccionario filosófico*, 1764.

y Estados Unidos

B LA INDEPENDENCIA DE ESTADOS UNIDOS

Las trece colonias británicas, establecidas en la costa Este de América del Norte, protagonizaron en el siglo XVIII la primera insurrección colonial contra una metrópoli, y constituyeron el primer ejemplo de gobierno fundado sobre los principios de igualdad y libertad.

Los colonos americanos estaban descontentos con una metrópoli que no les permitía enviar representantes al Parlamento y les imponía un monopolio comercial así como fuertes impuestos.

La decisión británica de otorgar el monopolio de la venta de té a una compañía inglesa provocó en Boston, en 1773, la revuelta del té, que inició el conflicto armado. El rey Jorge III envió al ejército a sofocar la rebelión.

Para reforzar su posición frente a Gran Bretaña, delegados de las trece colonias, reunidos en Filadelfia, redactaron la **Declaración de Independencia de Estados Unidos de América** (4 de julio de 1776), que expresaba el deber de los gobernantes de respetar los derechos inalienables del pueblo.

La guerra contra la metrópoli fue larga, y tras la derrota de Yorktown, Gran Bretaña reconoció la independencia en 1783. Los nuevos Estados Unidos de América redactaron una **constitución** (1787) que fue la primera constitución escrita de la historia. Poco después, en 1789, **George Washington** fue proclamado primer presidente.

LAS 13 COLONIAS AMERICANAS

La Constitución americana

La Constitución americana aseguraba la separación de poderes (ejecutivo, legislativo y judicial), establecía un gobierno republicano, encabezado por un presidente elegido por los ciudadanos y con amplios poderes, e implantaba una estructura federal* del Estado.

La Constitución se completaba con una **Declaración de Derechos** que garantizaba la libertad de religión, de prensa, de expresión, de reunión, y el derecho a ser juzgado por un jurado. Asimismo, nadie podía ser privado de su vida, de su libertad o de su propiedad, sin un procedimiento judicial adecuado.

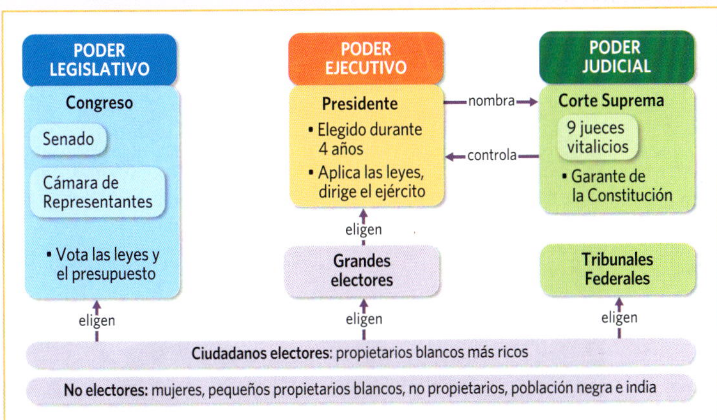

Esta Constitución sigue vigente hoy en día y se ha ido completando y actualizando a través del añadido de enmiendas.

1. ¿Cómo consiguió el Parlamento inglés limitar el poder del monarca en el siglo XVII? Lee el texto de Voltaire y explica por qué el *Bill of Rights* y el *Habeas corpus* garantizan derechos a los ciudadanos e impiden la arbitrariedad.

2. Observa el mapa y enumera las 13 colonias inglesas en Norteamérica. ¿Qué causas motivaron su deseo de independencia? Explica el proceso mediante el cual se llevó a cabo.

3. Fíjate en el esquema del sistema político de EEUU, explica sus características y las diferencias con una monarquía absoluta.

Investiga

4. Lee en www.tiching.com/54657 el documento de la Declaración de Independencia de Estados Unidos:
   - ¿Con qué argumentos justifican sus redactores esta Declaración?
   - ¿Qué pasos dicen haber seguido antes de declarar la independencia?

5. Consulta en Internet y averigua cuándo fue abolida la esclavitud en Estados Unidos y cuándo lograron las mujeres, los indios y los negros el derecho de sufragio.

4 La Ilustración contra el Antiguo Régimen

La Ilustración fue un movimiento intelectual, desarrollado en Europa durante el siglo XVIII, que cuestionó las bases sobre las que se asentaba el Antiguo Régimen y propuso una nueva forma de organización de la sociedad.

La nueva burguesía en ascenso hizo suyas esas ideas y las convirtió en un programa revolucionario para derrocar al absolutismo.

El pensamiento de la Ilustración

Los ilustrados propugnaban una fe absoluta en la **razón** (inteligencia humana) como único medio para entender y explicar el mundo. Así, los nuevos filósofos se enfrentaron a la concepción medieval basada en la tradición y en el teocentrismo religioso.

Aunque la mayor parte de los ilustrados eran **deístas**, es decir, creían en una religión natural que admitía la idea de Dios, rechazaban la superioridad de cualquier religión sobre las otras y condenaban la intolerancia religiosa. **Voltaire** fue el gran defensor de la **libertad de conciencia** y de la **tolerancia** como base de las relaciones humanas.

Los ilustrados tenían una **concepción optimista** de la **naturaleza**, a la que consideraban una fuente de justicia y bondad, y del **ser humano**, que nacía para ser feliz. Confiaban en la idea de **progreso** y creían que la razón y la voluntad humana podían mejorar la sociedad.

El Despotismo Ilustrado

La influencia del pensamiento ilustrado alcanzó a las cortes europeas, y algunos soberanos, sin renunciar a su autoridad, intentaron llevar a cabo experiencias reformistas que unían la concepción absolutista de la monarquía con las ideas de progreso de la Ilustración.

En distintos países de Europa surgieron monarcas ilustrados, entre los que destacaron Federico II de Prusia, María Teresa de Austria, la zarina Catalina de Rusia, Gustavo de Suecia y Carlos III de España.

Todos ellos promovieron la racionalización de la administración, el fomento de la educación y la modernización económica. En este sentido impulsaron programas de desarrollo agrícola e industrial, facilitaron la libertad de comercio y promovieron las manufacturas y las compañías comerciales.

La frase "Todo para el pueblo, pero sin el pueblo" define el carácter reformista del Despotismo Ilustrado y la voluntad de los monarcas de actuar en favor del pueblo, pero sin renunciar a ninguno de sus privilegios.

Quentin DE LA TOUR: *Émilie du Châtelet*, primera mitad del siglo XVIII.

Algunas mujeres contribuyeron a la Ilustración organizando salones donde los intelectuales debatían las nuevas ideas o realizando ellas mismas trabajos científicos.

La tolerancia

La discordia es el gran mal del género humano y la tolerancia es su único remedio. No hay nadie que pueda discrepar de esta verdad (...).

En la América inglesa (...) se ha establecido la entera libertad de conciencia, y a pesar de que todos creen en Dios, todas las religiones son bien recibidas y, gracias a ello, la población aumenta y el comercio florece.

VOLTAIRE: *Diccionario filosófico*, 1764.

1. ¿Qué son la tolerancia y la libertad de conciencia? ¿Por qué las defiende Voltaire?

Adolph VON MENZEL: *Voltaire en la corte de Federico II de Prusia*, 1850.

¿QUÉ NUEVAS IDEAS PROPUSIERON LOS ILUSTRADOS?

Las ideas de la Ilustración fueron propagadas por un grupo de pensadores, principalmente franceses, entre los que destacan Montesquieu, Voltaire, Diderot, Rousseau y D'Alembert.

Todos ellos contribuyeron a crear un nuevo modelo de organización política y social, que fue la base del liberalismo político y de las revoluciones liberal-burguesas del siglo XIX.

A NIVEL SOCIAL

- Se opusieron a la **sociedad estamental** y proclamaron que nadie podía heredar ni gozar de prestigio o privilegios en nombre de sus antepasados.
- Defendieron la movilidad social, la igualdad de origen y el mérito según la valía de cada persona.

Crítica de la sociedad estamental según un grabado del siglo XVIII.

A NIVEL ECONÓMICO

- Se opusieron a los mercantilistas que creían en el comercio y en la acumulación de metales preciosos como principales fuentes de riqueza de un país y defendieron que la agricultura y las actividades productivas eran las que permitían vivir a sus habitantes (**fisiocracia**).
- Lucharon contra toda reglamentación por parte del Estado y defendieron la libre iniciativa, la propiedad privada y la libertad económica (**liberalismo económico**).

A NIVEL POLÍTICO

- Criticaron el despotismo y la arbitrariedad del absolutismo.
- **Montesquieu** propuso la **división de poderes** (legislativo, ejecutivo y judicial), con especial énfasis en la independencia del poder judicial.
- **Rousseau** planteó la necesidad de un **contrato social** entre gobernantes y gobernados (**Constitución**). También definió el principio de **soberanía nacional**, por el cual el poder emana del libre consentimiento de todos los ciudadanos, expresado mediante el voto.
- **Voltaire** defendió la necesidad de un **parlamento** que limitase el poder del rey y de un **sistema fiscal** que no recayese exclusivamente sobre el pueblo.

La soberanía nacional

Solo la voluntad general puede dirigir las fuerzas del Estado (...), el pueblo sometido a la ley debe ser el protagonista. El poder legislativo pertenece al pueblo y tan solo de él puede emerger. (...) Toda ley que no haya sido ratificada por el pueblo es nula. (...) Para asegurar las leyes, es necesario un gobierno, pero el gobierno es tan solo el representante del pueblo soberano. (...)

Jean-Jacques Rousseau: *El contrato social*, 1762.

EL SISTEMA POLÍTICO LIBERAL

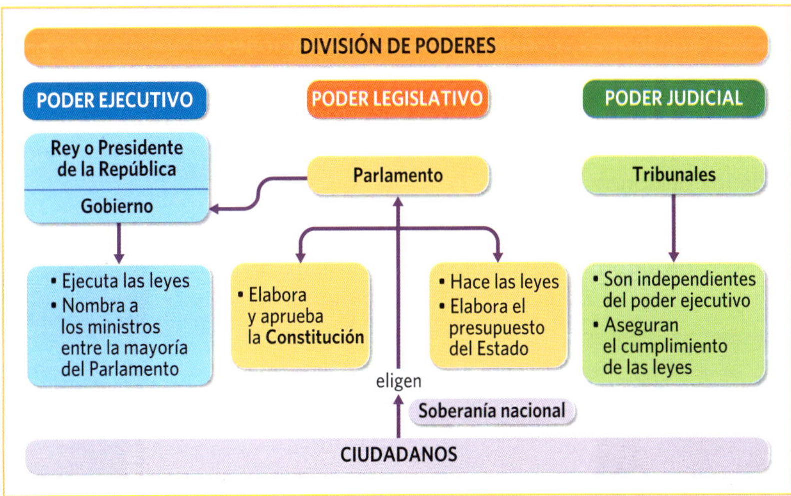

2. ¿Qué fue la Ilustración? ¿Cuál era su objetivo? Cita algunos de sus principales representantes.
3. Explica qué significa que los ilustrados eran optimistas y creían en la idea del progreso humano. ¿Estás de acuerdo con esta visión? Argumenta tu respuesta.
4. ¿Qué fue el Despotismo Ilustrado? ¿Qué actuaciones llevaron a cabo sus monarcas?
5. ¿Qué aspectos del Antiguo Régimen fueron más criticados por los filósofos ilustrados del siglo XVIII a nivel social, económico y político? ¿Qué alternativas proponían?
6. Observa el esquema del sistema político liberal. A continuación, explica de manera detallada en qué consiste y define los conceptos de división de poderes, constitución y soberanía nacional.

5 La *Enciclopedia* difunde los nuevos conocimientos

El siglo XVII fue el de la gran revolución científica, en el que figuras como Kepler, Descartes, Pascal, Torricelli, Galileo y Newton hicieron progresar el conocimiento científico e iniciaron la ciencia moderna.

El interés por las ciencias y las letras prosiguió en el siglo XVIII y se produjeron nuevos avances, que tuvieron sus aplicaciones técnicas. La Ilustración estimuló los contactos entre científicos de toda Europa, y la *Enciclopedia* ayudó a la difusión de los conocimientos entre un público instruido.

¿Qué pretendieron los ilustrados con la creación de la *Enciclopedia*? ¿Qué conocimientos e ideas se difundieron en ella?

A EL PROGRESO DE LA CIENCIA Y LA TÉCNICA

En el siglo XVIII, mientras continuaban los progresos científicos del siglo anterior, los monarcas y las élites culturales se interesaron cada vez más por las ciencias y por sus aplicaciones prácticas.

Se impuso la idea de que la ciencia y la técnica debían trabajar conjuntamente para conseguir un progreso que beneficiase a toda la sociedad y estimulase el progreso del país.

Esta unión produjo grandes adelantos en medicina, transportes, construcción de fortificaciones, mejora de los caminos y puentes, sistemas de energía, etc., que no quedaron encerrados en un laboratorio, sino que mejoraron la vida cotidiana de las personas.

Basándose en experimentos sobre la fuerza del vapor de agua, Newcomen y Watt inventaron la **máquina de vapor**, que fue el origen de la Revolución Industrial en Inglaterra.

La elevación de un globo aerostático en Francia, en 1783, levantó gran expectación entre un público muy interesado por los avances de la ciencia.

B LA DIFUSIÓN DEL SABER

El siglo XVIII fue una época de gran circulación de las ideas y los saberes. La correspondencia entre ilustrados y científicos estimuló la difusión de conocimientos, y los viajes permitieron intercambiar y debatir las ideas.

En las principales ciudades de Europa, y sobre todo en París y Londres, se crearon **universidades** y **academias***. También proliferaron los **cafés** y los **salones** privados, donde se reunía la gente de ciencias y letras para presentar sus novedades científicas.

Los progresos en la **alfabetización** permitieron una mayor difusión de la prensa escrita, y los editores aumentaron la tirada de sus libros. La cultura escrita alcanzó una difusión como nunca antes lo había hecho.

Algunos burgueses ilustrados poseían gabinetes científicos como este de París, perteneciente a un banquero de la primera mitad del siglo XVIII.

C LA ELABORACIÓN DE LA *ENCICLOPEDIA*

En la segunda mitad del siglo XVIII, filósofos y cientifícos colaboraron en la elaboración de la ***Enciclopedia***. Promovida por Diderot y d'Alembert, fue editada entre 1751 y 1772 y constaba de 20 volúmenes. La obra tuvo una gran difusión y alcanzó un elevado número de suscriptores en Francia y también en otros países de Europa.

Su objetivo era reunir los **conocimientos** de su época para ponerlos a disposición de todos los lectores. También pretendían exponer las **ideas críticas** de los filósofos de la Ilustración sobre la sociedad estamental, el absolutismo y el funcionamiento de la economía, que deberían ser sutilmente presentadas para evitar la **censura real**.

Una de las aportaciones más interesantes de la *Enciclopedia* fueron sus láminas de dibujos, como la de la ilustración, que muestra cómo se trabajaba el metal.

Diderot define la *Enciclopedia*

Esta palabra significa "encadenamiento de conocimientos". (...) El objetivo de la Enciclopedia es unir todos los conocimientos dispersos sobre la superficie de la Tierra (...), para mostrarlos a los hombres que viven con nosotros y transmitirlos a los que vendrán después (...) para que estando mejor instruidos, sean también más virtuosos y felices (...).

Es necesario recopilar todo el conocimiento humano, criticar los fanatismos religiosos y políticos y hacer una apología de la razón humana y de la libertad de espíritu.

Es necesario examinarlo todo, removerlo todo sin excepción alguna y sin contemplaciones (...).

Si se tiene en cuenta la inmensa cantidad de materias que trata la Enciclopedia, se percibe que no puede ser obra de un solo hombre (...).

Artículo de la Enciclopedia, 1751.

La monarquía contra la *Enciclopedia*

Su majestad ha encontrado que en estos volúmenes están escritos juicios tendentes a destruir la autoridad real, a impulsar un espíritu de independencia y revuelta, y bajo unas palabras oscuras y confusas, ensalzar errores fundamentales y fomentar la corrupción de las costumbres y la incredulidad religiosa.

Prohibición de la Enciclopedia *por Luis XV*, 1752.

1. ¿Cuál es la diferencia entre ciencia y técnica? ¿Qué frutos dio su unión en el siglo XVIII?
2. ¿Cómo colaboró el nuevo ambiente de la Ilustración a promover y difundir los saberes de la época? ¿Qué papel desempeñaron las academias, los salones y los cafés?
3. ¿Cuáles eran los objetivos de la *Enciclopedia* según el texto de Diderot? ¿A quiénes estaba destinada? ¿Por qué debía ser una obra colectiva?
4. Lee la prohibición de Luis XV: ¿cómo fue recibida la *Enciclopedia* por la monarquía? ¿Qué razones daba el rey para prohibirla?
5. Explica qué representó la *Enciclopedia* en la difusión de los saberes científico y técnico y también de las nuevas ideas políticas de la Ilustración.

Relaciona ayer y hoy

6. Actualmente podemos consultar enciclopedias en Internet. ¿Cuál es la enciclopedia más conocida de la Red? ¿Sabes cómo se elabora? ¿Cuáles son sus ventajas e inconvenientes? ¿Para qué la utilizamos?
7. Consulta estos dos enlaces: www.tiching.com/54665 y www.tiching.com/54666, y contesta:
   - ¿Qué importancia tiene en el mundo actual la capacidad de poder acceder fácilmente a Internet?
   - ¿Qué significa la expresión "brecha digital"?
   - ¿Qué esfuerzos se hacen hoy en día para que el conjunto de la población pueda acceder a la información digital?
   - ¿Cómo refleja el caso de la India la globalización de la tecnología digital?

6 La monarquía borbónica en España

Una nueva dinastía gobierna España

En 1700 murió Carlos II, el último rey de la casa de Austria. La designación del príncipe francés Felipe de Borbón, sobrino-nieto del rey fallecido, como heredero al trono provocó un conflicto armado: la **Guerra de Sucesión**.

La victoria de los partidarios de Felipe V supuso su reconocimiento como rey de España. Además, la unión de Francia y España bajo una misma familia comportó una alianza internacional, los llamados "**Pactos de Familia**", que orientaron la política exterior española a lo largo del siglo XVIII.

Los reinados de Felipe V y Fernando VI se caracterizaron por la implantación en España del modelo absolutista francés. Su sucesor, Carlos III, estuvo muy influido por el Despotismo Ilustrado e intentó llevar a cabo un plan modernizador de la economía española, y Carlos IV, atemorizado por los sucesos de la Revolución francesa, paralizó el proceso reformista e intentó evitar el contagio revolucionario.

El Palacio Real de Madrid fue mandado construir por el rey Felipe V en 1738.

@ Para saber más sobre el Palacio Real, entra en: www.tiching.com/54659

La uniformización territorial

Al finalizar la Guerra de Sucesión, se inició la **unificación** de los antiguos reinos de Aragón y Castilla, imponiendo unas leyes únicas, una administración idéntica y la homogeneización de todas sus instituciones.

Entre 1707 y 1716 se promulgaron los **Decretos de Nueva Planta**, que anulaban los fueros e instituciones de los distintos territorios de la Corona de Aragón (Aragón, Cataluña, Valencia y Mallorca) y les imponía el sistema administrativo castellano.

El territorio se dividió en **provincias**, gobernadas por un **capitán general** con poder militar y administrativo. En cada provincia se crearon **audiencias** para la administración de justicia, y se implantaron **corregidores** para el gobierno de los municipios e **intendentes** para la recaudación de impuestos.

LOS REYES DE ESPAÑA EN EL SIGLO XVIII

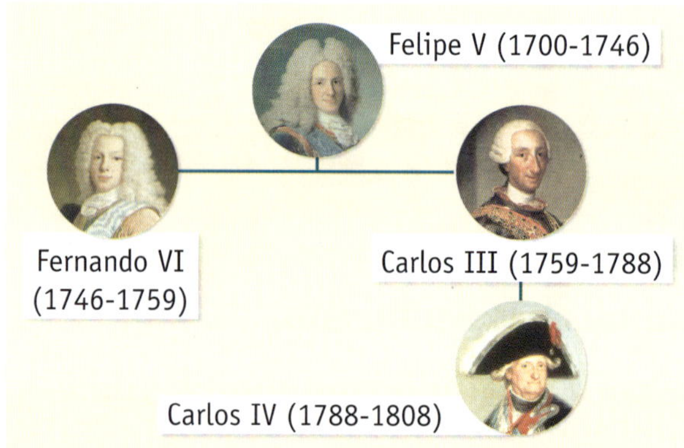

La reorganización administrativa

Los primeros monarcas Borbones reformaron la estructura del Estado con el objetivo de implantar el absolutismo y centralizar el poder.

El rey concentraba todos los poderes, y para ayudarse en las tareas de gobierno, nombraba directamente a **secretarios**, que se reunían en el **Gabinete**, antecedente del Consejo de Ministros. Los antiguos Consejos fueron abolidos, menos el de Castilla, que tenía funciones consultivas y actuaba como Tribunal Supremo de Justicia.

Las **Cortes** desaparecieron, excepto las castellanas (aunque quedaron prácticamente anuladas), y la labor legislativa se realizaba a través de unas instituciones controladas por el monarca.

LAS INSTITUCIONES DE LA MONARQUÍA BORBÓNICA

¿A QUIÉNES ENFRENTÓ LA GUERRA DE SUCESIÓN?

La Guerra de Sucesión (1701-1714) fue un conflicto interior de España, que tuvo también una dimensión internacional. Su causa fue el enfrentamiento entre dos candidatos al trono: Felipe de Borbón y Carlos de Austria.

1. LOS CONTENDIENTES

- Castilla y Francia apoyaron a **Felipe V**.
- Algunas potencias europeas (Gran Bretaña, Holanda, Portugal y el Imperio austriaco) apoyaron la candidatura del archiduque **Carlos de Austria** porque temían que el nuevo rey fortaleciera a los Borbones en Europa.

  La mayoría de territorios de la Corona de Aragón defendieron al candidato austriaco, porque les garantizaba el mantenimiento de sus fueros e instituciones.

2. DESARROLLO DEL CONFLICTO

- El desenlace militar fue favorable a las tropas felipistas que, tras la victoria de **Almansa** (1707), iniciaron la ocupación de Valencia y Aragón.
- Un acontecimiento internacional resultó clave para el desenlace: en 1711, Carlos de Austria heredó el **Imperio alemán** y se desinteresó de su aspiración a reinar en España. Sus aliados europeos pasaron en ese momento a ver con prevención la posible unión de España y Austria bajo un mismo monarca.
- El conflicto internacional finalizó con el **Tratado de Utrecht** (1713) que reconoció a Felipe V como rey a cambio de la cesión de una serie de territorios en Europa y en España.
- La guerra continuó en **Cataluña** hasta 1714, cuando las tropas felipistas entraron en Barcelona, y en **Mallorca** hasta 1715, cuando fue tomada la ciudad de Palma.

EL TRATADO DE UTRECHT

España cedió a Austria el Milanesado, Nápoles, Cerdeña, Flandes y Luxemburgo, y a la casa de Saboya, Sicilia. Gran Bretaña obtuvo Gibraltar y Menorca, que estuvo ocupada hasta 1802.

Decreto de Nueva Planta

He juzgado conveniente (...) abolir y derogar (...) los referidos fueros, privilegios, práctica y costumbre hasta aquí observados en los referidos reinos de Aragón y Valencia, siendo mi voluntad que aquellos se reduzcan a las leyes de Castilla y al uso, práctica y forma de gobierno que se tiene y se ha tenido en ella y en sus tribunales, sin diferencia alguna en nada; pudiendo obtener por esta razón mis fidelísimos vasallos, los castellanos, oficios y empleos en Aragón y Valencia, de la misma manera que los aragoneses y valencianos han de poder en adelante gozarlos en Castilla sin ninguna distinción.

Real Decreto de Felipe V,
29 de julio de 1707.

1. ¿Qué establece el decreto y con qué intención se promulgó?

2. ¿Qué fue la Guerra de Sucesión? Explica sus causas, sus contendientes, su desarrollo y sus consecuencias.
3. ¿Qué fue el Tratado de Utrecht? Observa el mapa y señala qué pérdidas territoriales tuvo la monarquía española. ¿Quiénes fueron sus beneficiarios? ¿Qué interés podía tener Gran Bretaña en el estrecho de Gibraltar y en Menorca?
4. ¿Qué características tenía el sistema político introducido en España por Felipe V? Observa el esquema de las instituciones y describe cómo quedó organizada la monarquía.
5. ¿En qué consistió la uniformización territorial del reino? ¿Qué fueron los Decretos de Nueva Planta? ¿A quiénes se aplicaron?

7 Jovellanos, un ilustrado español

En el siglo XVIII surgió en España un grupo de pensadores ilustrados preocupados por modernizar la sociedad y la economía españolas. Entre ellos destacó Gaspar Melchor de Jovellanos (1744-1811).

En sus escritos criticó los privilegios del Antiguo Régimen, fustigó a la nobleza ociosa, se opuso a los prejuicios de la Iglesia y justificó la necesidad de una reforma agraria.

Jovellanos estuvo en contacto y polemizó con otros ilustrados de la época como el conde de Floridablanca, el conde de Campomanes, Pablo de Olavide, el marqués de la Ensenada y el conde de Aranda.

Sus ideas influyeron en la corte, sobre todo en la época de Carlos III, que impulsó un proyecto de modernización económica y social (Despotismo Ilustrado).

A LA CUESTIÓN AGRARIA EN ESPAÑA

Al iniciarse el siglo XVIII, España continuaba siendo una **sociedad rural**, con una agricultura de escasos rendimientos, técnicamente atrasada y con la mayor parte de las tierras amortizadas (o vinculadas) en manos de los privilegiados.

Los ilustrados se fijaron como principales objetivos el **crecimiento económico**, la **reforma de la sociedad**, la **mejora de la enseñanza** y la **modernización de la cultura**. Para difundir las nuevas ideas y fomentar la agricultura, la manufactura y el comercio crearon las **Sociedades Económicas de Amigos del País**.

El objetivo de las reformas propuestas por los ilustrados era la creación de las condiciones necesarias para una mejor distribución de las tierras y un aumento de la producción y de los intercambios. Todo ello estimularía el crecimiento demográfico y la mejora del nivel de vida de la población.

La necesidad de una reforma agraria

Jovellanos defendió que la modernización económica de España debía iniciarse con una reforma agraria que liberalizase la propiedad de la tierra. Para ello propuso:

- Suprimir las tierras amortizadas y las comunales, para que pudieran venderse y ser cultivadas de manera más eficaz (propiedad privada).
- Poner en cultivo las tierras comunales y los baldíos.
- Disolver la Mesta y cercar las fincas.
- Mejorar los contratos de arrendamientos de los campesinos.
- Limitar los mayorazgos*.

Estas medidas debían ir acompañadas de una reforma de la enseñanza, para hacerla más práctica, y de la inversión del Estado en obras públicas.

Retrato de Jovellanos por Francisco de Goya, 1798.

LAS TIERRAS DE LA NOBLEZA Y DE LA IGLESIA

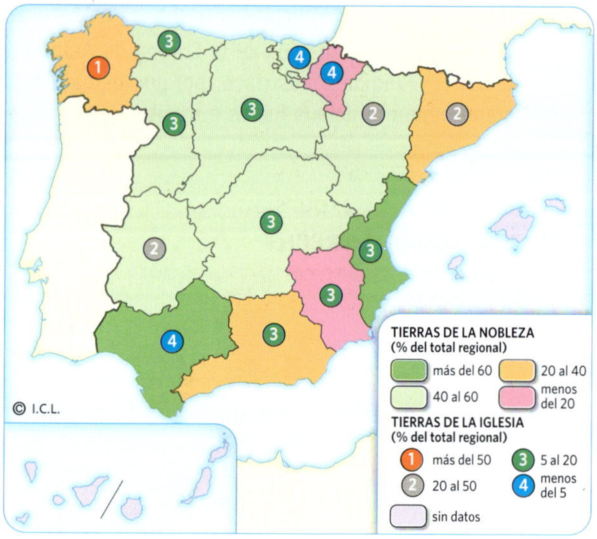

La cuestión agraria

No hay duda de que, como he dicho, uno de los mayores males que padecemos es la desigual repartición de las tierras y que las más de ellas están en pocas manos. (...)

Que la demasiada extensión de las tierras de labranza hace que estas se cultiven mal y no todas, pues el mismo terreno que, puesto en muchas manos, se sembraría todos los años, (...) reducido a uno solo, queda en la mayor parte inculto.

Pablo DE OLAVIDE: *Informe sobre la Ley Agraria*, 1768.

Dígnese vuestra alteza a derogar las bárbaras leyes que condenan a perpetua esterilidad tantas tierras comunes; (...) las que prefiriendo las ovejas a los hombres, han cuidado más de las lanas que los visten que de los granos que los alimentan; las que estancando la propiedad privada en las eternas manos de pocas familias poderosas, encarecen la propiedad libre y sus productos, y alejan de ella los capitales y la industria de la nación (...).

Gaspar M. DE JOVELLANOS: *Informe sobre la Ley Agraria*, 1794.

B EL REFORMISMO ILUSTRADO

El monarca Carlos III (1759-1788), sin renunciar a su poder y sin menoscabar los privilegios nobiliarios, escogió como consejeros a algunos ilustrados (Aranda, Floridablanca y Campomanes) y acometió una serie de **reformas** características del Despotismo Ilustrado.

Pero la ausencia en España de amplios grupos burgueses, el conservadurismo de los medios intelectuales y el enorme peso de la Iglesia dificultaron la expansión de las ideas de la Ilustración y la consolidación del proceso reformista.

LAS REFORMAS DE CARLOS III

- Decretar honestos todos los oficios.
- Limitar los privilegios de la Mesta y colonizar nuevas tierras.
- Fomentar la libre circulación de mercancías, estableciendo la libre venta de granos.
- Permitir el libre comercio con América para todos los puertos españoles.
- Apoyar la producción de bienes, liberalizando el proceso de fabricación.
- Establecer aranceles para limitar la competencia exterior.
- Imponer la autoridad real sobre la Iglesia (expulsión de los jesuitas).
- Crear escuelas de enseñanza primaria y reformar las universidades.

Carlos III firma el decreto de libertad de comercio con América (1778).

@ Amplía en la Red...

Para saber más sobre el Despotismo Ilustrado de Carlos III, entra en: www.tiching.com/54660

C EL CRECIMIENTO DEL SIGLO XVIII

En España, el siglo XVIII fue un periodo de incremento demográfico y expansión económica. La **población aumentó** en tres millones de habitantes y su crecimiento hizo incrementar la demanda y estimular la producción de bienes.

Una serie de mejoras agrícolas, como la extensión del espacio cultivado, la introducción de nuevos cultivos, la expansión del regadío así como el aumento de la viticultura, permitieron el incremento de la **producción agrícola**.

La **protección de las manufacturas** estimuló el aumento de la producción y la **liberalización del comercio** permitió su expansión hacia Ultramar a partir de las compañías comerciales.

Sin embargo, no se solucionó el principal obstáculo para el desarrollo industrial: la **escasa demanda** como consecuencia de la pobreza del campesinado. Por esta razón, los ilustrados insistieron en la necesidad de la **reforma agraria**.

EL CRECIMIENTO DE LA POBLACIÓN ESPAÑOLA EN EL SIGLO XVIII

Año	Población	Tasa de crecimiento (%)
1717	7 500 000	–
1768	9 309 000	0,42
1787	10 410 000	0,59
1797	10 541 000	0,13

1. ¿Cuál era la situación económica y social de España al iniciarse el siglo XVIII? ¿Cuáles eran sus principales problemas?
2. ¿Quiénes fueron los ilustrados españoles? ¿Puedes citar algunos? ¿Cuáles eran sus objetivos y sus propuestas? ¿Qué dificultades hallaron?
3. ¿Por qué se considera a Carlos III como un déspota ilustrado? ¿Qué reformas llevó a cabo? ¿Cuáles fueron sus resultados?

Ponte en su lugar

4. Imagina que eres Jovellanos y que el Consejo de Castilla ha solicitado tu punto de vista sobre las reformas que necesita el campo español para mejorar la agricultura:
   - Escribe un pequeño informe en el que enumeres las reformas que propones y los beneficios que se derivarán de cada una de ellas.
   - Recuerda qué era la Mesta y razona por qué Jovellanos puso tanto empeño en la conveniencia de suprimir esta institución.

8 Del refinamiento rococó al racionalismo neoclásico

ARTE Y SOCIEDAD

Durante el siglo XVIII se extendió por Europa el estilo rococó, que reflejaba los gustos refinados de la aristocracia.

La expansión de las ideas ilustradas y el descubrimiento de importantes yacimientos arqueológicos de la Antigüedad grecorromana ayudaron a configurar un nuevo arte, el Neoclasicismo, que se expandió a principios del siglo XIX.

Decoración rococó del Salón Gasparini del Palacio Real de Madrid.

A LA OSTENTACIÓN DEL ESTILO ROCOCÓ

Este estilo se caracteriza por una estética elegante y refinada, que busca esencialmente la belleza sensual y el placer visual, más que la expresión de sentimientos o de la espiritualidad.

La aristocracia convirtió la decoración de sus palacios en una muestra de ostentación y riqueza. La decoración de los interiores presenta una **profusa ornamentación** basada en el predominio de las líneas ondulantes y en la asimetría.

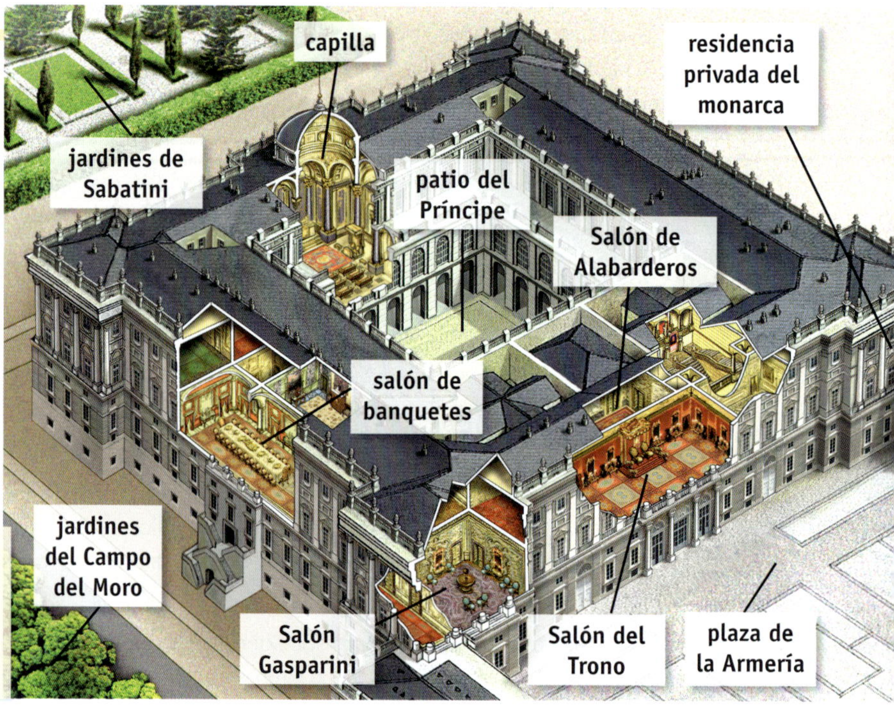

El Palacio Real de Madrid, de estilo barroco-rococó fue construido siguiendo el modelo francés del Palacio de Versalles. El gusto rococó se aprecia en la decoración de algunos de sus salones, como el Gasparini.

CANALETTO: *El Gran Canal desde San Vio, Venecia*, hacia 1723-1724. El pintor muestra vistas idílicas de la ciudad de Venecia.

MEMOART: La pintura

- La pintura reflejó el ambiente refinado y despreocupado de las clases privilegiadas.
- Se utilizaron los colores claros, como el gris, el verde manzana, el azul cielo, el rosa pálido y el beis.
- El predominio del color sobre el dibujo favoreció el desarrollo de una nueva técnica: el **pastel**.
- Destacaron J. A. Watteau y J. H. Fragonard en Francia, Canaletto y G. B. Tiépolo en Italia y T. Gainsborough en Gran Bretaña.

J. H. FRAGONARD: *La carta de amor*, hacia 1770. Esta obra refleja la vida cortesana de la nobleza francesa del siglo XVIII.

B EL RETORNO AL CLASICISMO

Después de los excesos decorativos del Rococó, se impuso el Neoclasicismo, que supuso un retorno a la **sobriedad y racionalidad** del arte clásico, más acorde con la nueva mentalidad burguesa e ilustrada que se estaba imponiendo en Europa.

La arquitectura se inspiró esencialmente en los **modelos griegos y romanos** (columnas, arcos, cúpulas, frontones, pórticos, etc.), y rechazó la recargada ornamentación rococó. Destacó la construcción de **edificios públicos** como bibliotecas, panteones, puertas o museos.

PANTEÓN DE PARÍS

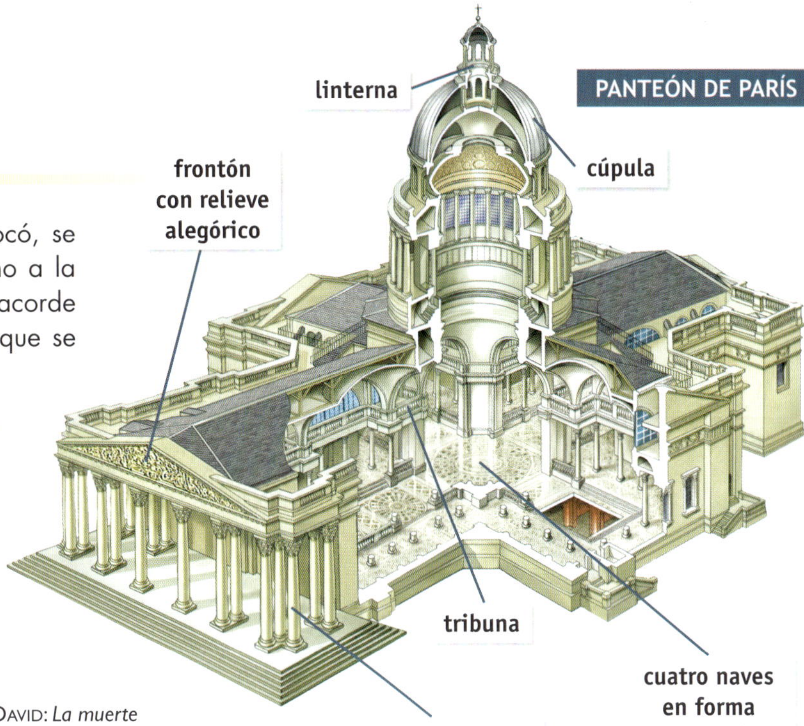

J. L. DAVID: *La muerte de Sócrates*, 1787.

Los pintores se inspiraron en el orden y el equilibrio de la Antigüedad y mostraron predilección por la temática mitológica e histórica para transmitir valores con intención moralizante. Los más sobresalientes fueron los franceses J. L. David y J. A. Ingres.

Los escultores se centraron, sobre todo, en la temática mitológica, aunque también fueron numerosos el retrato y el monumento funerario. Los artistas buscaban conseguir la belleza y la perfección y usaban materiales como el mármol y, en menor medida, el bronce.

A. CANOVA: *Paulina Borghese como Venus vencedora*, 1805-1808.

FICHAARTE

Observa el Panteón de París:

a) **Identificación.** Averigua dónde se halla y cuándo fue construido.

b) **Descripción arquitectónica.** ¿Qué forma tiene la planta? Dibújala y descríbela. Enumera todos los elementos que pertenecen a la arquitectura clásica. ¿Cuáles son característicos de la arquitectura renacentista?

c) **Relación entre arte y sociedad.** Compara este templo con el Palacio Real de Madrid y razona por qué el Palacio es representativo del gusto aristocrático y el Panteón responde al racionalismo ilustrado de la burguesía.

1. Sintetiza las características del arte rococó y justifica por qué es el arte de la aristocracia.
2. Describe el Palacio Real de Madrid. ¿Cuál es su estilo arquitectónico? ¿En qué otro edificio se inspiró su construcción?
3. @ Observa la pintura de David. ¿Quién es el personaje central de la obra? Infórmate sobre el tema tratado e indica qué momento muestra la pintura.

Aprecia el arte

4. Las pinturas de Fragonard y David muestran concepciones muy distintas del arte. Obsérvalas atentamente:
   - ¿Qué mensaje pretende transmitir cada una de ellas? ¿Con cuál te identificas más? ¿Por qué?
   - Busca dos adjetivos para aplicar a cada una de ellas que reflejen la impresión que te han causado.

COMPLETA EL MAPA CONCEPTUAL

Con la información del tema, completa en tu cuaderno el siguiente esquema:

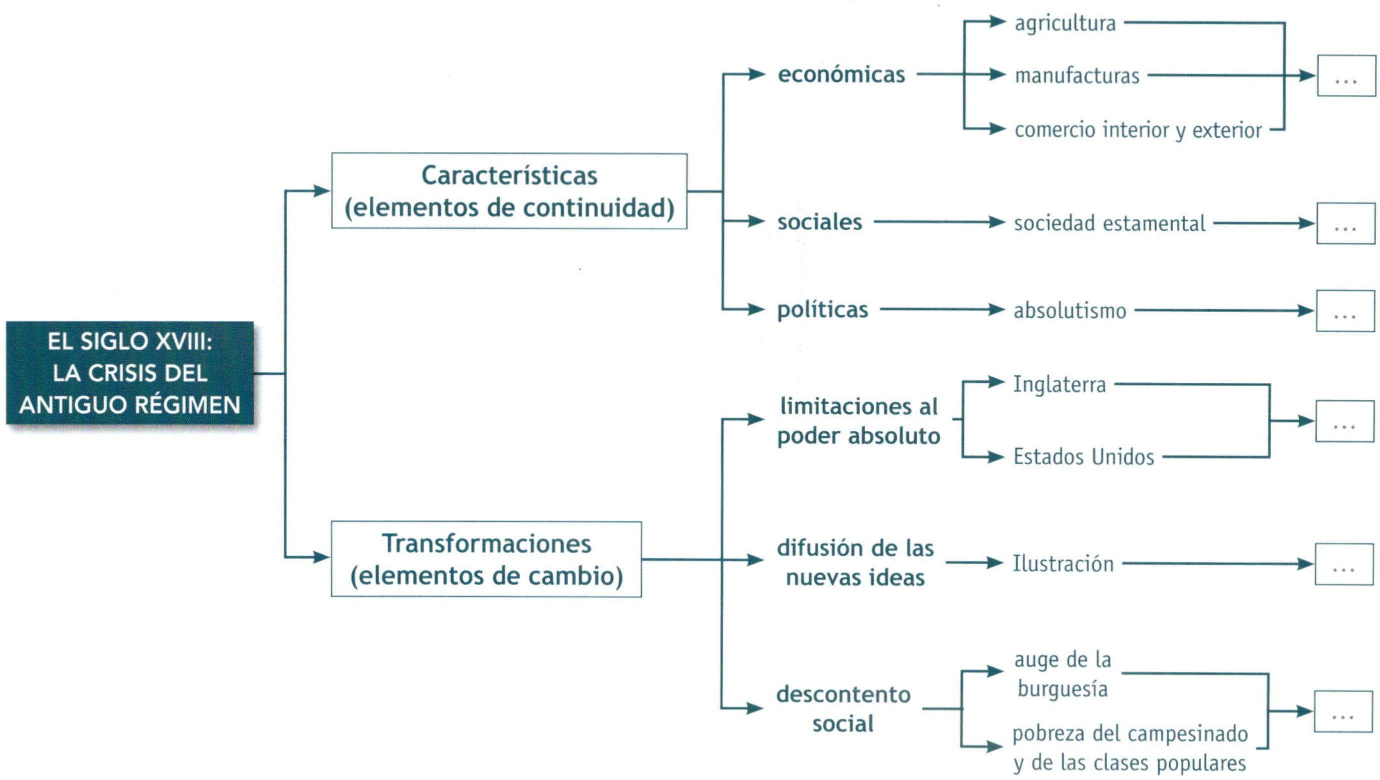

1 CONSOLIDA LO APRENDIDO

a) ¿Qué entendemos por Antiguo Régimen? ¿Por qué entró en crisis en el siglo XVIII?

b) ¿Qué fue la Ilustración? ¿Qué ideas defendían los ilustrados? ¿Qué se pretendía con la *Enciclopedia*? ¿En qué radica su importancia?

c) ¿Qué Estados fueron los primeros en adoptar un sistema político parlamentario? ¿Cómo lo consiguieron?

d) Señala las diferencias entre un régimen político absolutista y un régimen parlamentario.

e) ¿Cómo llegó la dinastía Borbón a España? Describe brevemente el conflicto que ocasionó.

f) ¿Qué tipo de Estado implantaron los Borbones en España? ¿Qué medidas reformistas adoptó el rey Carlos III?

2 IDENTIFICA LOS PERSONAJES

- Rey Sol
- Washington
- Jovellanos
- Catalina de Rusia
- Archiduque Carlos de Austria
- Felipe V de España
- Voltaire
- Diderot
- Cromwell

3 DEFINE CONCEPTOS CLAVE

- estamento
- manufactura
- mercantilismo
- Rococó
- división de poderes
- comercio triangular
- Decreto de Nueva Planta
- Despotismo Ilustrado
- Ilustración
- *Habeas corpus*
- fisiocracia
- Neoclasicismo

4 ESTABLECE LA CRONOLOGÍA

- Tratado de Utrecht, ejecución de Carlos I de Inglaterra, independencia de EE UU, Constitución americana, publicación de la *Enciclopedia*, Guerra de Sucesión, libertad de comercio con América.

5 EXPLICA LAS DIFERENCIAS

- Cámara de los Lores/Cámara de los Comunes
- monarca absoluto/déspota ilustrado

RESPONDE A LA PREGUNTA INICIAL

¿Por qué las ideas de la Ilustración y el desarrollo económico del siglo XVIII hicieron entrar en crisis al Antiguo Régimen?

APRENDE A... COMENTAR UNA ALEGORÍA

Frontispicio (ilustración decorativa de la página que antecede a la del título) de la *Enciclopedia*, 1772.

Una alegoría es un recurso utilizado por los artistas para representar una idea abstracta utilizando personajes u objetos que ejemplifican esa idea.

1. Identificación y presentación

- ¿De dónde proviene esta ilustración? ¿Cuándo fue realizada? ¿Qué es el frontispicio de un libro?
- La imagen es un grabado. ¿Sabes en qué consiste esta técnica?

2. Descripción y análisis

- Describe de forma general y sintética la alegoría.
- Identifica qué representan cada una de las imágenes señaladas con un número y descríbelas.
- ¿Cuál es el personaje central? ¿Dónde se sitúa? ¿Cómo se organizan el resto de personajes de la composición?
- ¿Qué marco arquitectónico aparece? Descríbelo y relaciónalo con uno de los estilos artísticos estudiados en el tema.

3. Comprensión del mensaje

- ¿Qué mensaje crees que quiere transmitir el artista? ¿A qué público iba dirigida la obra?
- ¿Crees que refleja el espíritu de la *Enciclopedia* y, en general, de la Ilustración? Razona la respuesta en el contexto histórico en el que fue publicada la obra.

4. Hazlo tú mismo

- Imagina que quieres representar, mediante una alegoría, alguna idea abstracta, como por ejemplo la amistad. ¿Cómo la representarías? Hazlo mediante un dibujo.

1. Una joven que representa la Verdad.
2. La Razón y la Filosofía le ayudan a quitarse el velo.
3. Luz brillante que emana de la Verdad.
4. La Imaginación entrega una guirnalda a la Verdad.
5. Figura que representa la Geometría.
6. Figuras que representan las diferentes artes y ciencias (Astronomía, Física, Óptica, Botánica, Química y Agricultura), acompañadas por instrumentos específicos de sus campos.

RAZONA HISTÓRICAMENTE

Cambio y continuidad. El siglo XVIII fue una época de transición entre el viejo mundo aristocrático y el nuevo mundo burgués.

Enumera algunos elementos que ejemplifiquen la continuidad del siglo XVIII con el periodo anterior y otros que muestren el cambio que se avecina.

Interpretación. Explica por qué los historiadores han utilizado el término "Despotismo Ilustrado" para hacer referencia al programa de reformas emprendido por algunas monarquías absolutas europeas.

Causalidad. ¿Qué papel desempeñó la Ilustración en la crisis del Antiguo Régimen? ¿Y la burguesía?

1 Organización de la información. Antiguo Régimen e Ilustración

	Antiguo Régimen	Las nuevas ideas de la Ilustración
Formas de gobierno	...	...
Economía	...	...
Organización social	...	...
Papel de la religión	...	...

a) Completa el cuadro en tu cuaderno y, a continuación, define de manera breve qué era el Antiguo Régimen y en qué consistió la Ilustración.

2 Fuentes iconográficas. Imágenes del Antiguo Régimen

a) Identifica en el tema todas las imágenes que muestren una crítica al Antiguo Régimen:

- Describe cada una de ellas.
- Indica qué aspecto se critica, en qué se basa la crítica y qué recursos se han utilizado.

b) Busca también dos imágenes que sean la descripción de un acontecimiento:

- ¿Qué hecho se representa? ¿Cómo ha querido recordarlo el pintor?
- ¿Crees que sucedió exactamente como se pintó?

3 Fuentes documentales. La esclavitud

En primer lugar, de todos es sabido que un gran número de cautivos de guerra serían masacrados cruelmente si no existiese la salida de venderlos a los europeos. (...)

En segundo lugar, cuando son llevados a su destino, generalmente hablándolo, llevan allí una vida mejor y más cómoda que la que tenían en su propio país. La razón es clara: como los propietarios pagan por ellos precios muy caros, es de su interés darles el mejor trato posible.

En tercer lugar, el trabajo de estos esclavos ha hecho tanto bien a las colonias inglesas (...), sobre todo en aquellas islas con plantaciones de azúcar. Como estas islas tienen un clima casi tan caliente como el de la costa de Guinea, los negros tienen más aptitudes para trabajar la tierra que los blancos. (...)

En otras palabras, puedo asegurar que el bien que procura este comercio es mucho mayor que todos los inconvenientes que se le atribuyen. (...)

Guillaume Snelgrave: *Nueva relación de algunos lugares de Guinea y del comercio de esclavos que allí tiene lugar*, 1735.

a) ¿Cómo se justificaba la trata de esclavos en la época? ¿Estás de acuerdo con esta visión? ¿Qué intereses crees que defendía?

b) Escribe un texto que rebata las ideas de Snelgrave y exponga tus argumentos a favor de la abolición de la esclavitud.

c) El tráfico de esclavos formaba parte en el siglo XVIII del comercio marítimo transoceánico. ¿Con qué nombre se le conoce? ¿Qué rutas seguía? ¿Qué mercancías intercambiaba?

4 Fuentes gráficas. El tráfico de esclavos en el siglo XVIII

PAÍSES PARTICIPANTES EN LA TRATA DE ESCLAVOS

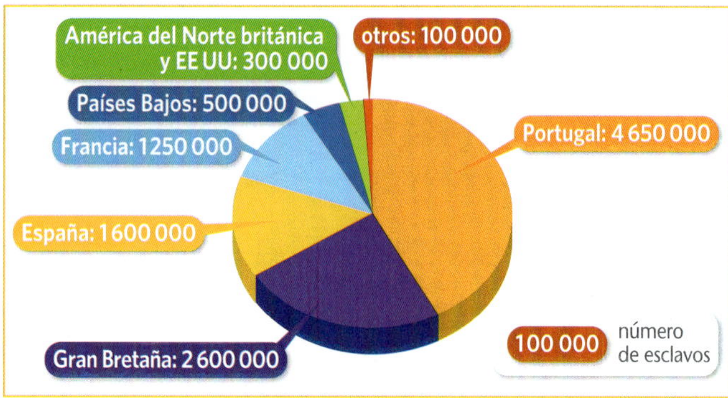

Destino de los esclavos	Número de esclavos
América del N. británica y EE UU	500 000
Antillas británicas	2 000 000
Antillas francesas	1 500 000
Antillas holandesas	500 000
Brasil	4 000 000
Imperio español	2 500 000

a) ¿Qué países participaron en el comercio de esclavos africanos? ¿Qué posición ocupa España entre ellos?

b) ¿Cuántos esclavos se calcula que fueron deportados a América durante ese periodo?

c) ¿Qué regiones de América fueron las mayores receptoras de esclavos africanos? Justifica por qué se conoce este fenómeno como "trata atlántica".

d) ¿En qué se empleaba a los esclavos en sus destinos?

5 Espacio y tiempo. **Europa en el siglo XVIII**

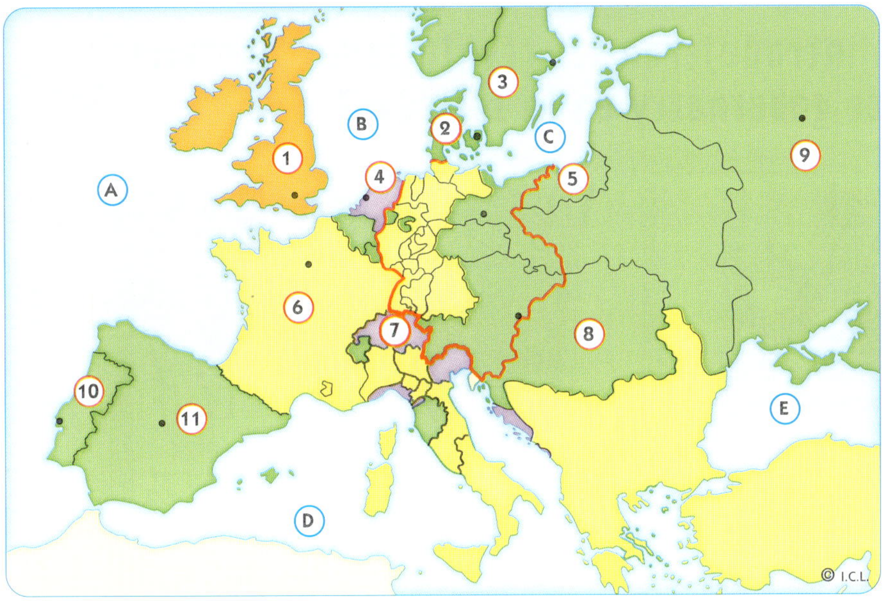

a) Indica el nombre de los mares señalados con las letras A, B, C, D y E.

b) ¿Qué Estado se corresponde con cada uno de los números del mapa?

c) Indica el nombre de las capitales señaladas con un punto.

d) ¿Cuál era la gran monarquía absoluta de Europa? ¿Y los grandes imperios?

e) ¿Qué Estados contaban con monarquías ilustradas?

f) ¿Cuáles tenían una monarquía con poderes limitados?

g) Compara este mapa con el actual y señala dos Estados que en el siglo XVIII se hallaban muy fragmentados y hoy en día están unificados.

WWW. ESPACIO WEB

6 Búsqueda de información. **La bandera de EE UU**

En 1776, la bandera de EE UU tenía trece líneas rojas y blancas, por las trece colonias independizadas, pero mantenía las cruces de San Jorge y de San Andrés, que la vinculaban con Gran Bretaña.

Utiliza un buscador y averigua en la Red:

a) ¿Cuándo fueron sustituidas las cruces? ¿A qué se debió ese cambio?

b) ¿Cómo es la actual bandera de EE UU? ¿Cuántas estrellas tiene? ¿A qué corresponde ese número de estrellas?

c) Explica el proceso por el que se fueron añadiendo estrellas y cita cuándo y cómo se produjeron dichas incorporaciones.

d) ¿En qué páginas web has encontrado las respuestas a estas cuestiones? ¿Crees que son una fuente de información fiable?

7 Fuentes audiovisuales. **La Europa de Luis XIV**

Accede al vídeo www.tiching.com/54668 sobre la Europa del Rey Sol. Con la información obtenida, contesta las siguientes preguntas:

a) ¿Cuál fue la importancia del reinado de Luis XIV? ¿Qué características tuvo el Estado absoluto establecido por este monarca?

b) ¿Qué potencias europeas impusieron su dominio colonial en el siglo XVIII? ¿Qué posesiones tenían? ¿Qué imperios se vieron amenazados?

c) ¿Qué características económicas tuvo el siglo XVIII?

d) ¿Qué grupo social fue el protagonista de los cambios económicos producidos? ¿Con qué otro grupo social se enfrentó?

e) ¿Qué nuevas ideas surgieron en el siglo XVIII? ¿Qué medidas tomaron los monarcas ilustrados?

RETOS EN LA RED

DETECTIVE DEL PASADO: Encuentra las siete diferencias.

ACTIVIDADES AUTOCORRECTIVAS: Resuelve estas actividades y repasa lo que has aprendido.

www.vvd.link/012271/1

2 La época de las revoluciones liberales (1789-1871)

¿Qué cambios introdujeron las revoluciones liberales en la forma de gobernar y en la sociedad?

REVOLUCIÓN FRANCESA	PERIODO NAPOLEÓNICO (CONSULADO / IMPERIO)	RESTAURACIÓN ABSOLUTISTA Y REVOLUCIONES LIBERALES	UNIFICACIONES NACIONALES
1790	1800 · 1810	1820 · 1830 · 1840	1850 · 1860 · 1870
1789 Toma de la Bastilla (14 julio). Declaración de Derechos del Hombre y del Ciudadano (26 agosto)	**1804** Napoleón Bonaparte, emperador **1811** Máxima expansión del Imperio napoleónico	**1815** Congreso de Viena. Santa Alianza **1830** Revolución liberal en Francia **1848** Revoluciones democráticas en Francia y en otros países de Europa occidental. Revoluciones liberales y nacionalistas en el Imperio austriaco	**1870** Unificación italiana **1871** Unificación alemana

Enfrentamientos en París durante la revolución de 1848.

Durante la primera mitad del siglo XIX se extendieron por Europa las revoluciones liberales, cuyo referente era la Revolución francesa de 1789.

Estas revoluciones supusieron el fin del absolutismo y de los privilegios estamentales, así como la construcción de una nueva sociedad basada en la igualdad de los ciudadanos ante la ley.

El nuevo sistema político se fundamentó sobre una Constitución legitimada por la soberanía nacional (derecho al sufragio).

El liberalismo también defendía el derecho de los pueblos a constituir un Estado propio. De este modo, la desmembración de los viejos Imperios dio lugar al surgimiento de nuevos Estados.

¿Qué sabemos?

- ¿Qué país fue el centro del fenómeno revolucionario? ¿A qué otros países europeos se extendió?
- ¿Qué cambios políticos comportaron estas revoluciones liberales? ¿Sabes qué es una Constitución?
- Analiza el eje cronológico. Indica las principales etapas entre 1789 y 1871, y los acontecimientos más significativos de cada una de ellas.

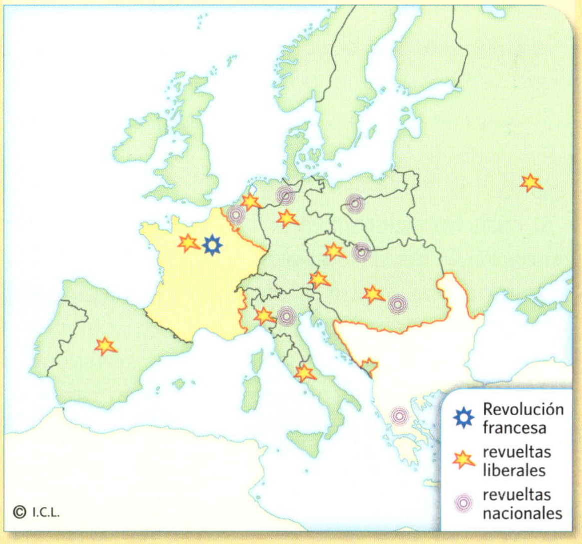

¿Por qué estalló una revolución en Francia?

La difusión de los nuevos ideales propugnados por la Ilustración, el desarrollo de la burguesía en el siglo XVIII y el ejemplo de la Revolución americana estimularon los anhelos de cambio en Europa.

Una oleada revolucionaria, que se inició en Francia en 1789, se extendió por toda Europa a lo largo de la primera mitad del siglo XIX, para acabar con el absolutismo y el Antiguo Régimen. Fueron las denominadas revoluciones liberales. Los revolucionarios aspiraban a poner fin a los privilegios feudales, a participar en la vida política y a que todos los ciudadanos fuesen considerados libres e iguales.

¿Qué factores coincidieron en la Francia de 1789 para que estallase una revolución que se convirtió en un modelo para el resto de Europa?

A EL IMPACTO DE LA ILUSTRACIÓN Y LA REVOLUCIÓN AMERICANA

La Declaración de Independencia de Estados Unidos de América y su Constitución (1787) defendían los derechos inalienables del ciudadano, la separación de poderes, los principios de igualdad y libertad y el derecho a elegir a los gobernantes. Estos ideales coincidían con los que la Ilustración difundía en Europa y que se habían extendido entre las élites culturales y la nueva burguesía.

Los **principios ilustrados** y el ejemplo de la **Revolución americana** aportaron a la burguesía las nuevas ideas para enfrentarse al absolutismo y a la sociedad estamental, y propusieron nuevas formas de organización social y de gobierno. Todo ello propició el ciclo revolucionario que se inició en Francia en el año 1789.

Auguste COUDER: *El sitio de Yorktown*, 1836. En 1777, el francés marqués de La Fayette partió hacia América para apoyar la insurrección contra Gran Bretaña.

B LA CRISIS SOCIAL Y ECONÓMICA

A finales del siglo XVIII, el **Tercer Estado** o estado llano –integrado por la burguesía, los campesinos y los artesanos– aspiraba a profundas reformas sociales. Los campesinos (el 80% de la población) se oponían a las pesadas cargas feudales impuestas por los señores. Los burgueses aspiraban al fin de los privilegios de que gozaban la nobleza y el clero, a la libertad de comercio y de negocios y a poder participar en la vida política.

Con este descontento como telón de fondo, la coincidencia en 1789 de dos graves crisis económicas provocó el estallido de una revolución:

- La **crisis económica** fue consecuencia de las malas cosechas que venían sucediéndose desde 1760. El alza del precio de los alimentos, sobre todo del pan, principal sustento popular, generó un gran descontento y un espíritu de rebeldía entre la población.
- La **crisis financiera** tuvo su origen en la falta de dinero de la monarquía para sufragar los gastos del Estado. Para solucionarla, los ministros de Luis XVI habían propuesto que los privilegiados pagasen impuestos. Estos se negaron a aceptarlo y exigieron a Luis XVI que convocase los **Estados Generales**, único organismo que podía aprobar una reforma fiscal.

COSECHAS Y PRECIOS DEL TRIGO

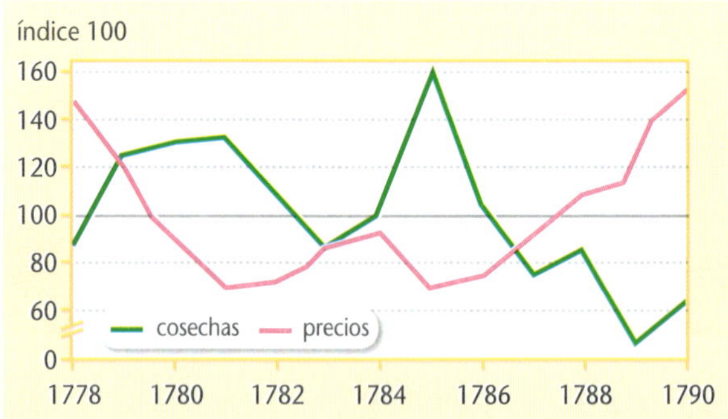

El descontento de la burguesía

Los burgueses habían recibido mejor educación que los nobles, pero estos, por nacimiento y riqueza, obtenían los primeros puestos del Estado sin tener mérito ni talento, mientras los burgueses estaban destinados a languidecer en empleos subalternos. (...)

La burguesía era superior en riquezas, talento y mérito personal (...) y, aunque sentía esta superioridad, en todas partes era humillada.

Marqués de Bouillé, 1796. (Adaptación)

C 1789: EL ESTALLIDO REVOLUCIONARIO

Los **Estados Generales** se abrieron en Versalles en mayo de 1789, presididos por el rey y formados por los representantes de la nobleza, el clero y el Tercer Estado. La negativa de los privilegiados a aceptar una mayor representación del Tercer Estado y que el voto fuese por persona y no por estamento hizo que los diputados del estado llano decidiesen abandonar la reunión.

Reunidos en un pabellón de Versalles (*Jeu de Paume*), los representantes del Tercer Estado se erigieron en **Asamblea Nacional** (representantes de toda la nación) y se comprometieron a elaborar una constitución que reflejase la voluntad de la mayoría de los franceses.

El pueblo de París respaldó las propuestas de la Asamblea y el 14 de julio asaltó la prisión de la Bastilla. La revolución se extendió al campo, donde se quemaron residencias nobiliarias (Gran Miedo).

Atemorizado por la situación, en otoño de 1789, Luis XVI aceptó la Asamblea Nacional, que había de convertir Francia en una monarquía constitucional y poner fin al Antiguo Régimen.

Toma de la prisión de la Bastilla, que simbolizaba el poder absoluto y arbitrario del rey.

D LAS ETAPAS DE LA REVOLUCIÓN

La Revolución fue un proceso largo y complejo que superó sus objetivos iniciales. El rey y los sectores privilegiados (nobleza y clero) se negaron a aceptar los cambios propuestos por la Asamblea Nacional, y las clases populares lucharon por conseguir una mayor igualdad social. Por ello, la Revolución pasó por diferentes etapas:

- La **monarquía constitucional (1789-1792)**. Impulsada por la burguesía moderada, que aspiraba a abolir el Antiguo Régimen, elegir un parlamento por sufragio censitario y establecer una constitución (liberalismo moderado).
- La **república social (1792-1794)**. La burguesía radical, empujada por las clases populares, proclamó la república y emprendió una transformación de la sociedad en un sentido democrático (sufragio universal masculino) e igualitario (leyes sociales).
- La **república conservadora (1794-1799)**. Ante la radicalización de la Revolución, la burguesía moderada tomó el poder e implantó de nuevo el liberalismo moderado.

CRONOLOGÍA DE LA REVOLUCIÓN

MONARQUÍA CONSTITUCIONAL	Asamblea Constituyente	1789	Toma de la Bastilla; Declaración de Derechos del Hombre y del Ciudadano
		1790	
	Asamblea Legislativa	1791	Constitución (liberalismo político)
		1792	Asalto al palacio real
REPÚBLICA SOCIAL	Convención girondina y jacobina		Ejecución de Luis XVI
		1793	Constitución (democracia social)
		1794	Caída de los jacobinos
REPÚBLICA CONSERVADORA	Directorio	1795	Constitución (liberalismo político)
		1796	Inicio del retorno de los exiliados
		1797	
		1798	
		1799	Golpe de Estado de Napoleón

1. ¿Qué influencia tuvieron la Ilustración y la Revolución americana en el estallido de la Revolución francesa?
2. Observa el gráfico sobre el precio del trigo y explica su evolución. ¿Qué provocó la subida del trigo? ¿En qué año tuvo su máximo? ¿Qué consecuencias se derivaron?
3. ¿Por qué los manifestantes asaltaron la Bastilla? ¿Qué simbolismo tuvo este acto?
4. ¿Qué etapas conoció la Revolución francesa? ¿Qué caracteriza a cada una de ellas?

Argumenta la respuesta

5. Explica las causas de la Revolución, diferenciando las profundas (a largo plazo) de las coyunturales (a corto plazo).
6. Argumenta por qué la Revolución estalló en 1789. ¿Cuál crees que fue el detonante?

2 El desarrollo de la Revolución francesa (1789-1799)

La monarquía constitucional (1789-1792)

En la primera etapa de la Revolución francesa, la burguesía moderada intentó llegar a un acuerdo con el rey y los privilegiados para convertir Francia en una monarquía constitucional y parlamentaria. Así, la **Asamblea Nacional Constituyente*** abolió los pilares del Antiguo Régimen:

- Decretó la **abolición del feudalismo** (estamentos, servidumbre personal, diezmos...) y promulgó la **Declaración de Derechos del Hombre y del Ciudadano**, que reconocía los derechos y las libertades individuales, así como la igualdad de todos los ciudadanos ante la ley y los impuestos (agosto de 1789).
- Promulgó una **Constitución (1791)** basada en la separación de poderes, la soberanía nacional y la igualdad legal, aunque reservaba al rey el **derecho de veto***. Estableció el **sufragio censitario**, que daba el voto únicamente a los que poseían un determinado nivel de riqueza.

Tras la aprobación de la Constitución se formó una **Asamblea Legislativa**, que elaboró nuevas leyes para implantar el liberalismo, obligó a pagar impuestos a la nobleza y abolió la organización gremial. Para defender la Revolución, creó un nuevo ejército: la **Guardia Nacional**.

Finalmente, con el objetivo de solucionar la crisis financiera, se expropiaron los bienes que poseía la Iglesia (desamortización) y se vendieron a particulares. En contrapartida, el Estado se comprometió a financiar el culto, y una Constitución civil del clero separó la Iglesia y el Estado.

Aunque a mediados de 1791 parecía que la monarquía constitucional estaba consolidada, la familia real y los privilegiados no aceptaron los cambios y buscaron el apoyo de las monarquías absolutas de Europa para restablecer el absolutismo.

Austria organizó un ejército para invadir Francia y Luis XVI huyó de París para unirse a los austriacos (**Fuga de Varennes**, junio de 1791). Aunque el rey fue detenido, el ejército austriaco entró en Francia y avanzó hasta las puertas de París (septiembre de 1792).

La república social (1792-1794)

La traición del rey y la invasión militar provocaron la revuelta de las clases populares (*sans-culottes*). El 10 de agosto de 1792 se produjo el asalto al palacio real de las Tullerías, se encarceló a la familia real y se proclamó la república (septiembre de 1792).

La Convención girondina (1792-1793)

La república quedó en manos de los girondinos, representantes del sector más moderado de la burguesía. La nueva asamblea se llamó **Convención Nacional** y fue elegida por sufragio universal masculino (derecho al voto independientemente de la riqueza).

La tarea de la Asamblea Nacional

Los derechos del hombre habían sido ignorados durante siglos y nuestra declaración los ha restablecido para toda la humanidad.

La nación no podía decretar leyes ni impuestos y se le ha restituido este derecho. Los antiguos privilegios sociales han sido destruidos y los derechos señoriales han desaparecido.

Franceses, vosotros habéis sido elevados al rango de ciudadanos, podéis desempeñar todos los empleos, sois iguales ante la ley, libres de pensar, de hablar y de escribir.

Nosotros proseguimos nuestra tarea, redactar y ofreceros una Constitución.

Proclama de la Asamblea Nacional, 1790.

1. ¿Qué labor realizó la Asamblea Nacional? Justifica su trascendencia.

LA CONSTITUCIÓN DE 1791

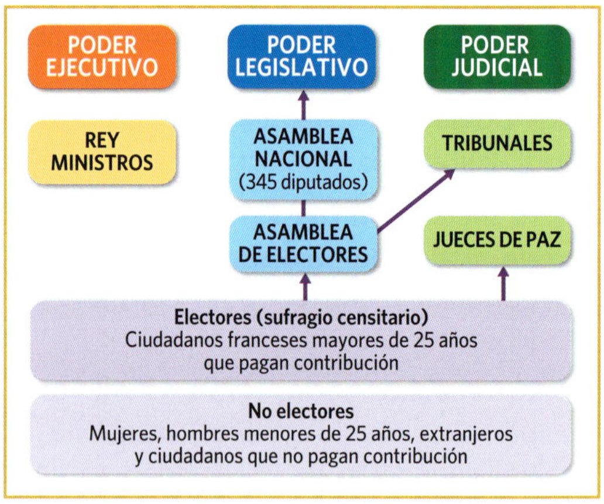

LOS GRUPOS POLÍTICOS EN LA REVOLUCIÓN

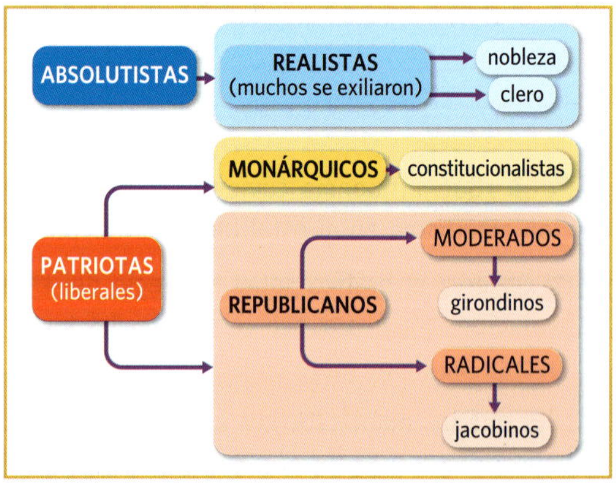

La Convención inició un juicio contra el rey Luis XVI y la reina María Antonieta. Acusados de traición, fueron condenados y ejecutados en la guillotina (1793).

La muerte del rey provocó la alianza de las monarquías europeas, que formaron una **coalición absolutista** contra Francia, mientras en el interior del país estallaron **revueltas contrarrevolucionarias** y **conspiraciones realistas** protagonizadas por los antiguos grupos privilegiados.

La Convención jacobina (1793-1794)

En junio de 1793, los jacobinos*, el sector más radical de la burguesía, hizo suyas las demandas de los sectores populares, se hizo con el poder y la Revolución entró en su fase más extrema.

Se promulgó una **nueva Constitución** que reconocía la soberanía popular (sufragio universal masculino) y el derecho a la igualdad social. El ejecutivo quedó en manos de un **Comité de Salvación Pública**, que otorgó el poder a **Robespierre**, un dirigente jacobino.

Para rechazar la invasión austriaca se organizó una **leva en masa**, que obligaba a todos los ciudadanos a enrolarse en el ejército, y para acabar con los conspiradores se impulsó la política del **Terror**.

El Comité suspendió las libertades y unos tribunales revolucionarios castigaron con prisión o muerte en la guillotina a los que se oponían al gobierno (**Ley de sospechosos**).

Con el objetivo de satisfacer las demandas de los *sans-culottes*, se promulgaron una serie de **leyes sociales**: el control de los precios y salarios (**Ley de máximum**), la distribución de bienes de los contrarrevolucionarios entre los indigentes, la venta de las tierras del clero y la instrucción obligatoria.

El Terror y el proceder dictatorial del gobierno provocaron la oposición de buena parte de la población y, en julio de 1794, un golpe de Estado acabó con el gobierno jacobino. Robespierre y otros líderes jacobinos fueron ejecutados en la guillotina.

La república conservadora: el Directorio (1794-1799)

La burguesía moderada tomó de nuevo el control de la Revolución que entró en su tercera y última etapa. Se anularon las leyes jacobinas y se promovió el **retorno de los exiliados** a causa del Terror. Una Constitución (1795) otorgó el poder ejecutivo a un gobierno colegiado (**Directorio**) y restableció el sufragio censitario.

El nuevo Directorio vivió en una permanente inestabilidad porque tuvo que hacer frente tanto a la oposición de la aristocracia, que pretendía instaurar la monarquía y recuperar sus antiguos privilegios, como de las clases populares, que apoyaban el retorno de los jacobinos.

En ese contexto de crisis y en plena guerra contra las potencias absolutistas, en 1799, un joven general, **Napoleón Bonaparte**, protagonizó un golpe de Estado que puso fin al Directorio.

La igualdad social

La sociedad está obligada a asegurar la subsistencia de todos sus miembros, ya sea procurándoles trabajo, ya sea asegurando los medios de subsistencia a quienes están incapacitados para trabajar. La ayuda a aquellos a los que les falta lo indispensable es una obligación para los que poseen lo superfluo.

Discurso de Robespierre, 21 de abril de 1793.

2. ¿Qué propone el autor en el texto? Justifica por qué Robespierre contó con el apoyo de los *sans-culottes*.

El dirigente jacobino Marat es ensalzado por los *sans-culottes*.

3. Observa el esquema sobre la Constitución de 1791 y explica cómo se organizaba el poder. Establece tres diferencias fundamentales con el absolutismo de Luis XVI.
4. Explica qué grupos políticos surgieron durante la Revolución.
5. ¿Quiénes eran los *sans-culottes*? ¿Qué papel desempeñaron en la Revolución? ¿Cuáles eran sus demandas? Averigua en Internet por qué se les daba ese nombre.
6. Completa el cuadro en tu cuaderno:

Revolución francesa	Fase 1	Fase 2	Fase 3
Periodo	...	...	...
Grupo dirigente	...	...	...
Labor de gobierno	...	...	...
Problemas	...	...	...
Causas de la caída	...	...	...

3 Olimpia de Gouges y los derechos de la mujer

Las mujeres participaron activamente en la Revolución francesa y algunas de ellas comenzaron a reivindicar la igualdad de derechos con los hombres. Entre ellas sobresalió Olimpia de Gouges, que elaboró una Declaración de Derechos de la Mujer y de la Ciudadana.

Sin embargo, el desarrollo de la Revolución francesa no contempló la igualdad entre ambos sexos y privó a las mujeres de la mayoría de los derechos sociales y políticos que había reconocido a los hombres como, por ejemplo, el derecho al voto y la igualdad jurídica.

A EL IMPULSO DE LAS MUJERES EN LA REVOLUCIÓN

El 5 de octubre de 1789, las mujeres de París, armadas con picas y dagas, marcharon hacia Versalles donde residía la familia real. Su objetivo era protestar por la carestía del pan y exigir al rey la firma del decreto de abolición de la feudalidad.

Su actuación obligó al rey a abandonar Versalles y trasladarse al Palacio de las Tullerías en París.

La marcha de las mujeres a Versalles, 1789.

Olimpia de Gouges

Olimpia de Gouges era miembro de una familia de la pequeña burguesía y recibió una educación ilustrada. Escribió numerosos textos y obras de teatro en defensa de los derechos políticos y civiles de las mujeres.

Con el estallido de la Revolución se posicionó al lado de los revolucionarios, pero se indignó al constatar que la Constitución de 1791 no otorgaba el voto a las mujeres.

Para hacer pública su posición, escribió un proyecto de Declaración de Derechos de la Mujer y tomó partido a favor del reconocimiento del divorcio.

Durante la Convención se posicionó al lado de los girondinos y se opuso a la pena de muerte contra el rey Luis XVI. Durante el Terror fue acusada de realista y guillotinada (1793).

La declaración de derechos de la mujer

Las madres, las hijas, las hermanas, representantes de la nación, piden constituirse en Asamblea Nacional. Consideran que la ignorancia, el olvido y el menosprecio de los derechos de la mujer son las únicas causas de los desastres públicos y de la corrupción de los gobiernos, y han decidido exponer en una declaración solemne los derechos naturales, inalienables y sagrados de la mujer. (...)

Artículo 1. La mujer nace libre e igual al hombre en derechos. Las distinciones sociales no pueden estar fundamentadas sobre el bien común. (...)

Artículo 6. (...) La ley es la expresión de la voluntad general y todos los ciudadanos y ciudadanas deben participar personalmente, o mediante sus representantes, en su elaboración. Todas las ciudadanas y todos los ciudadanos deben ser igualmente admisibles en todas las dignidades, lugares y empleos públicos, según sus capacidades y sin otras distinciones que su talento y su virtud. (...)

Artículo 10. Nadie debe inquietarse de las opiniones de las mujeres: si la mujer tiene el derecho a montar sobre el patíbulo, también debe tener el derecho a subir a la tribuna, porque *sus manifestaciones no perturban el orden público establecido por la ley.*

Declaración de Derechos de la Mujer y de la Ciudadana, 1791.

B LOS CLUBS DE MUJERES

Las mujeres también fundaron sus propios clubs, nombre que recibían las organizaciones políticas creadas por los distintos grupos revolucionarios. En sus reuniones, leían los decretos de la Asamblea, los discutían, presentaban sus críticas y propuestas y también recolectaban fondos para los patriotas necesitados.

El protagonismo de las mujeres no fue aceptado por buena parte de los revolucionarios y, en 1793, los clubs de mujeres fueron prohibidos por la Convención.

Debate en un club de mujeres. Acuarela de finales del siglo XVIII.

¿Debe tener la mujer los mismos derechos?

¿No han violado todos los hombres el principio de igualdad de derechos al privar, con tanta irreflexión, a la mitad del género humano de concurrir a la formación de las leyes, es decir, excluyendo a las mujeres del derecho de ciudadanía?

¿Puede existir una prueba más evidente del poder que crea el hábito, incluso cerca de los hombres eruditos, que el de invocar el principio de la igualdad de derechos (...) y olvidarlo con respecto a doce millones de mujeres?

Marqués DE CONDORCET: *Sobre la admisión de las mujeres en el derecho de ciudadanía*, 1790.

¿Las mujeres deben ejercer los derechos políticos e inmiscuirse en los asuntos del gobierno? (...)

No, porque deberían sacrificar cuestiones más importantes a las que han sido llamadas por la naturaleza. Las funciones privadas a las que están destinadas las mujeres por naturaleza ayudan a sostener el orden social. (...)

Las costumbres y la naturaleza le han señalado sus funciones: educar a los hijos, preparar el espíritu y el corazón de sus hijos para las tareas públicas, elevar sus almas. (...) En general, las mujeres son poco capaces para las ideas elevadas y las meditaciones serias. (...)

Discurso del diputado André Amar, octubre de 1793.

C LA REVOLUCIÓN DE LAS MUJERES

1789. Las mujeres solicitan al rey tener representación en los Estados Generales y derecho al voto.
Marcha de mujeres a Versalles.

1791. Primer club femenino.
Una ley otorga a las mujeres el derecho a heredar.
La Constitución les niega el derecho a votar.
Proyecto de Declaración de Derechos de Olimpia de Gouges.

1792. Ley que autoriza el divorcio y declara la igualdad entre cónyuges.

1793. Prohibición de los clubs de mujeres.
374 mujeres son guillotinadas en París durante el Terror.

1795. Prohibición a las mujeres de asistir a una asamblea política y de reunirse más de cinco en la calle.

Una patriota en armas.

1. ¿Cómo participaron las mujeres en la Revolución francesa? Busca ejemplos entre los documentos.
2. Lee la Declaración de Derechos de la Mujer y de la Ciudadana, de Olimpia de Gouges:
   - ¿Por qué redactó una Declaración de Derechos específica para las mujeres?
   - ¿Qué derechos reivindicaba? Comenta la frase en cursiva.
3. Explica la contradicción de los revolucionarios franceses al abordar los derechos de la mujer. ¿Qué opina el marqués de Condorcet sobre esta cuestión? ¿Y André Amar?
4. Busca información en Internet y escribe una biografía sobre Olimpia de Gouges. ¿Qué otras causas defendió aparte de la igualdad de las mujeres? ¿Crees que tienen relación entre ellas?

Ponte en su lugar

5. Imagina que eres una mujer francesa que vive durante la época de la Revolución. Escribe una petición dirigida a la Convención Nacional contestando al diputado André Amar y argumentando por qué los hombres y las mujeres deben tener los mismos derechos.

4 Napoleón domina Europa

El Consulado (1799-1804)

El golpe de Estado de Napoleón tuvo el respaldo de buena parte de la burguesía. Su intención no era el regreso al Antiguo Régimen, sino la consolidación de los principios moderados que habían inspirado la Revolución de 1789.

En 1799, el general fue nombrado cónsul y se inauguró el **Consulado**, que se caracterizó por un **gobierno personalista** y **autoritario**. Napoleón pretendía acabar con la inestabilidad política de los años de la Revolución, consolidar algunos de los principios revolucionarios y fomentar la reactivación económica, mediante un gobierno que representase los intereses de la burguesía.

El nuevo sistema político no contemplaba la separación de poderes ni incluía una declaración de derechos (Constitución de 1800). Las libertades quedaron muy limitadas y se impuso la censura para controlar la opinión pública.

Para reordenar y centralizar la administración del Estado se crearon las prefecturas, que hacían cumplir las órdenes del gobierno en las provincias, y se reformó la Hacienda. Con el objetivo de constituir una élite de funcionarios para la Administración, se impulsó la enseñanza con la fundación de los liceos (escuelas) del Estado.

También se permitió el regreso de los exiliados que aceptasen el nuevo orden, y se firmó un Concordato* para restablecer las relaciones con la Iglesia, rotas tras la desamortización. La elaboración de un Código civil pretendió regular la convivencia entre los ciudadanos.

Asimismo, para estimular la economía se elaboró un Código de comercio, se creó el Banco de Francia y se emitieron nuevos billetes bancarios.

Napoleón Bonaparte nació en 1769 en Córcega en una familia de la pequeña nobleza rural. Inició su carrera militar muy joven y obtuvo grandes éxitos en las campañas militares realizadas durante el Directorio.

Recoger los frutos de la Revolución

Francia necesita alguna cosa grande y perdurable. La inestabilidad la ha perdido, ella quiere estabilidad y permanencia. No quiere la realeza, que ha quedado proscrita para siempre, pero quiere una unidad de acción del poder que debe ejecutar las leyes.

Quiere también un cuerpo legislativo independiente y libre (...). Quiere que sus representantes sean unos conservadores tranquilos y no unos innovadores turbulentos. Quiere, finalmente, recoger el fruto de diez años de sacrificios.

Manifiesto de Napoleón, 1799.

El Imperio napoleónico (1804-1815)

A partir de 1803, Napoleón inició la conquista de Europa y en 1804 se hizo **coronar emperador por el Papa**. La organización de un gran ejército y el uso de nuevas tácticas militares le permitieron derrotar a las monarquías europeas.

La victoria napoleónica en **Austerlitz** (1805) sobre los dos emperadores (Austria y Rusia) marcó el momento álgido de la superioridad napoleónica. Algunos territorios conquistados fueron incorporados a Francia, y en otros casos, se crearon Estados satélites gobernados por franceses.

En 1808 invadieron España y José Bonaparte, hermano del emperador, fue coronado rey. En 1811, el Imperio napoleónico se hallaba en su cénit: se extendía de Alemania a España, y excepto el Reino Unido, buena parte de Europa estaba bajo el control de Francia.

EL IMPERIO NAPOLEÓNICO (1811)

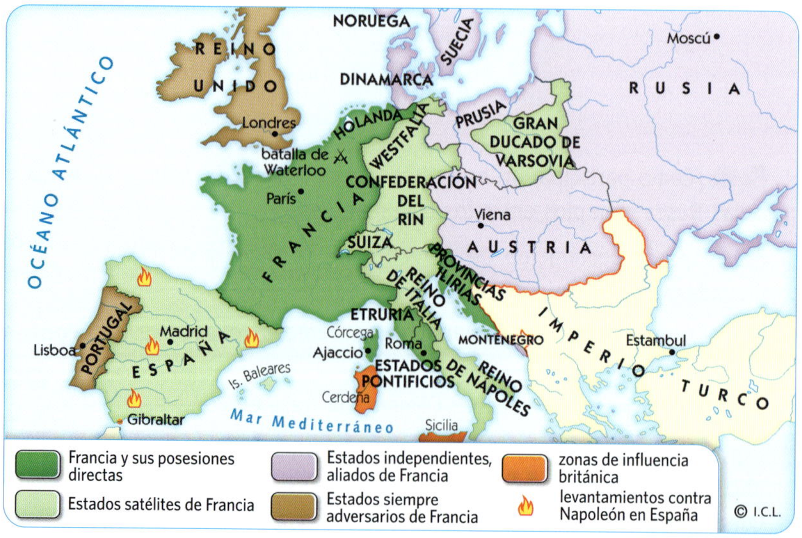

¿POR QUÉ FUE DERROTADO NAPOLEÓN?

Las conquistas napoleónicas generaron una doble reacción en los países ocupados por los ejércitos franceses:

- Por un lado, la abolición de las monarquías absolutas y la supresión de los derechos feudales despertaron las simpatías de los liberales de toda Europa.
- Por otro lado, la invasión de un ejército extranjero, la violencia indiscriminada de sus soldados y la sumisión a los intereses de Francia generaron un fuerte sentimiento antifrancés entre la población.

Los ideales revolucionarios en Europa

Lo que desean con impaciencia los pueblos alemanes es que los individuos que no sean nobles y tengan talento gocen de vuestra consideración, tengan derecho a ejercer los más altos empleos y que todo tipo de servidumbre sea abolida.

Los beneficios del código de Napoleón y el establecimiento de jurados en los tribunales deben ser características de vuestra monarquía. Es necesario que los pueblos tengan libertad, igualdad y un bienestar desconocido entre los pueblos de Alemania (...). Los pueblos de Francia, Italia, España... desean también igualdad y abrazan las ideas liberales. Sed un rey constitucional.

Carta de Napoleón a su hermano Jerónimo, rey de Westfalia, 1807.

EL RECHAZO A LA INVASIÓN

Los ejércitos napoleónicos sometieron por la fuerza a las naciones ocupadas y colocaron en su trono a familiares de Napoleón o a generales de su ejército. Además, favorecieron los intereses materiales de Francia (cobrar impuestos, hacer negocios, apropiarse de las riquezas, reclutar soldados...) por encima de la expansión de los ideales revolucionarios.

Todo ello provocó el surgimiento de movimientos de resistencia a la invasión y despertó un fuerte sentimiento patriótico en España, Polonia, Alemania e Italia.

Saqueo de la ciudad de Roma por las tropas napoleónicas durante la campaña de Italia, según un grabado italiano de la época.

Napoleón, prisionero de los ingleses en la isla de Santa Elena.

LA DERROTA DEL EMPERADOR

La imposibilidad de conquistar Rusia y de someter España marcaron el declive del Imperio napoleónico.

Los ejércitos imperiales fueron derrotados definitivamente en **Waterloo** por el Reino Unido y Prusia (1815).

Napoleón abdicó tras la derrota y fue desterrado a la isla de Santa Elena, donde murió en 1821.

1. ¿Cómo accedió al poder Napoleón? Lee el manifiesto de Napoleón en 1799 y explica qué objetivos pretendía.
2. Sintetiza las reformas que introdujo Napoleón en Francia y justifica por qué se considera que puso fin a la Revolución y a la vez consolidó algunos de sus logros.
3. Observa el mapa del Imperio napoleónico y explica qué territorios comprendía. ¿Qué eran los Estados satélites? ¿Cuáles eran aliados de Francia? ¿Qué representó Waterloo?
4. Con la información del documento sobre la derrota de Napoleón, realiza las siguientes actividades:
   - Explica qué doble sentimiento provocó la invasión napoleónica en los países ocupados.
   - ¿Crees que la carta de Napoleón a su hermano y el grabado del saqueo de Roma dan una misma imagen de las conquistas napoleónicas? Justifica tu respuesta.
   - Contesta a la pregunta de por qué fue derrotado Napoleón.

¿Qué herencia nos ha legado la Revolución francesa?

La Revolución francesa constituye uno de los grandes acontecimientos de la historia de la humanidad con el que se inicia una nueva etapa: la Edad Contemporánea.

Con la Revolución dio comienzo una era en la que las sociedades occidentales iniciaron la construcción de un futuro basado en el respeto a los derechos fundamentales e inalienables del ser humano y en la convicción de que todos los ciudadanos tenían los mismos derechos y debían participar en el gobierno de la nación, eligiendo a sus representantes.

¿Qué ideales, qué elementos de los sistemas democráticos y qué formas de organizar la economía y la sociedad actuales tienen su origen en la Revolución francesa de 1789?

A LAS BASES DE LA DEMOCRACIA

La organización de los Estados y las formas de hacer política que rigen en la mayor parte de los países democráticos occidentales tuvieron sus orígenes en los principios de la Revolución francesa:

- La consideración de las personas como **ciudadanos con derechos** reconocidos por el Estado (Declaración de Derechos del Hombre y del Ciudadano).
- La **soberanía nacional**, es decir, el derecho de los ciudadanos a elegir mediante el voto a sus representantes, que se reúnen en un parlamento para elaborar las leyes y elegir el gobierno.
- La **Constitución** como ley fundamental que establece los derechos y deberes tanto de los ciudadanos como de los gobernantes.
- La **igualdad** de todas las personas **ante la ley**, que queda fijada y establecida en los códigos legales (civil, penal, militar...), y una **justicia independiente** del poder político.
- La organización administrativa del Estado en **departamentos** (provincias) y **ayuntamientos**.

En los sistemas democráticos, la Asamblea o Parlamento, elegida por sufragio universal, debate y aprueba las leyes. En la imagen, la Asamblea Nacional francesa según un grabado de 1790.

B LA VIDA POLÍTICA Y LA PRENSA

La vida política de los sistemas democráticos se vehicula a través de los partidos políticos, que tuvieron un antecedente claro en los **clubs** creados durante la Revolución. Los ciudadanos que defendían ideas y propuestas semejantes se agruparon en sociedades para participar en la política e influir en la Asamblea.

El hecho actual de clasificar a los partidos en derechas e izquierdas se originó en la Asamblea Nacional francesa, cuando los diputados más moderados acostumbraron a sentarse en los escaños de la derecha, y los más radicales, en los de la izquierda.

La prensa política y de opinión nació también por el interés de los ciudadanos de contrastar las opiniones de los diferentes grupos y discutirlas entre ellos.

Los miembros de los clubs se reunían para discutir las propuestas que defenderían en la Asamblea. En la imagen, el Club de los jacobinos, según un grabado de 1792.

L'AMI DU PEUPLE
OU
LE PUBLICISTE PARISIEN,
JOURNAL POLITIQUE ET IMPARTIAL;

El amigo del pueblo, editado por el jacobino Marat, fue uno de los muchos periódicos nacidos durante la Revolución.

C LA LIBERALIZACIÓN DE LA ECONOMÍA

La Revolución y las leyes napoleónicas comportaron la liberalización de la economía, que permitió el desarrollo del capitalismo y de la burguesía:

- Se suprimieron los **gremios** que reglamentaban y obstaculizaban el crecimiento de la producción y se decretó la **libertad de empresa y de contratación**. Sin embargo, se prohibieron las **asociaciones de obreros** para defender sus derechos.
- Se eliminaron las **aduanas interiores** que gravaban el transporte de mercancías y dificultaban el comercio.
- Se unificaron los **sistemas de pesos y medidas** para facilitar los intercambios. De este modo, se establecieron el **metro**, el **gramo** y el **litro** (sistema métrico decimal) como unidades de medición.

Para facilitar el comercio, en 1790 se instauró un sistema de pesos y medidas único para toda Francia. En la imagen, de 1793, se ilustran el litro, el gramo y el metro.

D LA ENSEÑANZA Y LA CULTURA PÚBLICAS

Los revolucionarios defendieron la separación de la Iglesia y el Estado. El Estado debía ser **laico**, es decir, no tener ninguna religión oficial y aceptar la libertad de culto.

Por primera vez se consideró que la enseñanza no debía estar en manos exclusivamente de la Iglesia, y que el Estado debía tener un papel importante en el desarrollo de la educación y en la promoción de la cultura, que no debían ser patrimonio de unas élites reducidas.

La Revolución defendió la necesidad de una **enseñanza igual y obligatoria** para todos los ciudadanos, aunque nunca llegó a ponerse en práctica. En la época napoleónica se crearon las primeras **escuelas públicas** regentadas por el Estado y no por la Iglesia.

Hasta aquel momento, el arte estaba en colecciones privadas de los grandes palacios. Para que el arte y la cultura fuesen accesibles a todos los ciudadanos, se crearon los primeros **museos** públicos, como el del Louvre en París, que se inauguró en 1793 aprovechando la colección real.

Inauguración del museo del Louvre, el 8 de agosto de 1793.

La enseñanza durante la Revolución

A los cinco años, la patria recibirá a los niños de manos de la naturaleza y a los 12 años los devolverá a la sociedad. Esta es la mejor edad para que reciban la instrucción pública necesaria para su formación.

A los doce años es la edad de aprender los diferentes oficios, porque el cuerpo, ya robusto, puede comenzar a aplicarse en los trabajos de la agricultura o cualquier otro. También se halla formado el espíritu para el estudio de las bellas artes y las ciencias (...).

Plan de Educación Lepeletier, 1793.

1. ¿Por qué la Revolución francesa inauguró la Edad Contemporánea? ¿Qué cambio supuso con respecto al periodo anterior?
2. Justifica con ejemplos por qué se considera que la Revolución sentó las bases de los sistemas democráticos que hoy en día rigen en la mayoría de los países occidentales.
3. ¿Por qué fue importante la unificación de los pesos y medidas con el sistema métrico decimal?

Relaciona ayer y hoy

4. Elabora una lista con cinco aportaciones de la Revolución francesa que siguen vigentes en nuestra sociedad actual y que consideres importantes. Justifica el porqué de tu elección.
5. Lee el texto sobre el Plan de Educación. ¿A qué edad empezaba y acababa la escolarización de los niños? ¿Sigue siendo igual en la actualidad?

6 Entre el absolutismo y el liberalismo (1815-1848)

La restauración del absolutismo

Entre 1814 y 1815, los vencedores de Napoleón se reunieron, a propuesta del canciller austriaco Metternich, en el **Congreso de Viena**. Su objetivo era poner fin a la expansión de las ideas liberales y restaurar el absolutismo en Europa.

Tras reponer a los monarcas en sus tronos, las cuatro potencias (Rusia, el Reino Unido, Prusia y Austria) **remodelaron el mapa europeo** en su provecho y sin tener en cuenta las aspiraciones de los pueblos. En el Congreso se acordó el regreso de Francia a sus fronteras de 1792 y la división del Imperio napoleónico entre los vencedores.

En Viena también se establecieron los principios ideológicos de la Restauración: **legitimidad** de los monarcas absolutos, **negación de la soberanía nacional**, **equilibrio** entre las grandes potencias mediante congresos periódicos y **derecho de intervención** en países extranjeros.

Con este objetivo se creó la **Santa Alianza** (1815), un tratado de ayuda mutua entre los monarcas absolutos frente a cualquier amenaza de revolución liberal.

LA EUROPA DEL CONGRESO DE VIENA (1815)

1. Observa el mapa y explica los cambios impuestos por el Congreso de Viena. ¿Quiénes fueron los grandes Estados beneficiados?

2. ¿Quiénes formaban la Santa Alianza? ¿Cuáles eran sus objetivos?

La revolución de 1830

El Congreso de Viena no respetó ni los principios liberales ni las aspiraciones nacionales de algunos pueblos europeos.

En consecuencia, a partir de 1815, **liberalismo** y **nacionalismo** se convirtieron en las dos fuerzas de oposición, que impulsaron las oleadas revolucionarias (1830 y 1848) que pusieron fin al sistema de la Restauración.

Las insurrecciones contaron con un importante apoyo popular y, donde triunfaron, significaron la sustitución del absolutismo por sistemas políticos liberales, basados en la soberanía nacional y el sufragio y regidos por una constitución, en los que la burguesía detentaba el poder.

El movimiento se inició en **Francia**, donde, en julio de 1830, se derrocó al monarca absoluto Carlos X, que había sido entronizado tras la muerte de Luis XVIII. La revolución situó a **Luis Felipe de Orleans** como nuevo monarca constitucional. Por ello fue denominado el "rey ciudadano".

En 1831 estalló también una revuelta en **Polonia**, que se hallaba bajo el dominio autocrático del Imperio ruso, pero fue duramente reprimida por el ejército zarista.

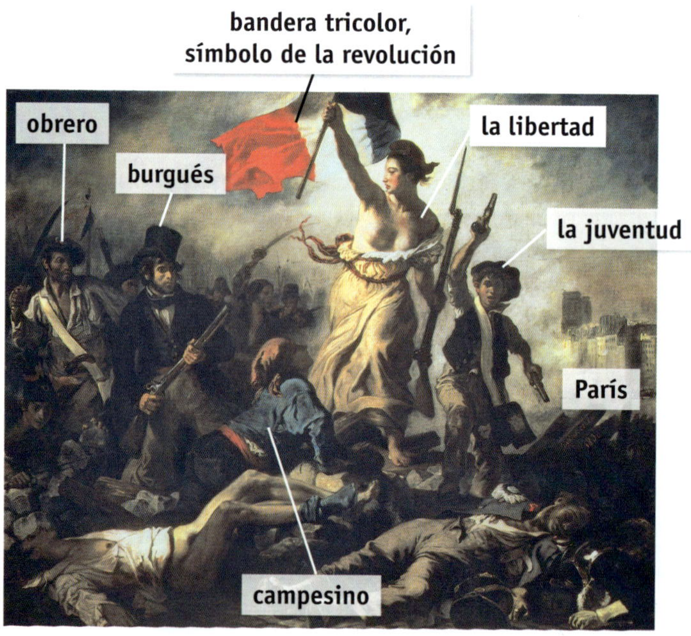

Eugéne DELACROIX: *La libertad guiando al pueblo*, 1830. El cuadro exalta las jornadas de julio de 1830 y muestra la unión de diferentes sectores sociales en su lucha por la libertad.

1848: ¿LA PRIMAVERA DE LOS PUEBLOS?

En la Europa del siglo XIX, muchos pueblos vivían bajo el dominio de un **imperio** (como el austriaco, el ruso o el turco) o se hallaban fragmentados en **diversos Estados** (como Alemania e Italia).

Por ello, el surgimiento del liberalismo fue acompañado, en muchos territorios, de la expansión del nacionalismo, que defendía una Europa de naciones libres frente a los imperios absolutistas.

La revolución de 1848, conocida como la "primavera de los pueblos", significó el despertar de las naciones que se hallaban sometidas a los grandes imperios. En ellas, las demandas nacionalistas fueron acompañadas del deseo de constituir nuevos gobiernos liberales.

En el **Imperio austriaco**, la revuelta tuvo un **carácter liberal** en Viena, donde la revolución obligó al canciller Metternich a dimitir. Pero también fue un **levantamiento nacionalista** en Hungría, Bohemia, el Norte de Italia y la Confederación Germánica.

En **Francia**, un levantamiento popular proclamó la **II República**, que adoptó una serie de medidas democráticas: sufragio universal masculino, libertad de prensa, abolición de la pena de muerte y reconocimiento de algunos derechos para los trabajadores.

Aunque la mayoría de las revoluciones fueron sofocadas, las reformas democráticas y muchas aspiraciones nacionalistas se consolidaron en Europa durante la segunda mitad del siglo XIX.

LAS NACIONALIDADES DEL IMPERIO AUSTROHÚNGARO

LA REVOLUCIÓN DE 1848

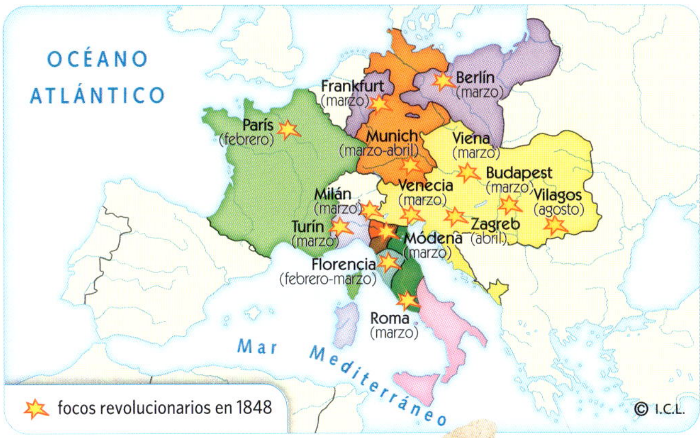

Un nuevo concepto: la democracia

La revolución de 1848 significó la aparición de los ideales democráticos y también el surgimiento de los trabajadores como fuerza política.

Los demócratas se identificaban con los preceptos básicos del liberalismo, pero frente al concepto de soberanía nacional, que proponía el sufragio censitario, defendían el principio de **soberanía popular**, que otorgaba el derecho a todos los hombres a votar (sufragio universal masculino) independientemente de su riqueza. También proponían la ampliación de los derechos colectivos, reconociendo el derecho de reunión y el de asociación.

Alegoría del sufragio universal, 1850.

3. ¿Quiénes se reunieron en el Congreso de Viena? ¿Qué objetivos perseguían?
4. ¿Qué fuerzas se opusieron a la restauración del absolutismo? ¿Cómo consiguieron acabar con el sistema ideado por Metternich?
5. Explica qué cambios comportaron en Francia las revoluciones de 1830 y 1848.
6. Observa el mapa del Imperio austrohúngaro y explica por qué era un imperio plurinacional. ¿Qué relación puedes establecer con el mapa del estallido revolucionario en 1848?
7. ¿Por qué hablamos de 1848 como de la "primavera de los pueblos"? Justifica la respuesta.
8. Establece las diferencias entre liberalismo y democracia, y entre soberanía nacional y soberanía popular.

7 ¿Qué nuevos Estados se crearon en Europa?

El nacionalismo defiende el derecho de las naciones a ejercer su soberanía y a crear su propio Estado. De este modo, sostiene la necesidad de hacer coincidir Estado y nación, es decir, de reagrupar en el interior de unas determinadas fronteras a los miembros de una misma comunidad nacional.

Los movimientos nacionalistas se expandieron por la Europa del siglo XIX y tuvieron un carácter disgregador en los imperios plurinacionales*, y unificador en las naciones fragmentadas.

¿Qué nuevos Estados se crearon en Europa como consecuencia de estos movimientos liberales y nacionales?

EL IMPERIO TURCO EN EUROPA (1829)

A LA INDEPENDENCIA DE GRECIA Y BÉLGICA

En los **imperios plurinacionales** surgieron **movimientos independentistas**, como en el Imperio otomano (Grecia). En otros lugares, como en el Reino de los Países Bajos, Bélgica también demandó su independencia.

GRECIA (1821-1830)

Grecia formaba parte del Imperio otomano o turco desde hacía siglos. Aunque algunas élites griegas formaban parte de la burocracia otomana, la mayoría de la población se sentía marginada, sometida a fuertes impuestos y dominada por un pueblo de distinta religión y cultura.

En 1822, los griegos proclamaron su independencia en Epidauro, que, al no ser reconocida por los turcos, provocó el inicio de una guerra. La causa griega contó con la solidaridad de los liberales europeos, que apoyaron un territorio considerado la cuna de la cultura europea.

En 1827, Francia y el Reino Unido intervinieron militarmente y ayudaron a derrotar al Imperio otomano, que reconoció la independencia griega en 1829, y entró en vigor en 1830.

BÉLGICA (1830-1839)

Bélgica había sido unida a Holanda en 1815 por el Congreso de Viena, creando el Reino de los Países Bajos.

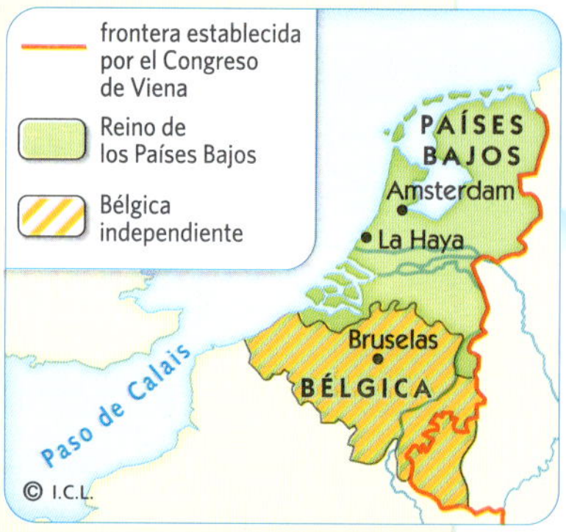

La expansión de las ideas liberales hizo que en 1830 triunfase la revolución, que estableció un sistema de monarquía liberal bajo el reinado de Leopoldo I.

El nuevo gobierno proclamó la independencia, y tras un conflicto armado, Holanda reconoció la nueva Bélgica en 1839.

La declaración de independencia de Grecia

Nosotros, descendientes de los sabios y nobles pueblos de la Hélade (...) no creemos ya posible sufrir sin cobardía y autodesprecio el yugo cruel del poder otomano que nos ha sometido durante más de cuatro siglos; un poder que no conoce otra ley que su propia voluntad (...).

Después de esta prolongada esclavitud, hemos decidido recurrir a las armas para liberar a nuestra patria de una terrible tiranía (...).

Nuestro objetivo es reconquistar los derechos de la libertad individual, de la propiedad y del honor.

Declaración de Epidauro, 1822.

Alegoría del combate de los griegos por la independencia, según un grabado de 1821.

Insurrección de 1830 en Bruselas.

B LAS UNIFICACIONES DE ITALIA Y ALEMANIA

A principios del siglo XIX, Italia estaba dividida en diversos Estados y Austria había incorporado a su imperio la Lombardía y el Véneto. Alemania también estaba fraccionada en 36 Estados e integrada en la Confederación Germánica, donde rivalizaban las dos grandes potencias germánicas: Prusia y Austria.

Italia

En 1859, el **Piamonte**, con la monarquía liberal **de Saboya** y gobernado por **Cavour**, inició un proceso unificador y se enfrentó a Austria, consiguiendo la anexión de la Lombardía. Paralelamente, un levantamiento popular, dirigido por **Garibaldi**, derrocó a los monarcas absolutos de los Estados del centro y Sur de Italia (Reino de las Dos Sicilias).

En 1861, el primer parlamento italiano proclamó rey de Italia a **Víctor Manuel II de Saboya**; en 1866, los austriacos abandonaron el Véneto, y en 1870 fueron anexionados los Estados Pontificios, convirtiendo Roma en la capital.

Alemania

Prusia tomó la iniciativa primero y, en 1834, potenció una **unión aduanera** (Zollverein) que agrupaba a gran parte de los Estados alemanes. En 1848, un intento de unificar estos Estados, liderado por un parlamento reunido en Frankfurt, fracasó porque el rey de Prusia no aceptó la corona de la nueva Alemania.

El impulso definitivo llegó en la década de 1860, cuando **Guillermo I** accedió al trono prusiano y nombró canciller a **Otto von Bismarck**. El nuevo canciller impulsó una política agresiva con los Estados vecinos: en 1864 declaró la guerra a Dinamarca, en 1866, a Austria y, en 1870, a Francia.

La victoria en estos conflictos permitió unir a todos los Estados alemanes bajo el cetro del rey de Prusia y, en 1871, se produjo la proclamación del **II Imperio (Reich) alemán** y de **Guillermo I** como káiser (emperador).

Encuentro entre el rey Víctor Manuel II y Garibaldi, en Nápoles, 1860.

LAS UNIFICACIONES DE ITALIA Y ALEMANIA

1. Observa los mapas de la página izquierda y explica la situación de Grecia y Bélgica. ¿Cómo consiguieron la independencia estos pueblos?

2. Lee la Declaración de Epidauro y establece los motivos y los objetivos de la revuelta griega contra los turcos.

3. Completa el cuadro en tu cuaderno:

Agentes y factores	Italia	Alemania
Estado que dirige la unificación	...	...
Monarca	...	...
Primer ministro	...	...
Fecha de consecución de la unidad	...	...
Fases de la unificación	...	...

Investiga

4. Busca en el tema un mapa que muestre el Imperio ruso, el Imperio turco y el Imperio austrohúngaro a principios del siglo XIX. Compáralos con un mapa actual de Europa y enumera qué Estados actuales habían formado parte de estos imperios.

8 El nuevo arte de la burguesía

La nueva sociedad burguesa, que puso fin al Antiguo Régimen, revolucionó también los gustos artísticos. Los viejos principios sobre los que se asentaba el arte se cuestionaron y las nuevas alternativas dejaron de ser uniformes.

Estos cambios iniciaron el arte contemporáneo, que perdió la homogeneidad de estilo característica de las etapas anteriores. Los artistas plantearon caminos diversos que se plasmaron en una variedad de estilos que evidenciaban el deseo de originalidad reinante.

Esta evolución artística originó diferentes movimientos artísticos entre los que destacan el romanticismo, el realismo y el modernismo.

A EL ROMANTICISMO: LA EXALTACIÓN DE LOS SENTIMIENTOS

El **Romanticismo** se expandió por toda Europa en las primeras décadas del siglo XIX y surgió como una reacción contra el clasicismo anterior.

Esta corriente significó una nueva estética y un nuevo sentimiento que tenía como principales valores el amor a la **libertad**, la exaltación del **individualismo** y la defensa de los **sentimientos** frente al racionalismo de la Ilustración.

Caspar David FRIEDRICH: *Viajero junto a un mar de niebla*, 1818. El cuadro nos muestra la soledad del ser humano frente a las fuerzas de la naturaleza.

François RUDE: *La Marsellesa*, 1836.

La escultura romántica aspiraba a expresar el movimiento y los sentimientos, utilizando formas agitadas y dinámicas y dando mucha importancia a la gestualidad y a la expresión de los rostros.

MEMOART: La pintura romántica

- Exaltación del individuo y de las tradiciones.
- Aspiración a la libertad individual y nacional, que plasmó los ideales de las revoluciones burguesas.
- Comprensión de la naturaleza desde una óptica sentimental.
- Predilección por lo exótico y lo imaginario que comportó un interés por el Norte de África y por la cultura oriental.
- Mayor movimiento y dinamismo en las composiciones, mediante líneas curvas y diagonales.
- Nueva expresión del color y la luz con el uso de colores brillantes, aplicados con pinceladas sueltas y pastosas, que llenaron los cuadros de luminosidad.
- Destacaron **Eugène Delacroix** y **Théodore Géricault**, que apostaron por la recreación de temas históricos y mitológicos, y los paisajistas **Joseph W. Turner** y **Caspar D. Friedrich.**

Eugène DELACROIX: *La matanza de Quíos*, 1824.

B EL REALISMO

En la segunda mitad del siglo XIX, el Romanticismo fue desplazado por el **Realismo**. Este cambio tuvo su origen en diversas causas:

- El fin de la visión idealizada que proponía el Romanticismo, ante la evidencia de nuevas desigualdades sociales.
- El avance de la industrialización que dejó al descubierto cómo en el nuevo sistema existía miseria, trabajo infantil y explotación.
- El avance de la ciencia en el siglo XIX, que impuso la observación y la descripción como método para conocer la realidad.

Los artistas realistas se interesaron por conocer la realidad concreta de su época y describirla fielmente. Los pintores realistas, como **Gustave Courbet**, **Honoré Daumier** y **Jean François Millet**, plasmaron la vida cotidiana y los problemas sociales de la industrialización (la injusticia, la fatiga en el trabajo, etc.), tratados de una manera más verídica, objetiva e imparcial.

C EL MODERNISMO

El **Modernismo** surgió a finales del siglo XIX y fue básicamente un movimiento arquitectónico, aunque también tuvo su reflejo en la pintura y la escultura. Los pintores se decantaron por el abandono de los aspectos cotidianos para plasmar temas de contenido simbólico y conceptual.

Con una finalidad claramente decorativa, se inspiraron en las formas de la naturaleza, y la mujer se convirtió en un tema recurrente. Destacan el austriaco **Gustav Klimt** y el checo **Alfons Mucha**, que también fue un importante cartelista.

Gustav KLIMT: *El beso*, 1908.

Gustave COURBET: *Entierro en Ornans*, 1850.

FICHA ART

Busca en Internet información sobre esta obra y elabora su ficha:

a) **Identificación.** Sitúa el autor, el tema, la corriente pictórica y su cronología.

b) **Descripción de la pintura.** Describe con detalle el paisaje y los personajes que aparecen en la escena.

c) **Análisis artístico.**
- Explica cuál es la composición de la obra y la disposición de los personajes.
- ¿Qué elemento destaca en el plano del fondo? ¿Qué valor simbólico crees que tiene?
- ¿Qué colores utiliza el pintor? ¿Crees que aumentan la sensación de dramatismo de la obra? ¿Por qué?

d) **Relación entre arte y sociedad.** Esta pintura fue muy mal valorada en los medios académicos de la época por representar una escena de poca trascendencia temática, falta de belleza, y por la vulgaridad y fealdad de los personajes.
- ¿Cómo crees que respondería el pintor a estas críticas? ¿Cómo justificaría su obra?

1. Sintetiza qué elementos caracterizan el Romanticismo y el Realismo, haciendo hincapié en las diferencias entre ambas corrientes.

2. Observa el cuadro de Delacroix e interpreta qué sentimientos muestran los personajes. ¿Qué otras características del Romanticismo puedes destacar?

3. ¿Qué movimiento crees que fue el más innovador de los tres? Justifica tu respuesta.

Aprecia el arte

4. ¿Cuál es la única parte de la pintura de Klimt tratada de forma realista? ¿Qué atmósfera envuelve al resto? ¿Qué contenido simbólico atribuirías a la pintura?

COMPLETA EL MAPA CONCEPTUAL

Con la información del tema, completa en tu cuaderno el siguiente esquema:

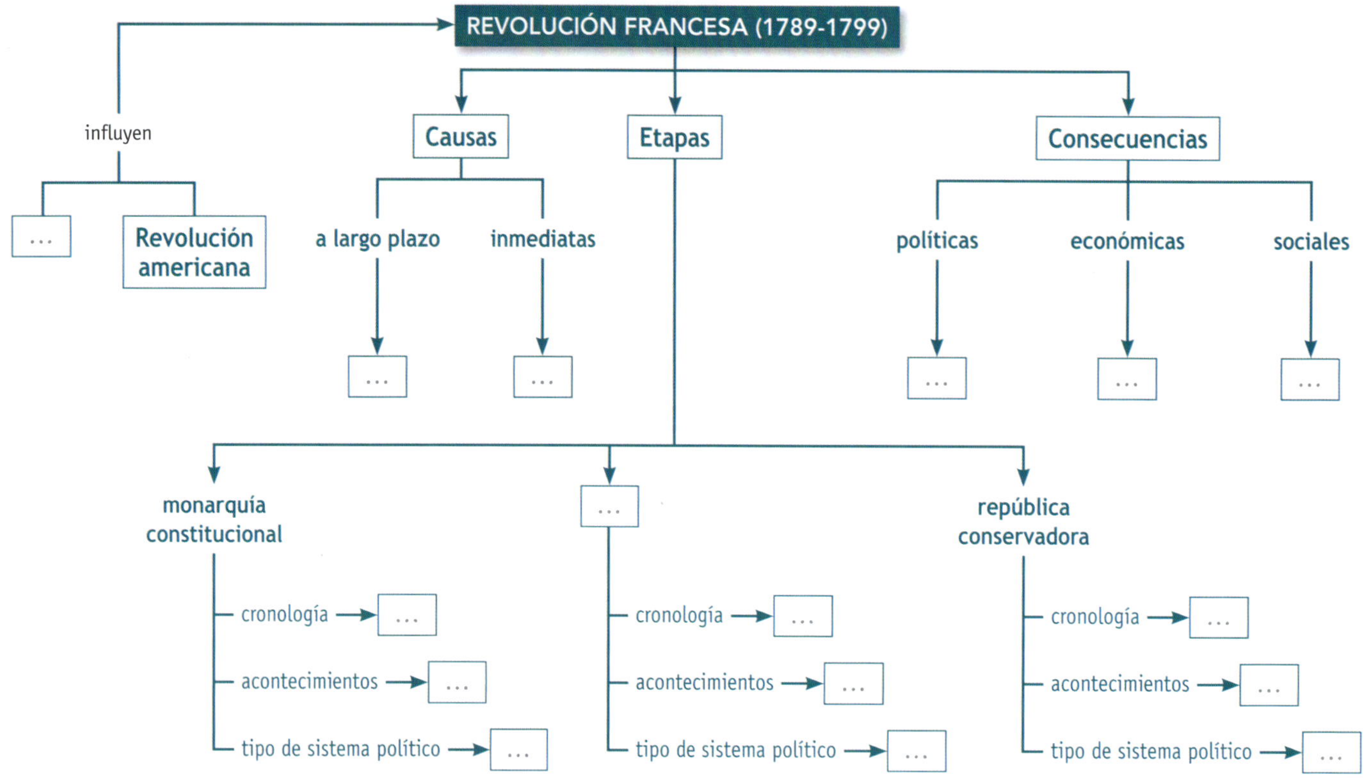

1 CONSOLIDA LO APRENDIDO

a) ¿Qué dos modelos de liberalismo se implantaron en Francia durante el desarrollo de la Revolución francesa? ¿Qué caracterizaba a cada uno de ellos?

b) ¿Qué significó Napoleón Bonaparte para Francia? ¿Y para Europa? ¿Por qué fue derrotado en 1815?

c) ¿Qué legado de la Revolución francesa podemos encontrar en las sociedades democráticas actuales?

d) ¿Qué fue la Restauración absolutista? ¿Cómo se remodeló el mapa de Europa?

e) ¿Qué entiendes por nacionalismo? ¿Qué grandes imperios dominaban Europa? ¿Qué problemas nacionales existían en la primera mitad del siglo XIX?

f) ¿Qué nuevos Estados surgieron en Europa entre 1829 y 1871?

2 DEFINE CONCEPTOS CLAVE

- liberalismo
- nacionalismo
- absolutismo
- constitución
- *sans-culotte*
- república

3 IDENTIFICA LOS PERSONAJES

- Luis XVI
- Napoleón
- Víctor Manuel II
- Robespierre
- Cavour
- Luis Felipe de Orleans
- Bismarck
- Garibaldi
- Olimpia de Gouges

4 ESTABLECE LA CRONOLOGÍA

- la toma de la Bastilla
- la ejecución de Luis XVI
- la independencia de Grecia
- la caída de Napoleón

5 EXPLICA LAS DIFERENCIAS

- sufragio universal / sufragio censitario
- soberanía nacional / soberanía popular
- imperio plurinacional / nación multiestatal
- absolutismo / liberalismo
- nación / Estado

RESPONDE A LA PREGUNTA INICIAL

¿Qué cambios introdujeron las revoluciones liberales en la forma de gobernar y en la sociedad?

APRENDE A... COMENTAR UN TEXTO HISTÓRICO

Declaración de Derechos del Hombre y del Ciudadano, 1789

Artículo 1. Los hombres nacen y permanecen libres e iguales en derechos (...).

Artículo 2. El fin de toda asociación política es la conservación de los derechos naturales e imprescriptibles del hombre. Estos derechos son la libertad, la propiedad, la seguridad y la resistencia a la opresión.

Artículo 3. El principio de toda soberanía reside en la nación. Ningún cuerpo, ningún individuo, puede ejercer autoridad que no emane expresamente de ella (...).

Artículo 4. La libertad consiste en poder hacer todo aquello que no dañe a un tercero (...). Estos límites solo pueden ser fijados por la ley (...).

Artículo 6. La ley es la expresión de la voluntad general. Todos los ciudadanos tienen derecho a participar personalmente, o por sus representantes, en su formación. La ley debe ser la misma para todos, tanto si protege como si castiga. Todos los ciudadanos, siendo iguales a sus ojos, son igualmente admisibles a todas las dignidades, cargos y empleos públicos, según sus capacidades, y sin otra distinción que la de sus virtudes y talentos.

Artículo 7. Ningún hombre puede ser acusado, arrestado ni detenido más que en los casos determinados por la ley y según las formas que ella ha prescrito (...).

Artículo 10. Nadie debe ser molestado por sus opiniones, incluso religiosas, con tal que su manifestación no altere el orden público establecido por la ley (...).

Artículo 11. La libre comunicación de pensamientos y opiniones es uno de los derechos más preciados del hombre; todo ciudadano puede, pues, hablar, escribir, imprimir libremente, sin perjuicio de responder del abuso de esta libertad en los casos determinados por la ley.

Artículo 13. Para el mantenimiento de la fuerza pública y para los gastos de la administración, es indispensable que se fijen unos impuestos. El pago de estos impuestos deberá repartirse entre los ciudadanos de forma proporcional a la riqueza de cada uno de ellos (...).

Artículo 16. Toda sociedad en la que la garantía de los derechos no esté asegurada, ni la separación de los poderes determinada, no tiene Constitución.

Artículo 17. Siendo la propiedad un derecho sagrado e inviolable, nadie puede ser privado de ella si no es en casos en los que lo exija la necesidad pública (...).

1. Identificación y presentación

- Indica qué tipo de texto es, su cronología, autores y destinatarios. ¿En qué circunstancias y dónde fue redactado?

2. Síntesis y análisis

- Resume cada artículo con tus propias palabras. Después agrúpalos según su contenido: derechos y deberes individuales, límites a esos derechos y origen del poder y la ley.
- ¿Por qué se considera la Declaración una pieza fundamental de la abolición del Antiguo Régimen?

3. Contexto histórico

- ¿Qué principios ideológicos inspiraron la redacción de esta Declaración de Derechos?
- Explica brevemente el contexto histórico en que se aprobó esta Declaración.

4. Conclusiones

- ¿Cuál ha sido su trascendencia histórica?
- ¿Crees que esta Declaración tiene vigencia en la actualidad? Razona tu respuesta.

RAZONA HISTÓRICAMENTE

Empatía. Imagina que eres un diputado de la Convención en la que se está debatiendo si el rey de Francia, Luis XVI, es responsable de "traición y conspiración contra el Estado", y debes votar a favor o en contra de la culpabilidad del rey.

Para ello, copia y completa en tu cuaderno el siguiente cuadro:

Argumentos a favor de la culpabilidad del rey	Argumentos a favor de la inocencia del rey
...	...

1 Organización de la información. Compara sistemas políticos

a) Copia y completa en tu cuaderno estos esquemas de tres sistemas políticos. Asigna cada letra a uno de los conceptos y, después, explica las diferencias que existen entre ellos:

Rey absoluto	Rey con poder limitado
Presidente	Súbditos
Ciudadanos	Senado
Parlamento	Congreso de los Diputados
Gobierno	Tribunales de justicia
Ministros y secretarios de Estado	

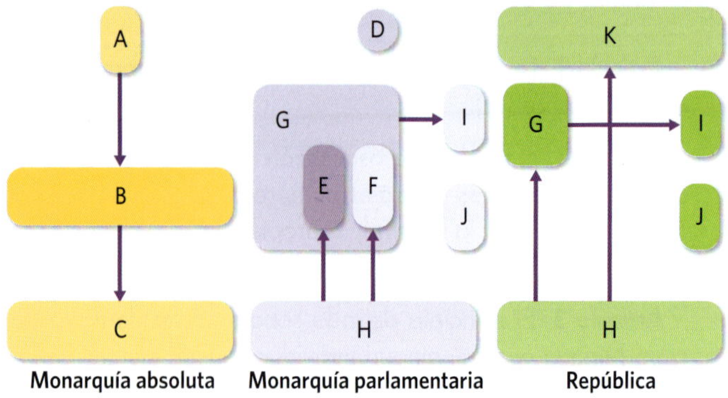

2 Fuentes documentales. ¿Qué es una nación?

Acabamos de ver algunos elementos que no son suficientes para crear una nación: la raza, la lengua, los intereses, las afinidades religiosas, la geografía, las necesidades militares. (...) ¿Qué más se necesita?

Una nación es esencialmente un alma, un principio espiritual. Dos cosas que (...) constituyen la misma esencia (...). Una se refiere al pasado, la otra forma parte del presente. Una es el hecho de poseer en común un rico legado del pasado; la otra es el consentimiento presente, el deseo de vivir conjuntamente. (...)

Una nación es pues una gran solidaridad, forjada por el sentimiento de los sacrificios que se han hecho y por los que se está dispuesto a seguir haciendo. (...)

Conferencia pronunciada por Ernest Renan, 1882.

a) Lee el texto y explica qué elementos conforman una nación según el autor.

b) Observa este esquema y define con tus palabras qué es una nación. Seguidamente busca su definición en un diccionario y comprueba si coincide con la tuya o qué diferencias observas.

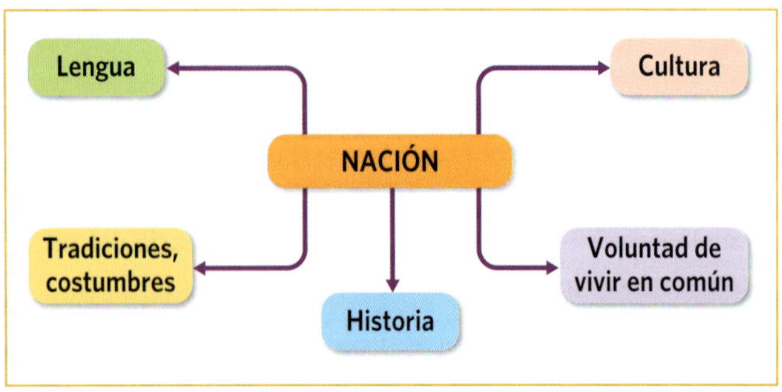

3 Fuentes gráficas. El voto en los Estados Generales

	SISTEMA TRADICIONAL		DEMANDAS DEL TERCER ESTADO	
Grupos	**Diputados**	**Voto por grupo**	**Diputados**	**Voto por persona***
Clero	291	1	291	Alto clero 46 Bajo clero 245
Nobleza	270	1	270	Absolutistas 220 Liberales 50
Tercer Estado	289	1	578	Tercer Estado 578

*no fue aceptado

a) Observa este cuadro y explica qué nuevo número de diputados y sistema de votación exigió el Tercer Estado en los Estados Generales convocados por Luis XVI en 1789.

b) Justifica por qué estas demandas eran tan importantes. ¿Cómo respondieron los privilegiados?

c) Razona la importancia que tuvo esta cuestión en el inicio de la Revolución francesa.

4 Fuentes materiales. Los símbolos revolucionarios

a) Identifica los objetos señalados con un número, averigua su simbolismo y explica por qué se convirtieron en símbolos de la Revolución.

Un *sans-culotte* de París.

5 Fuentes iconográficas. **Sociedad estamental**

Grabado titulado *El despertar del Tercer Estado*, 1789.

a) Describe la escena e identifica a los tres personajes. ¿Qué representa el edificio dibujado al fondo?

b) ¿Qué simbolizan los tres personajes? Analiza su actitud.

c) Explica qué mensaje ha querido transmitir el autor de este grabado y relaciónalo con su contexto histórico.

6 Espacio y tiempo. **Europa en 1815**

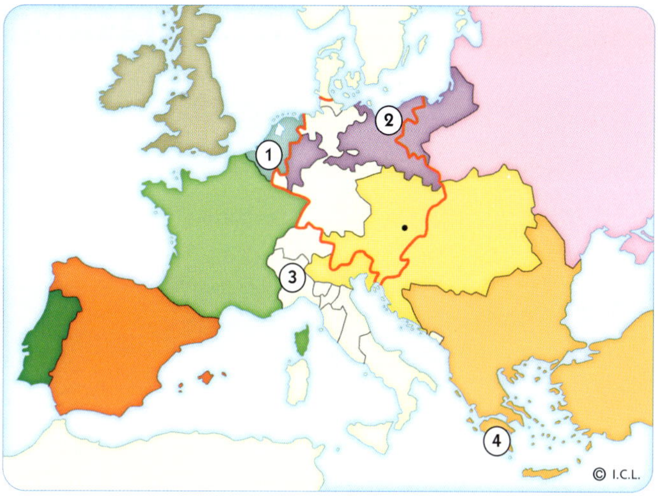

a) Di el nombre de los Estados representados por distintos colores. ¿Cuáles eran grandes imperios multinacionales?

b) ¿Qué ciudad representa el punto? ¿Por qué destaca en la Europa de 1815? ¿Qué representa la línea roja?

c) Señala los nuevos Estados surgidos a lo largo del siglo XIX que están señalados con un número, y explica brevemente cómo consiguieron su independencia o unificación.

WWW. ESPACIO WEB

7 Fuentes digitales. **Calendario republicano**

El 5 de octubre de 1793, la Convención Nacional adoptó el llamado calendario republicano, que se iniciaba el 22 de septiembre de 1792 y cambiaba los nombres de los meses, los días de la semana y suprimía las fiestas religiosas.

Consulta la información sobre el calendario republicano en www.tiching.com/743784 y responde:

a) ¿Por qué el calendario se inició en septiembre de 1792?

b) ¿Qué nombre recibieron los meses del año? ¿En qué se inspiró esta nueva denominación? ¿A qué mes actual correspondía cada uno de ellos?

c) ¿De cuántos días se componía la semana? ¿Qué nuevas festividades reemplazaron a las fiestas religiosas?

d) ¿Hasta cuándo estuvo vigente el calendario?

Familia de *sans-culottes*.

8 Fuentes audiovisuales. **Causas de la Revolución**

Accede a www.tiching.com/744750 y visiona el vídeo sobre las causas y el estallido de la Revolución francesa:

a) ¿Qué son los Cuadernos de Quejas? ¿Cuándo y por qué se elaboraron? ¿Por qué constituyen una fuente importante para conocer las causas de la Revolución?

b) ¿Cuáles eran las principales peticiones de cada uno de los tres estamentos? Clasifica las reivindicaciones según sean políticas, económicas o sociales.

c) ¿Por qué los diputados del Tercer Estado abandonaron la reunión de los Estados Generales? Explica qué conflicto motivó su decisión.

RETOS EN LA RED

MINI UNIDAD VISUAL: La democracia en América.

ACTIVIDADES AUTOCORRECTIVAS: Resuelve estas actividades y repasa lo que has aprendido.

www.vvd.link/012271/2

3 EL ORIGEN DE LA INDUSTRIALIZACIÓN

¿Cómo transformó la Revolución Industrial la economía y la sociedad tradicionales?

LA REVOLUCIÓN INDUSTRIAL

1730 · 1750 · 1770 · 1790 · 1810 · 1830 · 1850 · 187

- **1730** Arado de Rotherham
- **1732** Carbón de coque en altos hornos
- **1733** Lanzadera volante de Kay
- **1764** Hiladora Spinning Jenny
- **1769** Máquina de vapor de Watt
- **1776** Adam Smith: *La riqueza de las naciones*
- **1780** Máquina trilladora
- **1785** Telar mecánico de Cartwright
- **1807** Primeros barcos a vapor
- **1811** Ludismo (1811-1817)
- **1824** Segadora mecánica
- **1825** Primeros sindicatos
- **1829** Locomotora de vapor Stephenson
- **1834** Great Trade Union
- **1855** Fabricación de acero Convertidor de Bessemer
- **1864** I Internacional

Constantin Émile MEUNIER: *En un país negro*, 1893.

La Revolución Industrial se inició en Gran Bretaña a finales del siglo XVIII y se difundió por Europa y Norteamérica durante el siglo siguiente.

La nueva industria, que se basaba en la mecanización de la producción, las innovaciones técnicas y el sistema fabril de producción, provocó un fuerte crecimiento de la producción de bienes.

La industrialización fue acompañada de una nueva organización de la economía (el capitalismo) y transformó la sociedad. El éxodo rural provocó el crecimiento de las ciudades, donde se desarrollaban las nuevas actividades industriales.

Dos nuevas clases sociales vertebraron la sociedad capitalista: la burguesía, que poseía capital para invertir, y el proletariado, que trabajaba en las fábricas.

¿Qué sabemos?

- ¿Por qué al nacimiento de la industria se le denomina "Revolución Industrial"?
- Observa la pintura y explica por qué esta imagen representa un paisaje industrial. ¿Sabes por qué se denominaban "paisajes negros"?
- Fíjate en el mapa. ¿Cuál fue la cuna de la Revolución Industrial? ¿Cuándo se expandió por Europa?

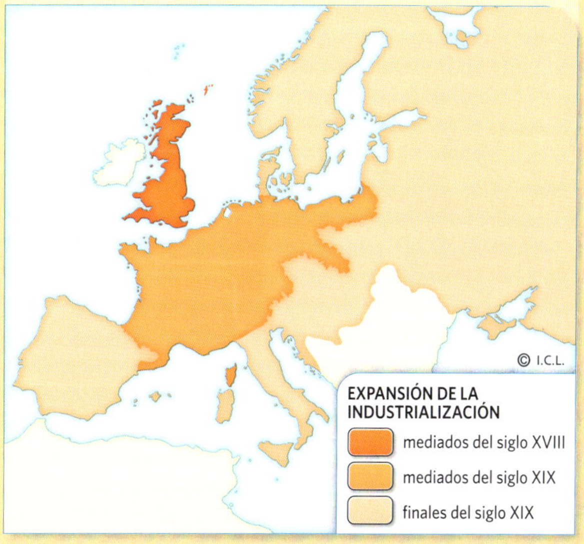

1 ¿Cómo cambió la producción de bienes con la

A finales del siglo XVIII, la Revolución Industrial produjo la transformación más importante desde la revolución neolítica, cuando el ser humano empezó a cultivar la tierra.

La industrialización significó el paso de la economía agraria a otra dominada por la industria, donde la producción de bienes se realizaba de forma mecanizada.

Los cambios en los sistemas de producción implicaron una nueva organización de la economía (capitalismo) y transformaron la organización de la sociedad (sociedad de clases).

El impacto de la industria fue tan grande, que los historiadores la denominaron "Revolución Industrial". ¿En qué consistió y qué factores la impulsaron?

A FACTORES IMPULSORES DE LA INDUSTRIALIZACIÓN

La Revolución Industrial tuvo su origen en **Gran Bretaña** a mediados del siglo XVIII. Una serie de factores explican por qué Gran Bretaña fue la pionera y se convirtió en el primer país industrial, en el **"taller del mundo"**:

- Un **sistema político** en el que el poder de la monarquía estaba limitado por el Parlamento desde el siglo XVII y en el cual la influencia de la burguesía era grande.
- Un **crecimiento de la población** que supuso el aumento de la demanda de productos y la disponibilidad de mano de obra para las nuevas fábricas.
- Abundancia de **recursos y materias primas**, sobre todo de carbón, que se convirtió en la principal fuente de energía.
- Facilidad de **transporte** a través de una amplia red de ríos y canales.
- La posesión de un **imperio colonial** (conquista de la India en el siglo XVIII) permitió un fácil acceso a las nuevas materias primas (algodón) y generó un gran mercado para exportar la producción industrial.

LA HEGEMONÍA INDUSTRIAL DE GRAN BRETAÑA

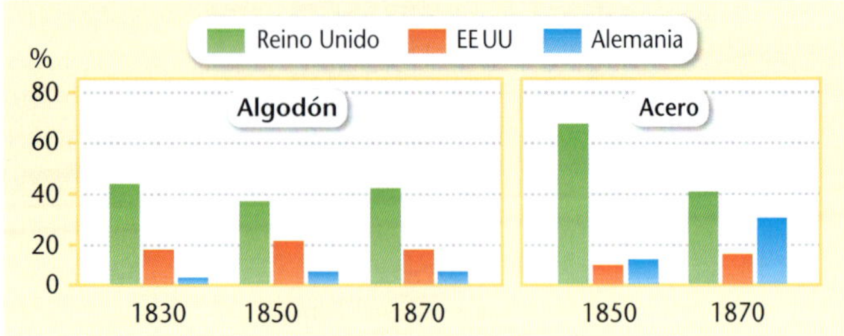

EL CANAL DE SUEZ

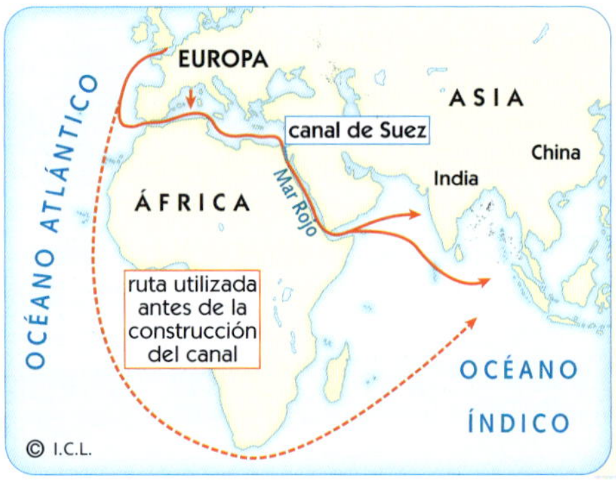

La apertura del canal de Suez en 1869 facilitó el comercio con la India y Oriente.

B UN CONJUNTO DE "REVOLUCIONES PARALELAS"

FACTORES QUE PROPICIARON LA INDUSTRIALIZACIÓN

La Revolución Industrial fue posible gracias al desarrollo de una serie de cambios que, interconectados entre sí, provocaron una gran transformación del sistema económico. El elemento común de todos ellos fue la **innovación**, que produjo una serie de "revoluciones paralelas":

- Una revolución **agrícola**: aumentó la cantidad de alimentos.
- Una revolución **demográfica**: incrementó la población.
- Una revolución **tecnológica**: puso al servicio de la industria nuevas máquinas y fuentes de energía.
- Una revolución en el **transporte** y en el **comercio**: permitió vender la producción a mercados lejanos y extensos.
- Una revolución en las **finanzas**: aportó nuevos sistemas para financiar a las empresas y facilitar los pagos.

Revolución Industrial?

C EL SISTEMA FABRIL DE PRODUCCIÓN

El nacimiento de la industria estuvo estrechamente vinculado a tres elementos que se han convertido en emblemáticos del proceso industrializador: la mecanización del proceso productivo, el uso de nuevas fuentes de energía y la fábrica como lugar de producción.

MECANIZACIÓN

- Consiste en el uso de **máquinas**, que sustituyen parcialmente al trabajo humano, para la producción de bienes.
- La mecanización sustituyó las tareas manuales y la tracción animal por las máquinas tanto para la fabricación industrial, como para el transporte de mercancías y pasajeros (ferrocarril).

Mecanización de la industria textil, siglo XVIII.

FUENTES DE ENERGÍA

- Las fuentes de energía anteriores a la revolución procedían fundamentalmente de la fuerza humana o animal, del viento y del agua.
- La primera innovación fue el perfeccionamiento de la rueda hidráulica para mover las máquinas de la industria textil.
- La segunda, y la más innovadora, fue la utilización del carbón gracias a la máquina de vapor de Watt (ver página 52).

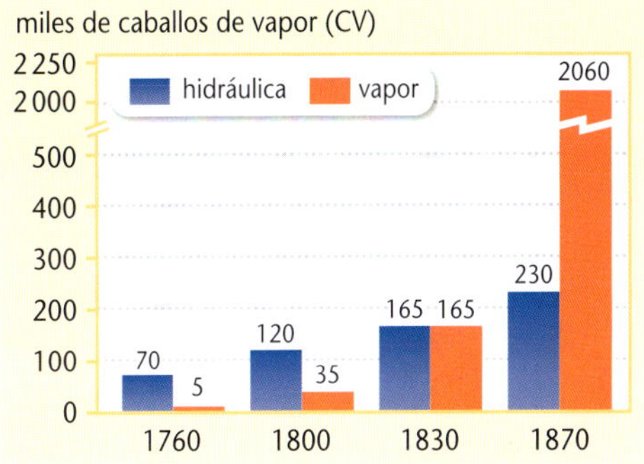

SISTEMA FABRIL

- La mecanización, el uso de grandes instalaciones para las nuevas fuentes de energía y el interés de un mayor control sobre la mano de obra provocaron la concentración de obreros y obreras en edificios destinados a la producción (fábricas). Esta nueva manera de producir se conoce como **sistema fabril** e implicó la producción en serie y un notable aumento de la productividad.
- La generalización del sistema fabril comportó la ruina de muchos artesanos y el fin de la producción realizada manualmente de forma artesanal. Con ello, los gremios, que controlaban la producción desde la Edad Media, fueron desapareciendo.

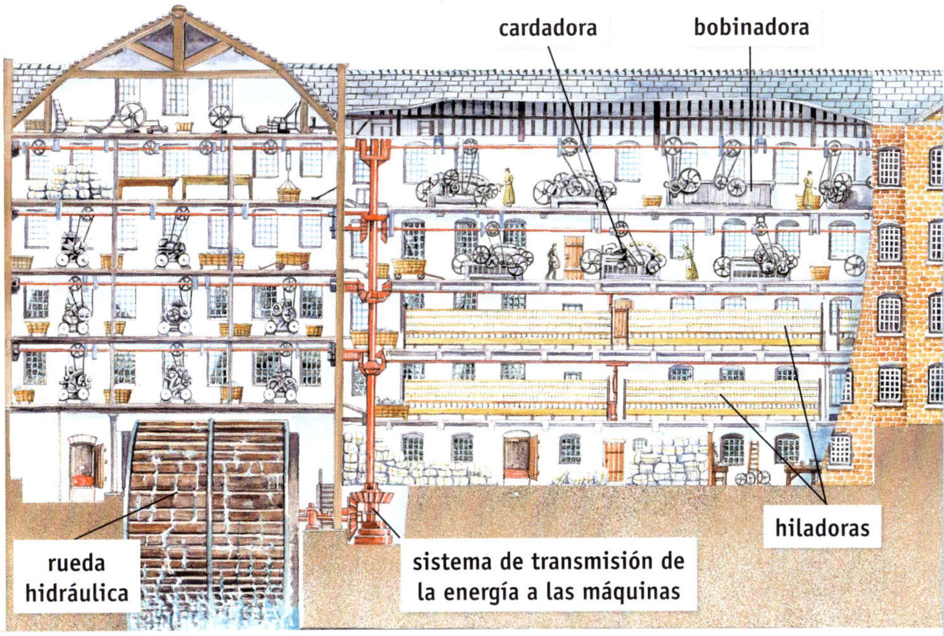

1. ¿Qué ventajas tenía Gran Bretaña sobre otros países de su entorno para convertirse en el país pionero (*first comer*) de la industrialización?
2. ¿Qué cambios en los sectores de la economía interconectados entre sí hicieron posible la Revolución Industrial?
3. Explica en qué consiste la mecanización y qué consecuencias tuvo en la producción de bienes.
4. Observa el dibujo de la fábrica y descríbela. ¿En qué consistía el sistema fabril? Observa el mecanismo hidráulico y explica cómo se obtenía la energía.

Argumenta la respuesta

5. Razona por qué se considera que la Revolución Industrial fue el cambio más importante en la historia de la humanidad desde la revolución neolítica.

2 Las transformaciones de la agricultura

Un conjunto de transformaciones en el campo impulsaron un aumento de la producción agrícola en la segunda mitad del siglo XVIII. Este desarrollo fue el resultado de una nueva ordenación de la propiedad, de la mecanización de las tareas agrícolas y de la introducción de nuevos sistemas de cultivo.

La nueva estructura de la propiedad

La subida del precio de los cereales estimuló a los propietarios rurales a adueñarse de las tierras de uso colectivo y a cercar sus propiedades. Con ello, grandes extensiones de tierras de labor y pastos pasaron a ser de propiedad privada.

Una serie de leyes de cercamiento (***Enclosure Acts***) promulgadas por el Parlamento inglés avalaron este proceso que comportó una concentración de la propiedad. Esta nueva ordenación de la propiedad benefició a los grandes propietarios, que consiguieron producir más e incrementar sus beneficios.

La individualización de la producción incentivó la mejora de las técnicas de cultivo y supuso el paso del sistema de campos abiertos (*openfields*) al de campos cerrados (*enclosures*).

La concentración de la propiedad perjudicó a los campesinos pobres que, al no disponer de recursos para cercar tierras, tuvieron que vender sus propiedades y convertirse en jornaleros a cambio de un salario. Además, perdieron su derecho a usar los pastos y las tierras comunales.

Como consecuencia del gran número de campesinos que buscaba trabajo, los salarios bajaron muy drásticamente y muchos se vieron obligados a emigrar a las ciudades.

Los cambios en el sistema de cultivo

La difusión de la rotación cuatrienal de cultivos (**sistema Norfolk**), que combinaba la siembra de cereales, que empobrecen la tierra, con plantas forrajeras (nabos, tréboles, alfalfa...), que la enriquecen porque ayudan a fijar nitrógeno en el suelo, sustituyó a la rotación trienal.

El nuevo sistema de rotación de cultivos permitió suprimir el barbecho* de la rotación trienal y aumentar la superficie cultivada.

El aumento de la producción de forraje permitió el incremento de la cabaña ganadera cuyo estiércol, a su vez, mejoró la fertilidad de la tierra.

Al mismo tiempo, el incremento del ganado aumentó la disponibilidad de carne y leche, permitiendo una mejora en la dieta humana.

Léon-Augustin LHERMITTE: *La paga de los segadores*, 1882.

Las ventajas de los campos cerrados

No hay ninguna duda de los superiores beneficios que los agricultores obtendrán cultivando sus campos cercados de forma individual (*enclosures*) más que siguiendo la rotación a que obligaba el antiguo sistema de campos abiertos (*openfields*).

Con el antiguo sistema, el campesino estaba atado de pies y manos y no podía hacer ninguna variación en función del suelo, los precios o de la época. Aunque algunos cultivos sean mejores y le convengan más, él no puede cambiarlos, siempre tiene que ir a la par con el resto de campesinos.

El nuevo sistema le permitirá escoger los cultivos para cada época del año y sembrar aquellos de los que crea que obtendrá mayores beneficios.

Annals of Agriculture, 1800. (Adaptación)

LA ROTACIÓN CUATRIENAL: EL SISTEMA NORFOLK

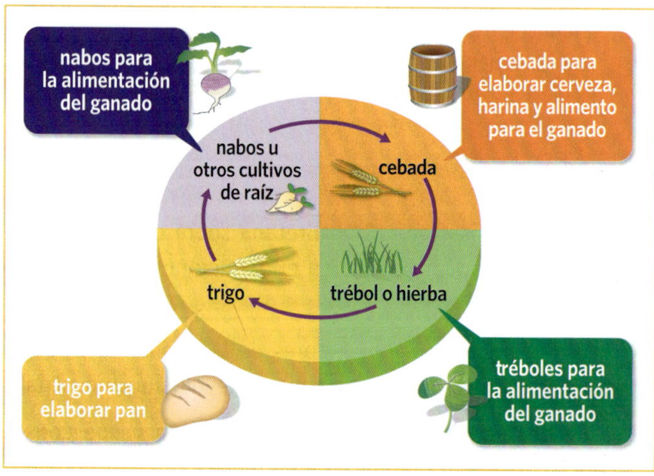

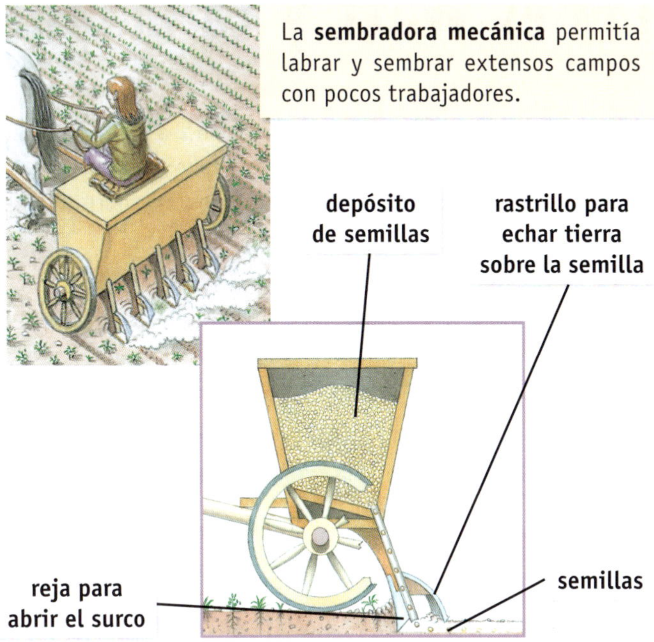

La **sembradora mecánica** permitía labrar y sembrar extensos campos con pocos trabajadores.

La introducción de nuevas máquinas

La invención de nuevas máquinas permitió realizar con mayor facilidad y eficacia las tareas agrícolas. Una de las primeras innovaciones fue la **siembra mecánica** en surcos de hileras paralelas (método Jethro Tull), que permitió la recogida tanto de frutos como de malas hierbas de forma mucho más sencilla.

El **nuevo arado** de Rotherham ayudó a remover los campos con mayor facilidad y profundidad y, además, cubrir las semillas con tierra para protegerlas del viento y de los animales.

La introducción de la máquina de vapor y el desarrollo de la siderurgia permitieron utilizar nuevas máquinas segadoras y trilladoras que facilitaron la siega y la trilla.

También se introdujeron **nuevos cultivos** (patatas, maíz...) que diversificaron la producción de alimentos. Además, la utilización del guano* como abono ayudó a mejorar la productividad.

El aumento de la producción

Estas transformaciones en la agricultura hicieron posible un notable aumento de la producción de alimentos, que, a su vez, permitió la supervivencia de una población en rápido crecimiento.

La productividad agrícola también se incrementó: si en el año 1650 la producción de un campesino permitía alimentar a 1,5 personas, en 1800 había aumentado hasta 2,5 personas.

La patata, que en principio no fue bien recibida por los campesinos, se convirtió en un alimento fundamental de la dieta popular.

AUMENTO DEL PRECIO DEL TRIGO

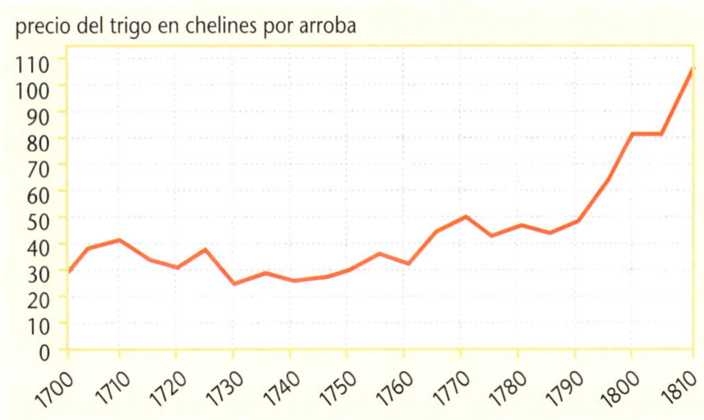

1. ¿En qué consistió el cercamiento de los campos (*enclosures*)? ¿Quiénes fueron los más beneficiados y los más perjudicados? Razona el porqué.
2. Lee el texto sobre los campos cerrados (*enclosures*) y explica las ventajas que presenta este sistema sobre los campos abiertos (*openfields*).
3. Explica en qué consiste el sistema Norfolk y sus ventajas respecto a la antigua rotación de cultivos con barbecho.
4. Describe las tareas agrícolas y las máquinas que aparecen en los dibujos. ¿Qué ventajas aportaban esas máquinas?
5. Observa el gráfico. Razona por qué el alza del precio del trigo fue un estímulo para que los agricultores mejorasen los sistemas de producción.
6. Explica cómo afectó la revolución agrícola a los grandes propietarios agrícolas, a los campesinos pobres y al conjunto de la población.

3 James Watt y la máquina de vapor

James Watt (1736-1819) nació en Escocia y a los 14 años empezó a estudiar matemáticas y a colaborar en el taller mecánico de su padre, donde adquirió gran habilidad en la fabricación de herramientas.

En 1764 recibió en su taller una máquina de vapor creada por Newcomen para repararla. Al hacerlo, se percató de que tenía un bajo rendimiento a causa de la cantidad de vapor que desperdiciaba y buscó la manera de evitarlo. Con ello creó una nueva máquina mucho más eficaz, que se aplicó como fuerza motriz para la industria y el transporte.

Su asociación con el empresario Matthew Boulton, que fabricaba productos de metal, permitió la comercialización con éxito del invento.

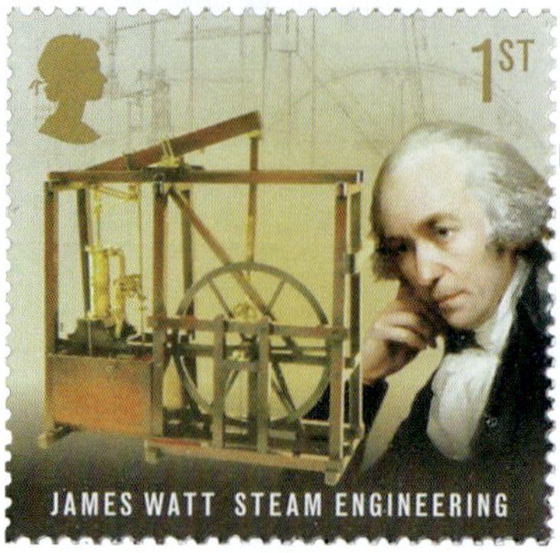

Sello en el que se representa a James Watt y su máquina de vapor, emitido por el correo británico en el 2009, para conmemorar a los pioneros de la Revolución Industrial.

A LA MÁQUINA DE VAPOR Y SU APLICACIÓN EN LA INDUSTRIA

La máquina de vapor aprovecha la fuerza del vapor para generar un movimiento continuo que traslada a las máquinas. Su funcionamiento es el siguiente:

- En una caldera se hierve agua gracias al calor que genera la combustión del carbón. El vapor que se produce genera una alta presión y se dirige a una cámara cerrada conocida como cámara de vapor.
- En el extremo delantero de esta cámara se encuentra un cilindro, que empuja un pistón, que sube y empuja un balancín. El vapor se enfría en un condensador y hace bajar de nuevo el pistón y el balancín.
- A través de un mecanismo de biela-manivela, el movimiento circular del pistón se convierte en un movimiento de traslación o de rotación.

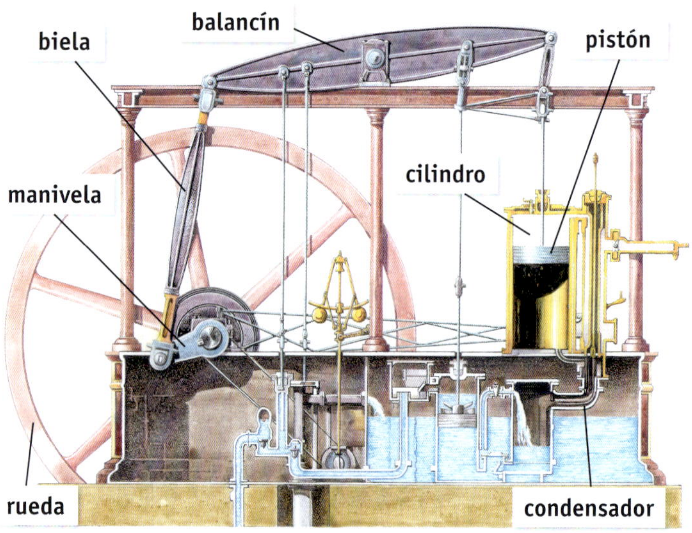

LA FUERZA DEL VAPOR MUEVE LAS MÁQUINAS DE LAS INDUSTRIAS

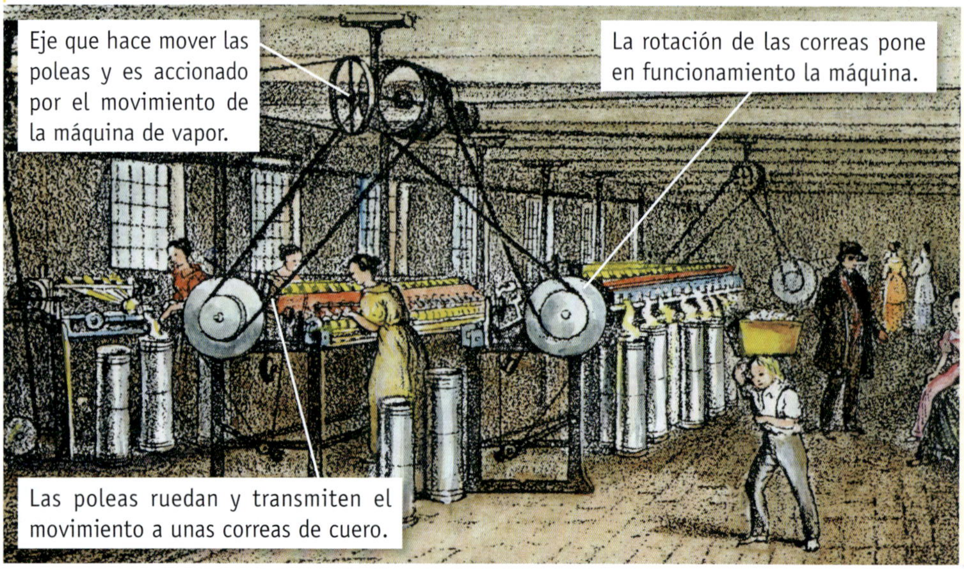

James Watt adaptó la máquina de vapor para impulsar los mecanismos industriales.

Su aplicación en la mecanización de la industria textil (hilado y tejido) provocó el aumento de la productividad (cantidad producida por unidad de tiempo) y de la producción total (cantidad de bienes producidos). Ello permitió abaratar los costes y disminuir el precio de venta.

La máquina de vapor se aplicó también a la maquinaria agrícola, en las fábricas de papel, los molinos de harina..., y fue muy importante en la minería, donde se utilizó para evacuar el agua de las galerías.

B LA LOCOMOTORA Y EL FERROCARRIL

El ferrocarril fue el primer vehículo movido por la aplicación de la máquina de vapor. Surgió de la unión de dos mecanismos:

- El sistema de arrastrar vagonetas o diligencias de pasajeros tiradas por animales sobre raíles.
- La invención de la locomotora por **Stephenson** (1829) al utilizar una máquina de vapor para transmitir un movimiento continuo a las ruedas.

El nuevo sistema de transporte permitió trasladar mayor cantidad de personas y mercancías en menos tiempo y a un costo reducido. Esta mejora estimuló el comercio de mercancías y desempeñó un papel fundamental en la articulación de un gran mercado interior.

A principios del siglo XIX, la máquina de vapor se aplicó a los barcos de vela, que fueron sustituidos por **barcos de vapor**. Su puesta en funcionamiento acortó enormemente el tiempo de la travesía transatlántica entre Europa y América.

RED FERROVIARIA EUROPEA

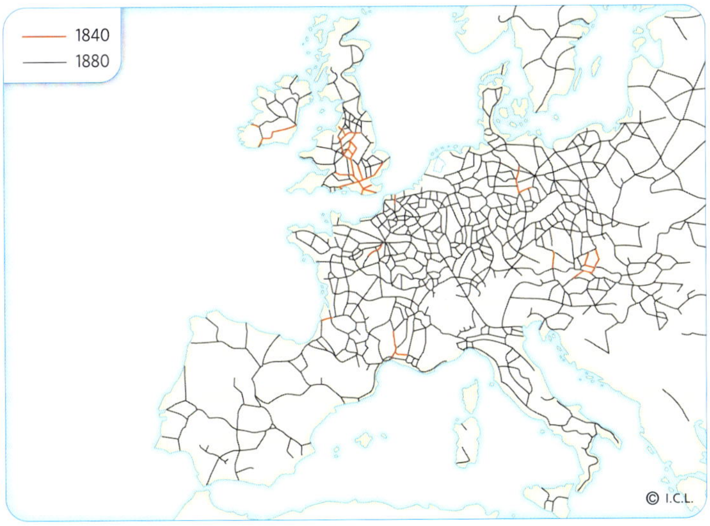

Las ventajas del ferrocarril

Antes de que se construyese la línea de ferrocarril de Liverpool a Manchester, había 22 diligencias de línea regular y unas siete ocasionales entre las dos ciudades, que, en total, solo podían transportar 688 personas cada día.

El ferrocarril, en sus primeros 8 meses de funcionamiento, transportó una media diaria de 1 070 pasajeros y solo estuvo parado un día a causa del único accidente que se produjo.

La tarifa de las diligencias era de 10 chelines viajando en el interior y de 3 chelines y 6 peniques haciéndolo fuera. El viaje duraba unas 4 horas, y en ferrocarril, 1 hora y 45 minutos.

J.T. WARD: *The Annual Register*, 1832.

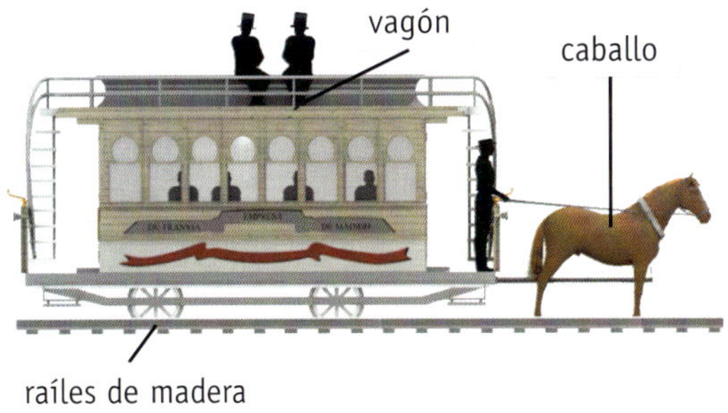

1. ¿Qué dos innovaciones se unieron para crear el ferrocarril a vapor? Explícalo a partir del dibujo del ferrocarril. ¿Dónde se situaba la máquina de vapor?
2. Fíjate en el mapa. ¿Qué zona fue la pionera en la construcción del ferrocarril? ¿Dónde era más extensa la red en el siglo XIX? ¿A qué sectores económicos benefició la construcción del ferrocarril?
3. Lee el texto de las ventajas del ferrocarril y explica qué consecuencias se derivaron de su construcción.

Ponte en su lugar

4. Imagina que eres James Watt y que debes hacer una presentación a un grupo de empresarios textiles sobre las ventajas de utilizar la máquina de vapor. Escribe el texto de la presentación:
   - Con ayuda del dibujo de la máquina de vapor, explica su funcionamiento.
   - Fijándote en el grabado de la fábrica textil, descríbeles cómo la máquina de vapor hace mover las hiladoras.

4 Desarrollo de la industria y aumento del comercio

La aplicación de las nuevas tecnologías (mecanización y energía del vapor) y del sistema fabril se realizó primero en la industria textil y más adelante en la siderurgia. Ambas fueron el motor de la industrialización.

La industria textil

En el siglo XVIII existía un gran comercio de indianas*, un tejido de algodón estampado procedente de la India. El gobierno británico prohibió su importación y con ello estimuló la producción de tejidos de algodón en el interior del país.

El algodón es un tejido suave, de fácil lavado y más higiénico que la lana, por lo que fue muy bien aceptado por los consumidores. Además, producido en grandes cantidades, resultaba sumamente económico.

La materia prima, el algodón en rama, se adquiría a bajo costo porque se importaba de la India o de las grandes plantaciones esclavistas de Estados Unidos.

El proceso de mecanización se inició con la **lanzadera volante** de Kay (1733), que aumentó la velocidad del proceso del tejido y permitió ensanchar las piezas, y las **máquinas de hilar** (Spinning Jenny, Mule Jenny y Water Frame), que incrementaron la productividad en el hilado.

El último paso fue la incorporación del **telar mecánico** de Cartwright (1785), que aumentó la producción de tejidos y permitió el abaratamiento de su coste.

La siderurgia

En el siglo XVIII aumentó considerablemente la demanda de hierro para fabricar barcos, municiones, máquinas y herramientas. Ello estimuló la búsqueda de un combustible para la siderurgia menos costoso y más efectivo que el carbón vegetal usado hasta entonces.

La primera innovación que estimuló el crecimiento de la siderurgia fue el uso del **carbón de coque** por Darby (1709) en los alto hornos usados para la fundición. Su elevado poder calorífico permitió la producción de hierro en grandes cantidades y fomentó el crecimiento de la minería del carbón.

El perfeccionamiento de técnicas como la pudelación* y el laminado del hierro, inventadas por Cort en 1783, fue importante para el desarrollo de la siderurgia.

Más adelante, en 1855, el **convertidor de Bessemer** permitió la fabricación de **acero** (una mezcla de hierro y carbono), un material de gran elasticidad, muy apto para la construcción de maquinaria, herramientas, edificios y obras públicas.

CONSUMO DE LANA Y ALGODÓN EN GRAN BRETAÑA

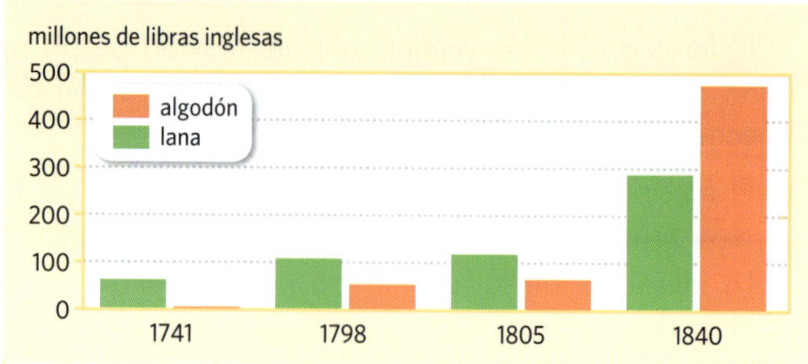

1. ¿Qué evolución siguió el consumo de ambas materias primas? ¿A qué se debió el cambio?

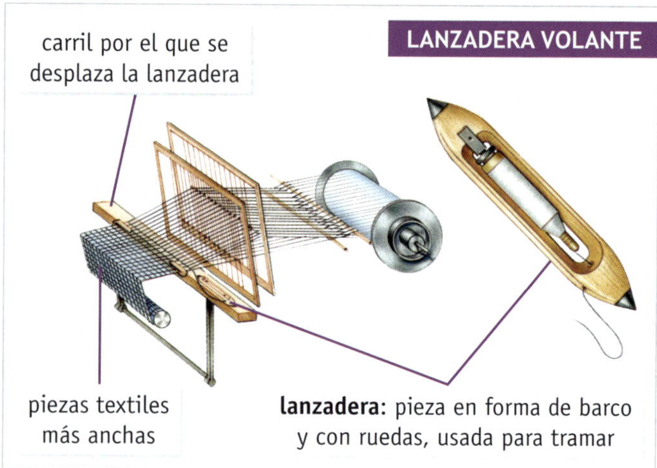

EL CONVERTIDOR BESSEMER Y LA PRODUCCIÓN DE ACERO

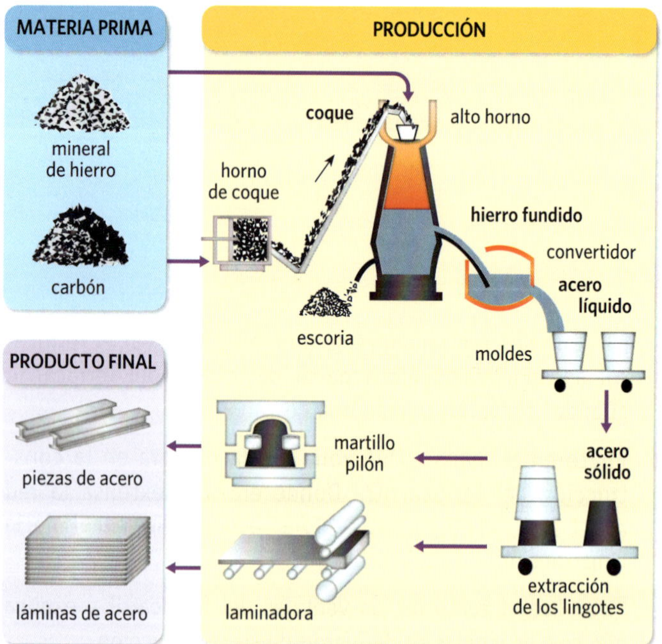

La minería del carbón y del hierro

La generalización del uso de los minerales como materia prima fue otra de las características del nuevo mundo industrial. Los sectores mineros que primero se desarrollaron fueron el del carbón y el del hierro.

El **carbón** se convirtió en la gran fuente de energía de la Revolución Industrial. La demanda de carbón mineral aumentó debido a su utilización en la máquina de vapor y para la fabricación de hierro y acero.

Las minas de carbón proliferaron en Europa. Gales, en Gran Bretaña, se convirtió en una de las grandes zonas mineras, donde se extraía carbón de alta calidad por su elevado poder calorífico.

Las regiones carboníferas atrajeron a las **industrias siderúrgicas** que se estaban desarrollando para proporcionar hierro para las nuevas máquinas. En esas regiones se generaron los característicos "paisajes negros", fruto de las escorias del material y del humo derivado de la combustión del carbón.

Niños trabajando en una mina de carbón inglesa. Litografía, 1844.

La expansión comercial

La Revolución Industrial dio paso a una **economía de mercado**, en la que se producía no solo para el autoconsumo sino también para la venta en mercados urbanos. Este cambio fue posible gracias al aumento de la producción, al crecimiento de la población y al mayor poder adquisitivo de esa población.

La mejora de los sistemas de transportes facilitó el **comercio interior**, que aumentó de forma progresiva, ampliando los mercados locales y consolidando un mercado de ámbito nacional que sostuviese el crecimiento industrial.

El **comercio exterior** con las colonias extraeuropeas ofreció al Reino Unido los mercados donde exportar la producción de las nuevas industrias e iniciar el despegue industrial.

Los "paisajes negros"

Coketown es una ciudad de ladrillos que se verían rojos si el humo y las cenizas lo permitiesen (...). Es una ciudad llena de fábricas y de altas chimeneas de donde salen interminables serpientes de humo que nunca cesan (...).

La cruza un canal negro por donde circulan unas aguas enrojecidas por los tintes, que está rodeado de hacinadas fábricas llenas de ventanas, donde la jornada transcurre en medio del estrepitoso ruido de las máquinas y de los temblores que provoca el pistón de la máquina de vapor cada vez que sube y baja.

Charles Dickens: *Tiempos difíciles*, 1854.

2. ¿Cómo describe Dickens la ciudad industrial? Justifica por qué se califican estas ciudades como "paisajes negros".

3. ¿Cuál fue el primer sector productivo que encabezó la industrialización? ¿Qué materia prima empleaba? ¿Cómo ayudó el gobierno inglés a la expansión de la industria británica del algodón?

4. Explica cómo se llevó a cabo la mecanización del textil. Observa el dibujo y describe el funcionamiento de la lanzadera volante.

5. ¿Qué productos hicieron aumentar la demanda de hierro? ¿Qué invento hizo posible la producción masiva de hierro?

6. ¿Qué es el acero? ¿Qué ventajas tiene sobre el hierro? Observa el dibujo del convertidor Bessemer y describe su funcionamiento.

7. ¿Por qué aumentó la demanda de carbón? Explica por qué el crecimiento de la producción de carbón y de hierro están interrelacionadas.

8. Observa la litografía de 1844. ¿Quiénes trabajaban en la mina de carbón? ¿Crees que esto es posible en la actualidad? ¿Por qué?

5 El crecimiento de la población y el desarrollo

El aumento de la población fue un estímulo para el despegue industrial del siglo XIX porque comportó un aumento en el número de trabajadores disponibles y un incremento en la demanda de bienes de consumo.

El incremento demográfico fue posible gracias a la mejora de la producción agrícola porque una población mejor alimentada se hizo más resistente a las enfermedades y, por tanto, la mortalidad empezó a disminuir.

La industrialización, que necesita concentración de capitales y trabajadores, estimuló el crecimiento urbano. La burguesía instaló sus fábricas cerca de las ciudades y los campesinos emigraron del campo para trabajar en ellas. Así, la sociedad pasó de ser mayoritariamente agraria y rural a ser industrial y urbana.

El crecimento de las ciudades dio lugar a su progresiva urbanización, que no ha cesado hasta nuestros días. El mundo actual es un mundo de ciudades.

EVOLUCIÓN DE LA POBLACIÓN RURAL Y URBANA

	Rural (en %)	Urbana (en %)
Año	**Gran Bretaña**	
1851	47,8	52,2
1886	30,6	69,4
1911	21,9	78,1
Año	**Francia**	
1851	74,5	25,5
1886	64,1	35,9
1911	55,8	44,2
Año	**Alemania**	
1851	63,9	36,1
1886	74	53
1911	40	60

A LA REVOLUCIÓN DEMOGRÁFICA

Hacia 1750, la población europea inició un proceso de crecimiento conocido como **revolución demográfica**. Esta se debió al aumento de la producción de alimentos y, posteriormente, a las mejoras en la medicina y en la higiene.

La mejor alimentación permitió la desaparición de las grandes hambrunas e hizo a la población más resistente frente a las enfermedades. La mortalidad fue descendiendo paulatinamente mientras la natalidad tendía a mantenerse o a crecer ligeramente.

La reducción de la mortalidad, sobre todo la infantil, hizo también posible un aumento de la esperanza de vida, que pasó de 38 años, a finales del siglo XVIII, a alcanzar los 50 a finales del XIX.

Gran Bretaña fue el país europeo donde se inició la expansión demográfica y donde alcanzó mayores proporciones. Entre 1700 y 1800, su número de habitantes aumentó en casi un 69 %.

El conjunto de Europa pasó de 140 millones de habitantes en 1750, a 192 en 1800, y a 274 en 1850.

LA EVOLUCIÓN DEMOGRÁFICA EN INGLATERRA

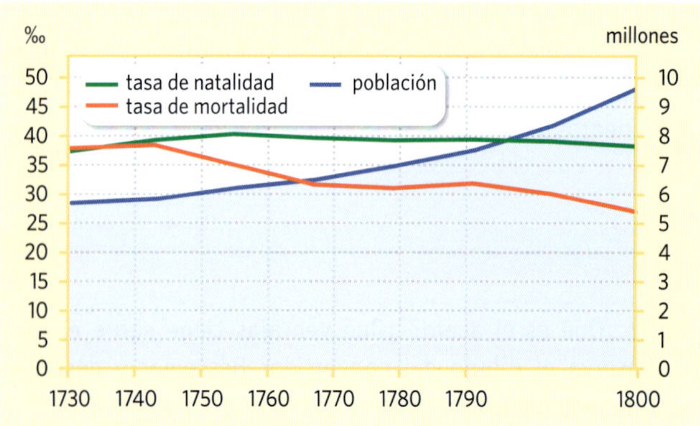

LA POBLACIÓN EUROPEA Y MUNDIAL

Población (en millones de habitantes)	Hacia 1800	Hacia 1850
Gran Bretaña	16,1	27,5
Francia	27,3	35,8
Italia[1]	18,1	24,3
Alemania[1]	24,6	35,9
España	10,5	15,6
Rusia	37	60,2
Europa	**192**	**274**
Mundo	**906**	**1171**

(1) Datos de población del territorio unificado en 1870 y 1871 respectivamente.

@ Amplía en la Red...

Para saber más sobre la revolución demográfica, entra en: www.tiching.com/53258

urbano

B LA EXPANSIÓN DE LAS CIUDADES

La industrialización convirtió las antiguas ciudades en grandes metrópolis y sus habitantes se multiplicaron.

En este desarrollo urbano se derribaron las murallas, aparecieron barrios nuevos, se crearon nuevos medios de transporte (ferrocarril, tranvía...) y se construyeron infraestructuras (empedrado de calles, alcantarillado...) y nuevos servicios (hospitales, mercados, teatros, etc.).

El crecimiento urbano fue consecuencia del **éxodo rural**. Los campesinos, a los que la mecanización de las tareas agrícolas y la concentración de la propiedad dejaron sin tierras y sin trabajo, acudieron a las ciudades en busca de un empleo en las fábricas.

En la nueva **ciudad industrial** se produjo una fuerte segregación social por **barrios**, en los que se diferenciaban los elegantes barrios de la burguesía y los espacios industriales rodeados de suburbios obreros.

EL CRECIMIENTO URBANO

C. PISSARRO: *La avenida de la Ópera de París*, 1898.

La burguesía planificó nuevos barrios residenciales con edificaciones de varios pisos con lujosas y confortables viviendas, rodeadas de espacios ajardinados, comunicados con amplias avenidas y dotados de servicios.

G. DORÉ: *Londres, una peregrinación*, 1870. (Grabado)

Los barrios obreros carecían de infraestructuras (las calles no estaban asfaltadas ni tenían alcantarillado) y la falta de espacio provocó el hacinamiento en las viviendas.

1. A partir del gráfico, explica en qué consistió la evolución demográfica en Inglaterra.
2. Consulta la tabla. ¿Qué peso tenía la población europea en relación a la mundial a mediados del siglo XIX? ¿Crees que en la actualidad se sigue manteniendo esa proporción?
3. ¿Por qué la industrialización favoreció el crecimiento de las ciudades? Observa el plano y explica cómo se estructuraba por barrios una ciudad industrial.
4. ¿En qué se diferenciaban los barrios burgueses de los barrios obreros?

Relaciona ayer y hoy

5. El crecimiento demográfico fue un estímulo para el desarrollo económico del siglo XIX. Averigua si la población europea crece en la actualidad como lo hizo en aquella centuria. ¿Qué consecuencias sociales y económicas crees que pueden derivarse de la actual situación demográfica de Europa?
6. La industrialización provocó un trasvase de población del campo a la ciudad. ¿Por qué crees que hoy en día la mayor parte de las personas prefiere vivir en las ciudades? Averigua si esta tendencia sigue vigente en el mundo actual y si predomina la población rural o agraria.

6 El triunfo del capitalismo

La Revolución Industrial impulsó el desarrollo del **capitalismo**, un sistema económico sustentado en el **liberalismo económico**. Esta doctrina, basada en la iniciativa privada, fue establecida por una serie de autores británicos (Escuela de Manchester), entre los que destacó **Adam Smith**.

Honoré DAUMIER: *El banquero*, 1835.

El capitalismo industrial

El capitalismo es un sistema económico en el que los instrumentos de producción (las fábricas, la maquinaria y los *stocks** de bienes) son predominantemente de **propiedad privada**.

Las actividades económicas responden a la **libre iniciativa** de los individuos, que tienen como objetivo la búsqueda del **máximo beneficio**: es un sistema no planificado, en el que la intervención del Estado debe reducirse al mínimo.

Los intereses de los particulares –vendedores o compradores– concurren en el mercado, que solo se regula mediante la **ley de la oferta y la demanda**.

La competencia entre los empresarios para conquistar el mercado da lugar a una carrera para reducir costes y precios, lo que constituye un incentivo para la constante renovación tecnológica (**ley de la competencia**).

El capitalismo se ve azotado por las **crisis de sobreproducción** provocadas por un exceso de producción en relación con la capacidad de consumo de la sociedad. Sus consecuencias son la disminución de ventas, la caída de precios y beneficios, el cierre de empresas y el paro obrero.

LAS CRISIS ECONÓMICAS

Características	Crisis de subsistencia	Crisis de sobreproducción
Manifestación y origen	Malas cosechas, carestía de alimentos	Crecimiento excesivo de la producción: sobreproducción
Evolución de los precios	Subida de los precios de los alimentos por falta de oferta	Bajada de los precios industriales por la falta de demanda
Extensión	Regional o nacional	Nacional o mundial
Periodicidad	Ninguna (ciclos irregulares)	Cada diez años aproximadamente
Consecuencias	Epidemias y hambre. Aumento de la mortalidad	Declive de empresas y bancos. Aumento del paro

El crecimiento de las finanzas

La industrialización comportó el desarrollo de las **entidades bancarias** que se multiplicaron y diversificaron, convirtiéndose en captadoras del ahorro (bancos de depósito) y suministradoras de capital a la industria (bancos de inversión). Además, los bancos actuaban como intermediarios entre empresas, proveedores y consumidores facilitando los pagos y los intercambios (letras de cambio, cheques, pagarés…).

La necesidad de capital para fundar una nueva empresa llevó a la creación de **sociedades anónimas**, en las que el capital se divide en participaciones (acciones), que son adquiridas por accionistas y dan derecho al cobro de beneficios (dividendos). Estas acciones tiene un valor nominal, en relación con el capital de la empresa que emite las acciones.

La compraventa de acciones se realiza en la **bolsa**, que se rige por la ley de la oferta y la demanda: si existen muchos compradores y pocas acciones a la venta, su cotización sube por encima de su valor nominal; cuando ocurre lo contrario, su valor disminuye.

FUNCIONAMIENTO DE UNA SOCIEDAD ANÓNIMA

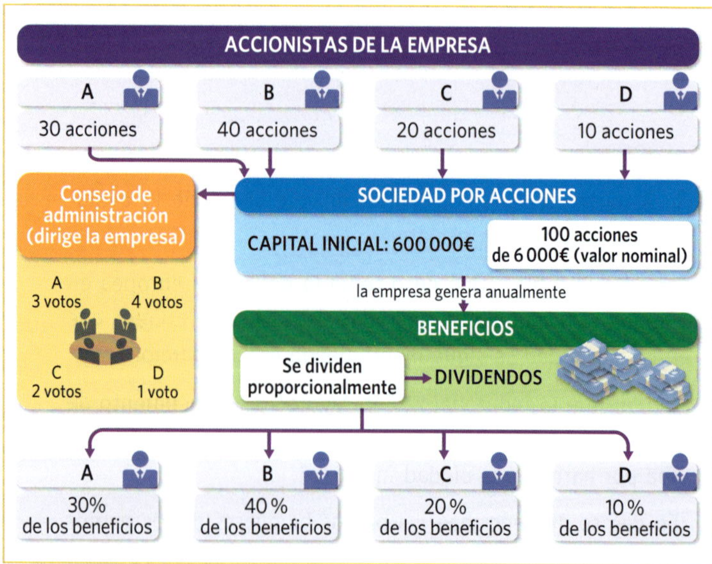

Proteccionismo y librecambio

Reino Unido, como país pionero del proceso de industrialización, se mostró partidario del **librecambio**, es decir, de la no intervención estatal en el comercio internacional. El libre intercambio de mercancías entre los distintos Estados sería un estímulo al comercio, al aumento de la producción y a la mejora de la competitividad empresarial.

Para evitar la competencia del Reino Unido y fomentar el crecimiento de su propia industria, tanto los países del continente como Estados Unidos aplicaron **medidas proteccionistas**. El proteccionismo defiende la imposición de aranceles (impuestos) a la entrada de productos extranjeros, con el objetivo de encarecerlos para que no sea rentable su importación.

El librecambismo

En un sistema de entera libertad de comercio, cada país consagra su capital y su industria al empleo que le parece más útil y está mejor preparado. Un país que, por su superioridad en la maquinaria y habilidad de sus obreros, fabrica a mejores precios que sus vecinos, puede vender los productos de su industria y hacer venir del exterior el trigo que necesita para su consumo.

D. Ricardo: *Principios de economía política*, 1817.

1. ¿Cómo defiende el autor la conveniencia del librecambio?
2. ¿Con qué argumentos se le opusieron los proteccionistas?

La expansión de la industrialización

El proceso industrializador se expandió por el mundo, aunque de una **manera desigual**.

A principios del siglo XIX, las transformaciones económicas se iniciaron en Francia y Bélgica, donde tuvo un menor peso el sector textil, y la industrialización se sustentó en la explotación de los yacimientos de carbón.

A mediados de siglo, Alemania cimentó su desarrollo industrial en la abundancia de carbón y hierro, y en el sector siderúrgico y químico. En Italia y España, el crecimiento industrial fue más tardío.

En la Europa oriental, el Antiguo Régimen permaneció vigente durante todo el siglo XIX. Solo en zonas localizadas de los imperios austrohúngaro y ruso se asentó a finales de siglo una incipiente industrialización.

En el resto del mundo, tan solo en Estados Unidos y Japón se produjo un desarrollo de la industria semejante al europeo.

INDUSTRIALIZACIÓN DE EUROPA HACIA 1850

3. Explica las características del sistema capitalista. ¿Por qué se producen crisis económicas periódicas? Observa la tabla y establece las diferencias entre las crisis de subsistencias típicas del Antiguo Régimen y las crisis de sobreproducción capitalistas.
4. A partir del esquema de una sociedad anónima (página anterior), describe cómo funciona una empresa capitalista usando las palabras: *acción, accionista, dividendo, bolsa, consejo de administración* y *capital*. Justifica por qué la bolsa es indispensable para el desarrollo del sistema capitalista.
5. Fíjate en el mapa. ¿Qué zonas eran las más industriales de Europa a mitad del siglo XIX y cuáles eran sus industrias predominantes? ¿En qué fases cronológicas se llevó a cabo la expansión de la industrialización?

7 La nueva sociedad de clases

DESCUBRE

El capitalismo instauró la división entre capital y trabajo y organizó la sociedad en dos grupos o clases sociales: la burguesía y el proletariado.

La burguesía poseía el capital, desarrollaba los negocios y era la propietaria de las fábricas, las entidades financieras y de las empresas comerciales. El proletariado, los obreros y obreras, vivían del trabajo que realizaban en las fábricas, minas y medios de transporte a cambio de un salario.

A diferencia de la sociedad estamental, las clases son grupos sociales abiertos con movilidad social, en las que el poder económico es la categoría básica de definición social. ¿Qué desigualdades presentaba la nueva sociedad de clases?

Caricatura titulada *El capital y el trabajo*, de principios del siglo XX.

A LA BURGUESÍA: LA NUEVA ÉLITE SOCIAL

En el nuevo mundo industrial, la **gran burguesía**, compuesta por empresarios, banqueros y grandes propietarios agrícolas, se convirtió en la nueva clase dominante. Su riqueza y su deseo de mostrar públicamente su poder y prestigio le permitieron, poco a poco, sustituir a la aristocracia en la vida social.

Por debajo había una **mediana burguesía** compuesta por profesionales (abogados, médicos...), funcionarios y comerciantes, y una **pequeña burguesía** constituida por empleados, tenderos y artesanos cuyas condiciones de vida apenas se diferenciaban del proletariado.

La nueva burguesía impuso sus valores sociales: la exaltación de la propiedad privada, la virtud del trabajo y del ahorro y el triunfo individual. De la burguesía provenían la mayoría de quienes accedían a la enseñanza universitaria, y formaban la intelectualidad: los profesores, ingenieros, jefes de las instituciones y de las empresas, dando lugar a verdaderas dinastías familiares.

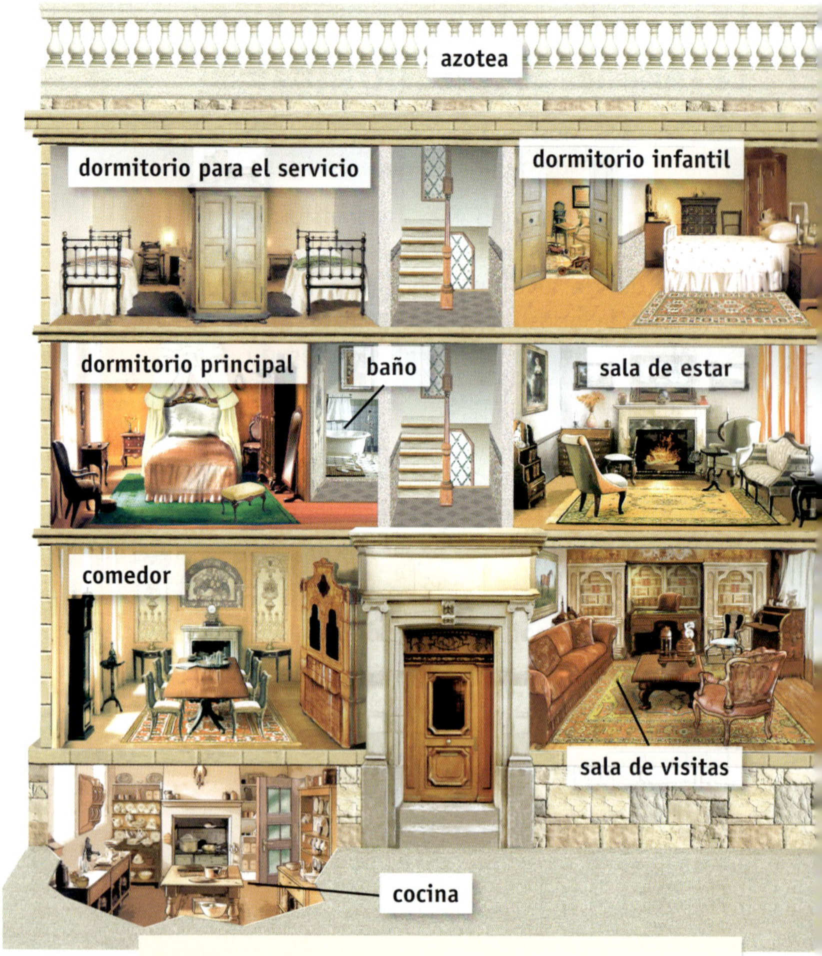

Para la gran burguesía, la casa familiar se transformó en un símbolo de su prosperidad y poder. Sus residencias eran grandes y lujosas y contaban con numerosos servicios.

S. GIRAUD: *Interior de un salón burgués en París*, 1889.

La familia se convirtió en el núcleo esencial de transmisión y consolidación del patrimonio de la burguesía.

B EL PROLETARIADO: LA FUERZA DE TRABAJO

En la nueva sociedad industrial, la **clase obrera** era la mano de obra necesaria para el funcionamiento de las máquinas y constituía el grupo social más desfavorecido.

En los primeros tiempos de la industrialización, no existía ninguna legislación laboral que regulase las condiciones de trabajo, los salarios o garantizase alguna protección en caso de accidente o enfermedad.

Los obreros estaban sometidos a una **dura disciplina laboral** donde los castigos y las penalizaciones eran frecuentes y podían ser despedidos en el momento que desease el empresario.

Las jornadas en las fábricas o en las minas eran muy largas (14-16 horas), sin apenas descanso semanal, y se realizaban en condiciones muy deficientes, con ruidos y humos asfixiantes. Los salarios eran muy bajos y no se percibían en caso de enfermedad, accidente o vejez.

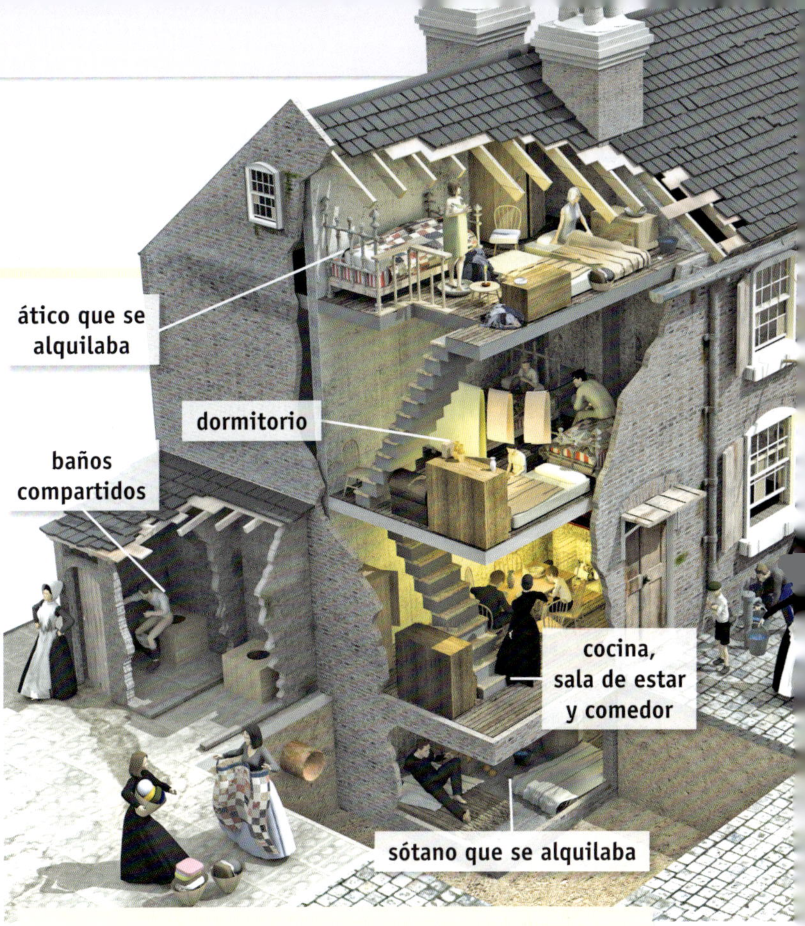

Las viviendas obreras eran muy pequeñas y se llegaban a hacinar 10 o 12 personas en habitaciones insalubres sin servicios higiénicos ni agua potable.

Interior de una vivienda obrera en Berlín (1907), donde se aprecian las precarias condiciones de vida de la clase trabajadora.

Los niños y las mujeres trabajaban en las mismas condiciones que los hombres, tanto en las fábricas como en las minas, pero sus salarios eran inferiores. En Inglaterra, el sueldo de los niños equivalía a un 10% del de los hombres, y el de las mujeres, alrededor de un 40%.

Las pésimas condiciones de vida, la fatiga, las enfermedades profesionales, la desnutrición y las epidemias acababan muy pronto con la vida de las familias obreras. La esperanza de vida era baja y a los 50 años las personas ya estaban muy envejecidos.

1. ¿Qué cambios en la sociedad comportó la industrialización? ¿Qué diferencias puedes establecer entre la nueva sociedad de clases y la vieja sociedad estamental?
2. ¿Qué dos clases sociales se impusieron con la industrialización? ¿Qué caracteriza a cada una de ellas?
3. Describe y compara la vivienda burguesa y la obrera. ¿En qué entorno urbano se hallaba cada una de ellas? ¿Qué conclusiones puedes establecer sobre las diferentes condiciones de vida de ambas clases sociales?
4. Observa y describe el salón de la familia burguesa y cómo pasaban el atardecer. ¿Qué diferencias puedes establecer con la fotografía del interior de un hogar obrero?

Investiga

5. El trabajo de los niños y niñas fue una de las grandes lacras de la Revolución Industrial. Visiona un fragmento de la película belga *Daens* en www.tiching.com/53341 y contesta las preguntas:
   - ¿Qué trabajos realizaban los niños y las niñas? ¿A qué edades empezaban a trabajar? ¿En qué condiciones laborales?
   - ¿Cómo perjudicaba ese trabajo a su desarrollo físico y mental?
   - ¿Por qué las fábricas empleaban a mujeres y niños? ¿Cómo se empezó a luchar contra esa situación?

8 Los nuevos movimientos sociales

Las duras condiciones de trabajo y la miseria en que vivía la clase obrera bajo el sistema industrial generó una nueva **conflictividad social**.

Las asociaciones obreras

La primera reacción obrera contra el trabajo industrial fue el **ludismo**. Este movimiento se inició en Inglaterra a principios del siglo XIX, y consistió en la destrucción violenta de máquinas, que consideraban responsables de los bajos salarios y del paro obrero.

Algunos obreros empezaron a darse cuenta de la necesidad de crear asociaciones propias para defender sus intereses. Las primeras organizaciones fueron las **Sociedades de Socorro Mutuo**, que actuaban como sociedades de resistencia y ayudaban a los trabajadores en caso de enfermedad o paro. Estas sociedades organizaron las primeras huelgas gracias al cobro de cuotas que permitían crear cajas de resistencia.

La derogación en Inglaterra de las leyes que prohibían las asociaciones obreras (*Combination Laws*, 1824), permitió la creación de los primeros **sindicatos** que reunían a los obreros de un mismo oficio o ramo, como por ejemplo el Sindicato de Hiladores.

Más adelante, en 1834, se fundó la **Great Trade Union**, que agrupaba a trabajadores de distintos oficios. Sus primeras reivindicaciones sindicales fueron la defensa del derecho de asociación, la reducción de la jornada laboral, las mejoras salariales y la regulación del trabajo infantil.

La denuncia de la desigualdad social

En la nueva sociedad industrial, algunos pensadores denunciaron las injusticias creadas por el capitalismo.

- Los **socialistas utópicos** (Saint-Simon, Proudhon y Fourier) fueron los primeros en denunciar la propiedad privada como la principal causa de las desigualdades, y en proponer formas de propiedad colectiva.
- A mediados del siglo XIX, algunos pensadores defendieron la necesidad de una **revolución** para acabar con el capitalismo y construir una nueva sociedad igualitaria. Estas ideas dieron lugar a dos grandes corrientes revolucionarias: el **marxismo** y el **anarquismo**.
- La **Iglesia católica** se preocupó por la cuestión obrera y la desigualdad social. En 1890, el papa León XIII publicó la encíclica *Rerum novarum*, en la que proponía la necesidad de mejorar las condiciones de vida de la clase obrera mediante la promulgación de leyes sociales.

CONFLICTOS LABORALES EN GRAN BRETAÑA

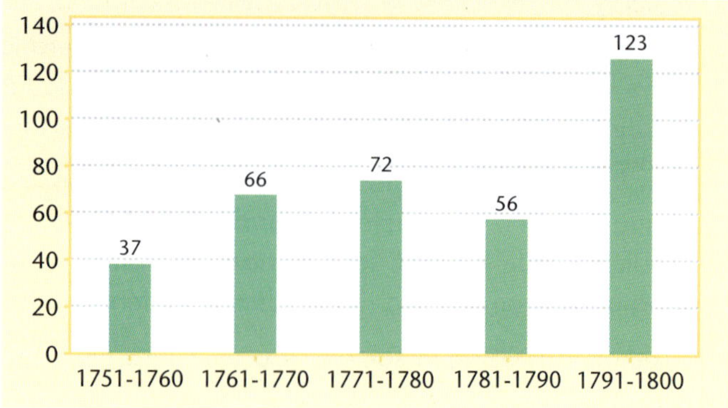

El derecho de asociación

> Hace años que nuestra clase va caminando hacia su ruina. Los salarios menguan. El precio de los comestibles y el de las habitaciones es más alto. Debemos reducir de día en día el círculo de nuestras necesidades, mandar al taller a nuestras esposas con perjuicio de la educación de nuestros hijos, sacrificar a estos mismos hijos a un trabajo prematuro.
>
> Es ya gravísimo el mal, urge el remedio y (...) os pedimos únicamente el libre ejercicio del derecho de asociarnos.
>
> Hoy se nos concede este derecho solo para favorecernos en los casos de enfermedad o de falta de trabajo; concédasenos en adelante para oponernos a las desmedidas exigencias de los dueños de talleres y establecer con ellos tarifas de salarios, (...).
>
> *Exposición de la Clase Obrera Española a las Cortes*, 1855.

R. KOEHLER: *La huelga*, 1886.

La huelga fue la principal actuación de presión de los obreros para que los patronos aceptasen negociar sus reivindicaciones laborales.

MARXISMO, ANARQUISMO E INTERNACIONALISMO

El marxismo y el anarquismo se oponían a la propiedad privada y aspiraban a la destrucción del capitalismo, pero diferían en cómo debía hacerse la revolución y en el modelo de sociedad que debía sustituirle.

EL ANARQUISMO

Piotr Kropotkin.

No es una doctrina única, sino que reúne las ideas de distintos pensadores como **Bakunin** y **Kropotkin**.

Se basa en la exaltación de la libertad individual y de la solidaridad social, la defensa de la propiedad colectiva y el rechazo a toda autoridad.

Defiende que la revolución debe ser el resultado de una huelga general que destruya el Estado para crear una sociedad igualitaria con formas de propiedad colectiva.

Se opone a la participación en la política (elecciones) y a la organización en partidos políticos. Un sector defendía la acción violenta contra el capitalismo (burguesía, Ejército, Estado e Iglesia), y otro, la creación de sindicatos revolucionarios (anarcosindicalismo).

EL MARXISMO

Es el resultado de la colaboración de **Karl Marx** y **Friedrich Engels**, que denunciaron la explotación de los trabajadores y defendieron la revolución para destruir el capitalismo.

Marx y Engels.

La revolución proletaria debería tener dos fases:

- La conquista del poder político para crear un Estado obrero (dictadura del proletariado) que destruiría la propiedad privada y la pondría en manos del Estado.
- La sociedad comunista, en la que desaparecerían las clases sociales y el Estado (comunismo).

Los marxistas crearon partidos obreros socialistas. Su objetivo era la revolución obrera, pero también defendían la participación en las elecciones y la entrada en los parlamentos para impulsar leyes favorables a los trabajadores.

LAS INTERNACIONALES OBRERAS

Marxistas y anarquistas participaron en los conflictos obreros de su época y propusieron la necesidad de la unión de los obreros de todo el mundo para conseguir su emancipación social (internacionalismo proletario).

A iniciativa de Karl Marx, en 1864, se creó la **Asociación Internacional de Trabajadores** (**I Internacional**), a la que se adhirieron marxistas, anarquistas y sindicalistas, pero las discrepancias ideológicas entre ellos la hicieron inviable y acabó por desaparecer hacia 1876.

En 1889, los marxistas fundaron la **II Internacional**, con el objetivo de coordinar los diferentes partidos socialistas. La II Internacional creó algunos de los símbolos de identidad del movimiento obrero, como el himno de *La Internacional* y la fiesta del Primero de Mayo (Día de los Trabajadores).

Alegoría de la Primera Internacional, 1870.

1. Observa el gráfico. ¿Por qué aumentaron los conflictos laborales? ¿Cuáles eran las reivindicaciones obreras?
2. ¿Qué es el ludismo? ¿Por qué los obreros reaccionaron contra las máquinas? ¿Crees que eran las responsables de su situación? Razona la respuesta.
3. Lee el texto sobre el derecho de asociación. ¿Qué se solicitaba a las Cortes? ¿Con qué argumentos lo pedían?
4. ¿Cuáles fueron las primeras asociaciones obreras? ¿En qué se diferenciaban unas de otras?
5. ¿Qué ideologías surgieron en el siglo XIX denunciando las desigualdades sociales del capitalismo? ¿Qué proponía cada una de ellas?
6. Explica las diferencias y similitudes entre marxismo y anarquismo. ¿Qué fueron las Internacionales Obreras?

COMPLETA EL MAPA CONCEPTUAL

Con la información del tema, completa en tu cuaderno el siguiente esquema:

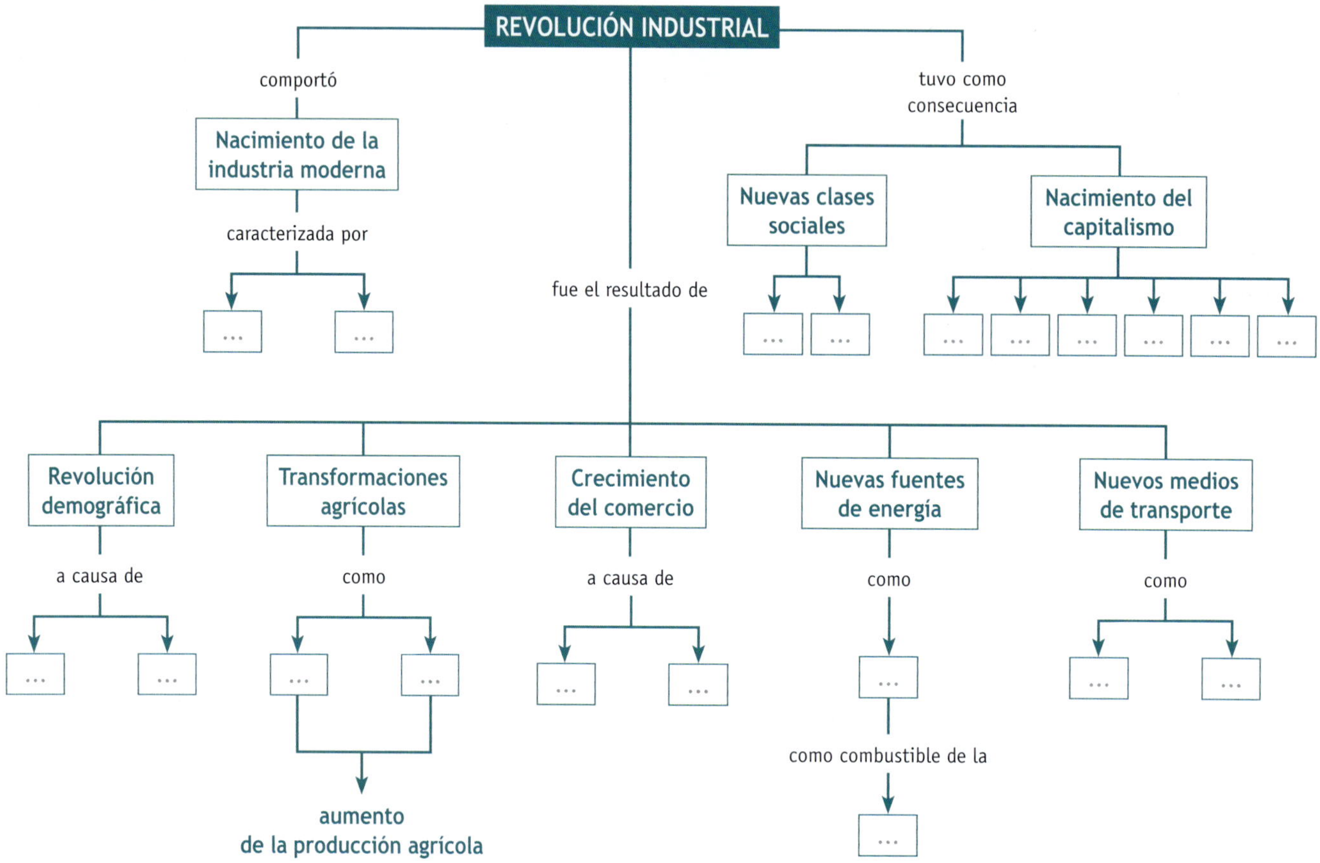

1 CONSOLIDA LO APRENDIDO

a) ¿Qué entiendes por Revolución Industrial? ¿Qué cambios en diferentes sectores de la economía la hicieron posible? ¿Qué país fue el "taller del mundo"? ¿Por qué?

b) ¿Qué innovaciones dieron lugar al maquinismo y al sistema fabril de producción de bienes? ¿Qué sectores fueron los primeros en adoptar el sistema industrial?

c) ¿Qué cambios se produjeron en los medios de transporte? ¿Qué consecuencias se derivaron de ellos?

d) ¿Cuáles son las características del capitalismo y de la sociedad de clases?

e) ¿Qué nuevas ideologías denunciaron las desigualdades sociales del capitalismo? ¿Qué alternativas proponían?

2 DEFINE CONCEPTOS CLAVE

- mecanización
- sistema fabril
- sistema Norfolk
- urbanización
- sociedad de clases
- sindicato

3 ESTABLECE LA CRONOLOGÍA

- máquina de vapor
- telar de Cartwright
- lanzadera volante de Kay
- horno alto de Darby
- locomotora de Stephenson
- convertidor Bessemer

4 EXPLICA LAS DIFERENCIAS

- *openfield/ enclosure*
- energía hidráulica/energía del vapor
- liberalismo económico/ capitalismo
- proteccionismo/ librecambio
- burguesía/ proletariado
- Primera Internacional/ Segunda Internacional

RESPONDE A LA PREGUNTA INICIAL

¿Cómo transformó la Revolución Industrial la economía y la sociedad tradicionales?

APRENDE A... COMPARAR Y VALORAR DOS IMÁGENES

Estas imágenes proporcionan información sobre las fábricas textiles en los inicios de la industrialización, pero cada una de ellas muestra la visión que el autor quiere enfatizar sobre la realidad.

El trabajo en una fábrica de hilados de algodón, 1840.

El trabajo en una fábrica de tejidos de algodón, 1834.

1. Identificación y presentación

- ¿Qué tema común muestran ambas imágenes?
- ¿Fueron dibujadas en la misma época?

2. Descripción y análisis

- Describe cada una de las imágenes. ¿Qué parte del proceso textil refleja cada una? ¿Cómo lo has reconocido?
- ¿Qué fuente de energía movían las máquinas en esa época? ¿Es la misma en ambos casos? Observa las imágenes, busca información y explica el funcionamiento del sistema de barras y poleas para dotar de energía a la maquinaria.
- ¿Qué personajes aparecen en cada una de las imágenes? Fíjate en el niño que está debajo de la máquina de hilar. ¿Qué crees que está haciendo? Busca información y averígualo. ¿Qué tareas desempeñan los hombres y las mujeres? ¿Tienen la misma jerarquía laboral? Justifica tu respuesta.

3. Contexto histórico

- ¿Cómo se produjo la mecanización del hilado y del tejido? ¿Cuál de ellos se inició primero? ¿Qué consecuencias tuvo la mecanización sobre la producción y los precios?
- ¿Era frecuente que las mujeres y los niños y las niñas trabajasen en la industria textil? ¿Por qué? ¿A qué condiciones estaban sometidos?

4. Conclusiones

- ¿Crees que estas imágenes muestran fielmente el ambiente de una industria textil? ¿Están idealizadas o distorsionadas?
- ¿Cuál de las dos refleja mejor cómo debía de ser el interior de una fábrica textil? ¿Qué aspectos destacarías de cada una de ellas como más fieles a la realidad? Razona tus respuestas.

RAZONA HISTÓRICAMENTE

Causalidad. ¿Qué condiciones previas tenía Gran Bretaña para convertirse en el primer país donde tuvo lugar el despegue industrial? Valora la importancia de esas condiciones para facilitar el proceso de industrialización.

Argumentación. ¿Qué relación puedes establecer entre la mecanización agrícola e industrial, el crecimiento de la industria siderúrgica, la construcción del ferrocarril y el desarrollo de la minería?

1 Fuentes iconográficas. Industria siderúrgica

a) ¿Dónde se sitúa la escena de la pintura? ¿De qué tipo de industria se trata? ¿Cómo se titula la obra? ¿Quién es su autor? ¿Cuándo fue pintada?

b) ¿Qué actividad realizan los obreros? ¿Qué instrumentos y máquinas usan?

c) Observa la composición de la escena:
- ¿Aparece oscura o iluminada? ¿Qué espacio quiere resaltar el autor? ¿Cómo lo consigue?
- ¿Es una escena ordenada o confusa? ¿Qué impresión del lugar quiere transmitir el autor? ¿Qué recursos utiliza para dar vida a la escena?

d) ¿Qué podemos deducir de las condiciones de trabajo de los obreros en la siderurgia?

Adolf von MENZEL: *La forja*, 1875.

2 Fuentes materiales. Sociedades anónimas

a) ¿Qué es una acción? ¿Para qué se utilizaban las acciones? Observa con detalle la imagen:
- ¿A qué empresa pertenece la acción? ¿Cuándo y dónde fue fundada? ¿Cuál es su capital inicial?
- ¿Cuántas acciones ha emitido? ¿Cuál es el valor nominal de cada acción?

b) ¿Por qué las empresas emitían acciones? ¿Qué beneficios obtenían los accionistas?

c) ¿Dónde se compraban y vendían las acciones? ¿Cómo funcionaba esta institución financiera?

d) Observa el dibujo central de la acción. ¿Crees que la fábrica utilizaba la máquina de vapor? ¿Cómo lo has deducido? Averigua a qué sector de producción pertenecía esta empresa.

3 Fuentes gráficas. Desigualdad social

PRESUPUESTO FAMILIAR A PRINCIPIOS DEL SIGLO XIX

Concepto	Familia burguesa (% del salario)	Familia obrera (% del salario)
Alimentación	13	52,5
Vivienda	13,3	9,4
Calefacción y servicio	12,3	9,2
Vestimenta	14,1	22,5
Ocio	35,5	6,5
Impuestos	3	–

Salario anual familia burguesa 17 000 francos

Salario anual familia obrera 2 500 francos

Fuente: M. PERROT: *Le Mode de vie de families*, Armand Colin, 1961.

a) ¿Qué datos presenta la tabla?

b) ¿Cuál es el presupuesto anual de cada familia? ¿Cuáles son los dos primeros gastos de una familia obrera? ¿Qué porcentaje del presupusto se va en ellos?

c) ¿Por qué el gasto en alimentación de la familia burguesa es mucho menor que el de la obrera? ¿Significa ello que comen menos y de peor calidad?

d) ¿Qué partida no aparece en el presupuesto obrero y sí en el burgués? Averigua por qué.

e) A partir de esta tabla y con la información del tema escribe una redacción sobre las condiciones de vida de la burguesía y de la clase obrera durante los primeros años del siglo XIX.

4 Fuentes documentales. Marxismo y anarquismo

1 La sociedad se divide cada vez más en dos campos enfrentados, en dos clases diametralmente opuestas: la burguesía y el proletariado (...).

El objetivo inmediato de los comunistas es el mismo que el de todos los partidos obreros: constitución en clase del proletariado, destrucción de la dominación burguesa, conquista del poder político por el proletariado. Esto último, con la finalidad de suprimir todas las diferencias y oposiciones de clase.

El proletariado se servirá de su supremacía política para desposeer de todo el capital a la burguesía y centralizar todos los instrumentos de producción en manos del Estado. (...) Esto solo podrá llevarse a cabo mediante una violación despótica de los derechos de propiedad y del régimen burgués de producción.

K. MARX y F. ENGELS: *Manifiesto Comunista*, 1848. (Adaptación)

2 Nosotros queremos la libertad y afirmamos que su existencia es incompatible con cualquier forma de poder, sea el que sea, monárquica o republicana, impuesta o elegida. (...) El mal, a ojos de los anarquistas, no es la forma de gobierno, es el principio de autoridad en sí (...).

Pero no hay libertad sin igualdad. No hay libertad en una sociedad en que el capital está monopolizado por una minoría, cada vez más reducida. La propiedad debe ser ejercida de forma colectiva por los trabajadores.

Palabras de M. Bakunin ante un tribunal de justicia, 1883. (Adaptación)

a) Identifica a los autores de ambos textos. ¿A qué ideología pertenecen?

b) Lee el texto **1**:
- ¿Qué análisis hace de la sociedad capitalista?
- ¿Qué programa de actuación política propone el primer texto para el proletariado? ¿Cuál es su objetivo? ¿Qué medios deberá utilizar para llevarlo a cabo?
- ¿A qué se refiere la expresión "violación despótica"?

c) Lee el texto **2**:
- ¿Cuáles son los principales males de la sociedad capitalista? ¿Por qué?
- ¿Qué transformaciones propone para la nueva sociedad a la que aspira?

d) Compara el proyecto marxista y el anarquista y establece qué aspectos tienen en común y cuáles son las principales diferencias.

5 Fuentes digitales. Liberalismo económico

Consulta en www.tiching.com/53618 la información sobre el liberalismo económico y contesta las preguntas:

a) ¿A qué pensador se le considera el padre del liberalismo económico? ¿A qué sistema económico aportó su base teórica?

b) ¿Cuáles son los principios básicos del liberalismo económico? ¿Y del capitalismo?

c) Cita los grandes problemas que se derivaron de la implantación de este sistema económico.

d) ¿Qué nuevos problemas sociales se originaron con la industrialización?

e) ¿Qué respuestas se plantearon ante las nuevas desigualdades sociales?

Adam Smith (1723-1790).

6 Investigación. El Primero de Mayo

El día 1 de mayo es el Día Internacional de los Trabajadores, o Primero de Mayo, la fiesta más importante del movimiento obrero mundial. Localiza en la Red las páginas web necesarias para responder a las siguientes cuestiones:

a) ¿Qué hechos se recuerdan el Primero de Mayo? ¿Cuándo y por qué se decidió conmemorar dicho día?

b) ¿Cuándo se convirtió en un día festivo en nuestro país? ¿Y en el resto del mundo?

c) También existe el Día de la Mujer Trabajadora. Averigua su origen, su día de celebración en la actualidad y los objetivos de dicha jornada.

RETOS EN LA RED

MINI UNIDAD VISUAL: Caminos de hierro.

ACTIVIDADES AUTOCORRECTIVAS: Resuelve estas actividades y repasa lo que has aprendido.

www.vvd.link/012271/3

4 LA ESPAÑA DEL SIGLO XIX: LA CONSTRUCCIÓN DEL RÉGIMEN LIBERAL

¿Cómo se desarrolló la implantación de un Estado liberal en España?

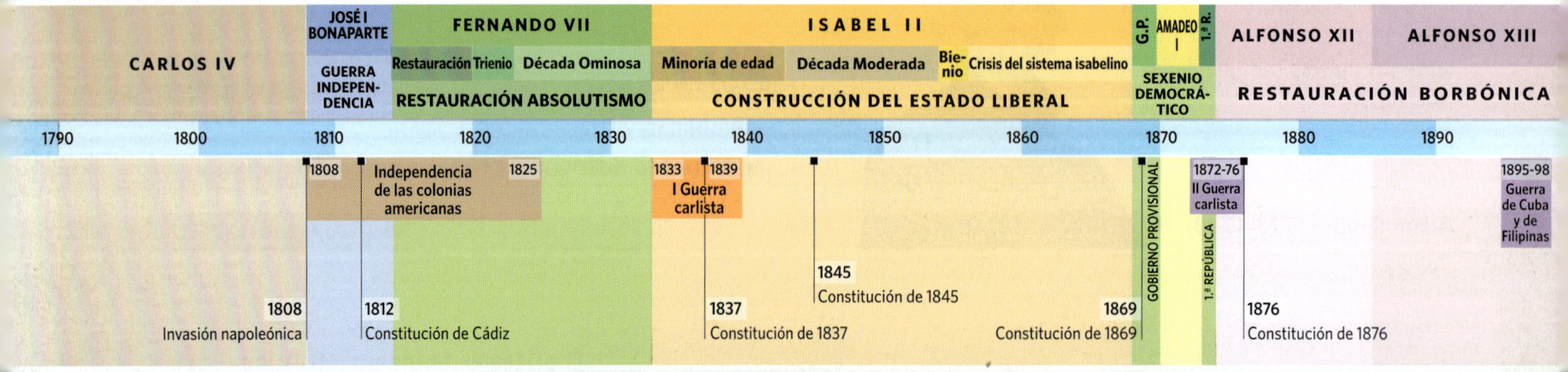

Los generales Espartero y Maroto se dan el Abrazo de Vergara, que puso fin a la primera guerra carlista en 1839.

Como en otros países de Europa, durante la primera mitad del siglo XIX se produjo en España el fin del Antiguo Régimen y la construcción de un nuevo Estado liberal.

La inexistencia de una burguesía fuerte condujo al país a un peculiar modelo de revolución liberal, donde el ejército se convirtió en el garante de la monarquía constitucional y el caciquismo obstaculizó el libre juego democrático.

A lo largo de la centuria, el país se vio inmerso en diferentes conflictos: una guerra contra el Imperio napoleónico, un conflicto civil entre liberales y absolutistas (guerras carlistas) y una guerra de emancipación de las colonias americanas.

¿Qué sabemos?

- ¿Podrías decir el nombre de algunos monarcas españoles del siglo XIX? ¿Eran absolutistas o constitucionalistas?
- ¿Sabes cuál fue la primera constitución de España? ¿Te dice algo la expresión ¡Viva la Pepa!?
- Observa el mapa del Imperio español a principios del siglo XIX. ¿Qué territorios dominaba España?

1 PREGUNTA CLAVE

¿Cómo se implantó el liberalismo en España?

El estallido de la Guerra de la Independencia (1808-1814) fue el desencadenante de la crisis del Antiguo Régimen en España, que culminó en un proceso de construcción del Estado liberal durante el reinado de Isabel II (1833-1868).

La ausencia de unas élites burguesas fuertes en términos de poder político y económico dotaron al proceso español de algunas peculiaridades: un notable protagonismo de la Corona, la intervención del ejército en la vida política, el falseamiento electoral y la persistencia del caciquismo.

¿Qué características particulares explican el modelo de revolución liberal español? ¿Contribuyó el liberalismo a dar mayor estabilidad de la vida política?

A UNA MONARQUÍA CONSTITUCIONAL

El primer intento de instaurar un régimen constitucional en España se desarrolló durante la Guerra de la Independencia. La oposición a que el trono español estuviese ocupado por un hermano de Napoleón Bonaparte motivó la formación de unas Juntas* que, reunidas en Cádiz, aprobaron la **primera Constitución española**, que tuvo una vigencia muy limitada.

El segundo y definitivo intento se realizó durante la **Primera Guerra Carlista** (1833-1839), en la que se pusieron en juego dos modelos de Estado: el absolutista defendido por los carlistas y el liberal apoyado por los isabelinos.

La victoria de los isabelinos significó la implantación durante el reinado de **Isabel II** de una monarquía constitucional que, a pesar de sus limitaciones, consolidó el triunfo del liberalismo.

José CASTELARO: *Isabel II jura la Constitución de 1837*, 1844.

B LA ALTERACIÓN DEL LIBRE JUEGO POLÍTICO

Los liberales estaban divididos en **moderados** y **progresistas**, dos tendencias que ocupaban el poder, según los resultados electorales. Sin embargo, esta alternancia estuvo adulterada por una serie de prácticas que obstaculizaron el libre juego político y dificultaron la consolidación de un régimen político estable. Entre estas prácticas destacaron:

- La constante **intervención de la Corona** en la vida política, casi siempre a favor de los moderados.
- La existencia de una camarilla* integrada por sectores de la nobleza, el ejército y los altos cargos del clero que ejercían una gran influencia en la Corte en beneficio propio (**camarillismo**).
- Un **sufragio censitario**, que daba el voto tan solo a un 1 % de la población y, además, los resultados se falseaban de forma sistemática en favor del partido en el poder.
- La gran influencia sobre la población que ejercían determinadas familias por su posición política o económica, influyendo decisivamente en el nombramiento de candidatos y en los resultados electorales (**caciquismo**).

Denuncia del caciquismo en una caricatura de 1881.

C EL PAPEL ARBITRAL DEL EJÉRCITO

El papel del ejército en la Guerra de la Independencia y en las posteriores guerras carlistas dio a determinados militares un gran prestigio, que comportó su intervención en la vida política. De este modo, militares como Espartero, Narváez, O'Donnell o Prim se convirtieron en líderes políticos que apoyaron, e incluso lideraron, los partidos moderado y progresista.

Por otro lado, las limitaciones del sistema electoral y el falseamiento de los resultados hizo que, a menudo, el partido de la oposición recurriese a un **pronunciamiento militar*** para forzar al monarca a entregarle el gobierno. Estos pronunciamientos iban acompañados de la intervención de la Milicia Nacional y de la formación de juntas revolucionarias de civiles, que daban su apoyo a los militares.

De este modo, una peculiaridad del liberalismo español fue la importancia que tuvo el ejército en las disputas entre las diferentes opciones políticas.

El general Espartero recorre las barricadas en Madrid durante la revuelta progresista de 1854.

D UNAS CONSTITUCIONES POCO DURADERAS

Las diferencias entre las distintas tendencias del liberalismo comportó que cada una de ellas quisiera plasmar su modelo de Estado en una constitución propia.

Cuando los progresistas alcanzaban el poder, promulgaban una constitución de carácter progresista, que reconocía amplias libertades individuales y ampliaba el derecho de sufragio. A su vez, los moderados imponían una constitución mucho más restrictiva en materia de sufragio y derechos ciudadanos y que facilitaba la intervención de la Corona en la vida pública.

Esta tendencia a implantar un texto constitucional acomodaticio a las tendencias políticas perduró durante todo el siglo XIX, y comportó que los cambios constitucionales fueran frecuentes y que algunas constituciones tuvieran una vida muy corta. Tan solo la **Constitución de 1876** tuvo un carácter más flexible, ya que fue el resultado de un consenso pactado entre las dos principales fuerzas políticas.

CONSTITUCIONES ESPAÑOLAS DEL SIGLO XIX

Constitución	Años de vigencia	Carácter
1812	7	progresista
1837	8	progresista
1845	23	moderada
1856	nonata	progresista
1869	4	democrática
1873	nonata	republicana
1876	47	flexible (conservadores / liberales)

1. ¿En qué se diferenciaban las monarquías constitucional y absoluta? ¿Cuándo se implantó el liberalismo en España? ¿En qué contexto político?
2. ¿Qué dos grandes opciones conformaban el liberalismo? ¿Qué prácticas políticas obstaculizaron el libre juego electoral en España? ¿Qué consecuencias se derivaron?
3. ¿Por qué el ejército tuvo un gran protagonismo en la vida política? ¿Cómo se concretó su intervención?
4. ¿Por qué a lo largo del siglo XIX se promulgaron muchas constituciones diferentes? ¿A qué respondían?

Argumenta la respuesta

5. Sintetiza las características peculiares que tuvo en España la implantación del liberalismo político. ¿Crees que contribuyeron a dar estabilidad política al sistema? Razona tu respuesta.

2 Guerra y revolución liberal (1808-1814)

La crisis de la monarquía de Carlos IV

Un año después de la llegada al trono de **Carlos IV** (1788-1808) se inició la Revolución francesa. Por temor al contagio de las ideas liberales, el rey de España se unió a la coalición internacional contra Francia. Sin embargo, las tropas españolas fueron vencidas por el ejército de la Convención francesa (1793-1795).

La derrota provocó un cambio de estrategia y **Manuel Godoy**, primer ministro de Carlos IV, optó por una alianza con Napoleón para enfrentarse a Inglaterra, el principal enemigo de Francia. La firma del **Tratado de Fontainebleau** (1807) permitió el paso de tropas francesas por España para invadir Portugal, aliada de los británicos.

La amenaza revolucionaria

Las alteraciones de Francia eran cada día más graves; el peligro de contagio, más amenazador. La tormenta estallaba, rugía por todas partes.

En medio de este temblor de tierra, en los bordes de un volcán cuya humareda negra anunciaba la inmediata explosión, cuando el terror amenazaba nuestras puertas me vi yo, ¡Dios mío!, de repente, en el timón del Estado.

Memorias de Godoy, 1836.

La invasión napoleónica

La presencia de tropas francesas en territorio español y las intrigas de Fernando, el hijo mayor de Carlos IV, contra su padre provocaron el popular **Motín de Aranjuez** (1808). El resultado fue la dimisión de Godoy y la abdicación del rey en su hijo Fernando VII.

Napoleón aprovechó estas discrepancias para reunir en Bayona (Francia) a Carlos IV y Fernando VII. Bajo presiones consiguió que ambos aceptaran abdicar en su hermano José Bonaparte (**abdicaciones de Bayona**).

José I (1808-1813) puso en marcha determinadas reformas con el apoyo de algunos liberales españoles, los llamados afrancesados. El monarca otorgó una carta constitucional (Estatuto de Bayona), proclamó medidas para abolir el Antiguo Régimen y promulgó diversos códigos (penal, civil...).

La rendición del mariscal francés ante el general del ejército español tras la batalla de Bailén, 1808.

La Guerra de la Independencia

Contrariado ante la ocupación, el 2 de mayo de 1808, el pueblo de Madrid se levantó en armas. Su ejemplo fue seguido en todo el país, dando inicio a la Guerra de la Independencia. Sus fases más importantes fueron:

- **Resistencia popular** (1808). Se formaron guerrillas* de patriotas (nombre que designaba a los que se oponían a la invasión) para hostigar a los franceses. El ejército, apoyado por voluntarios, consiguió frenar el avance francés hacia el Sur en la batalla de Bailén.
- **Ofensiva francesa** (1808-1812). Napoleón intervino directamente en el conflicto y ocupó la mayor parte de España. Algunas ciudades resistieron sitiadas* varios meses, como Girona o Zaragoza. Una vez controlado el territorio en 1812, Napoleón desplazó buena parte de sus tropas para invadir Rusia.
- **Victorias angloespañolas** (1812-1814). El ejército británico, comandado por el mariscal Wellington, se introdujo desde Portugal en auxilio de las tropas españolas, venciendo a los franceses en Los Arapiles (1812).

Napoleón tuvo que reconocer su derrota y, mediante el **Tratado de Valençay** (diciembre de 1813), retiró sus tropas de España y liberó a los reyes en Bayona.

EL DESARROLLO DE LA GUERRA DE LA INDEPENDENCIA

LAS CORTES DE CÁDIZ Y LA CONSTITUCIÓN DE 1812

Las abdicaciones de Bayona dieron el trono español a un monarca extranjero. Este vacío de poder estimuló la formación de unas **Juntas locales** integradas por patriotas. Su objetivo era rechazar la invasión y crear un gobierno legítimo que representase al pueblo español.

En 1810 se creó la **Junta Suprema Central**, con el fin de coordinar los esfuerzos de las diferentes Juntas. La Junta Central convocó una reunión de **Cortes en Cádiz** con la finalidad de redactar una Constitución.

En Cádiz se reunieron representantes de las Juntas de todo el país, la mayoría de ellos liberales. La **Constitución**, aprobada en **1812**, establecía la soberanía nacional, la división de poderes, el sufragio universal masculino y reconocía amplias libertades individuales.

Las Cortes también aprobaron una serie de reformas destinadas a abolir el Antiguo Régimen, a poner fin a los privilegios de la sociedad estamental y a implantar un régimen liberal en España.

Sin embargo, las visicitudes de la guerra dificultaron la aplicación efectiva de la Constitución y la consolidación del liberalismo.

¡Viva la Pepa!

La aprobación de la Constitución se produjo el 19 de marzo de 1812, día de San José.

Desde entonces, el grito de ¡Viva la Pepa! se convirtió en una aclamación de los principios liberales y de los ideales de las Cortes de Cádiz.

Las Cortes celebraron su primera sesión en el Teatro Cómico de la Isla de León (Cádiz), el 24 de septiembre de 1810.

LA CONSTITUCIÓN DE CÁDIZ

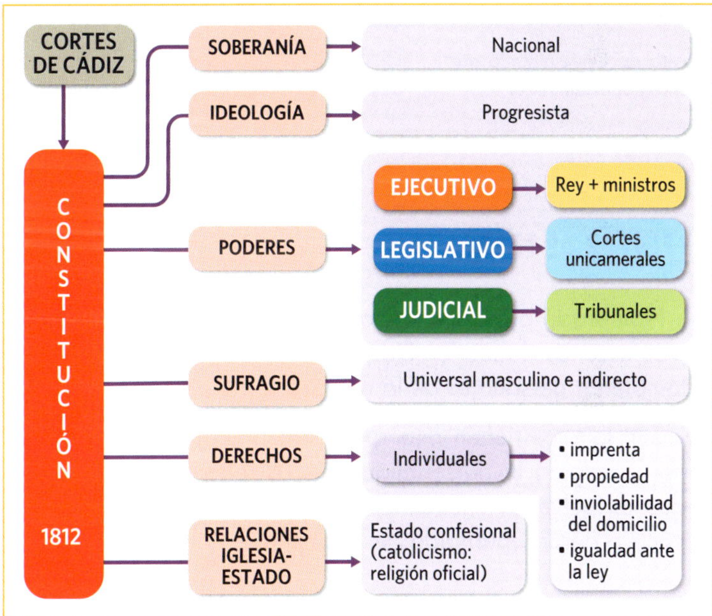

1. ¿Qué cambio de estrategia en las relaciones entre España y Francia propuso Godoy? Explica qué ocurrió en el Motín de Aranjuez y qué objetivos perseguía.
2. ¿Cómo se llevó a cabo la invasión napoleónica? ¿Qué fueron las abdicaciones de Bayona?
3. ¿Qué medidas puso en marcha José I? ¿Quiénes eran los afrancesados? ¿A qué crees que se debía su existencia?
4. ¿Cómo se desarrolló la Guerra de la Independencia? ¿Qué papel desempeñaron las guerrillas? ¿Por qué fue decisiva la intervención inglesa? Con la ayuda del mapa indica cuáles fueron las principales batallas y sitios.
5. ¿Qué fueron las Juntas? ¿Para qué se crearon? ¿Crees que la Junta central actuaba como un gobierno paralelo?
6. ¿Con qué finalidad se convocaron las Cortes de Cádiz? ¿Quiénes las componían? ¿Qué medidas tomaron?
7. Analiza el esquema y describe las características de la Constitución de 1812. ¿Crees que comportaba el fin del Antiguo Régimen? Justifica tu respuesta.

3 Goya y el nacimiento del arte contemporáneo

Francisco de Goya (1746-1828) fue uno de los grandes artistas españoles de todos los tiempos y está considerado como uno de los precursores del arte contemporáneo.

El artista, nacido en Fuendetodos (Zaragoza), se formó como un pintor del Barroco tardío y del Rococó, pero posteriormente encontró su propio estilo, más profundo y crítico, a partir de su enfermedad (sordera) y del encierro en su residencia de la Quinta del Sordo (Madrid).

Retrato de Goya pintado por Vicente López en 1826.

Goya fue un pintor total, que dominó distintas técnicas: cartones para tapices, pintura al fresco (*San Antonio de la Florida*), pintura al óleo (retratos y escenas) y grabados (*Caprichos, Los desastres de la guerra*).

También cultivó diferentes temáticas: las escenas populares, el retrato, la pintura religiosa (*Cristo Crucificado*) y la temática mitológica (*Saturno devorando a sus hijos*).

A PINTOR COSTUMBRISTA

Goya fue un excepcional dibujante, cuyos primeros trabajos fueron cartones para la elaboración de **tapices** para decorar las estancias de los palacios reales.

Con un estilo de influencia rococó, pintó el ambiente, los tipos, los paisajes y las escenas cotidianas de las clases populares con una visión alegre y optimista.

La vendimia, 1787.

B PINTOR DE CORTE

Nombrado pintor de la Corte en 1775, retrató múltiples escenas de las familias de **Carlos III** y **Carlos IV** y también a personajes de la nobleza española.

Sus retratos tienen una gran profundidad psicológica, y reflejan la personalidad de los retratados, a los que envuelve en una atmósfera que recuerda la perspectiva aérea aprendida de Velázquez.

La familia de Carlos IV, 1800.

C PRECURSOR DEL ARTE CONTEMPORÁNEO

La sordera que se le declaró en 1792 condicionó su arte, provocándole una actitud más pesimista, que destacaba los defectos y supersticiones de la sociedad de la época. Sus colores oscuros y sus complejas composiciones nos llevan a un mundo onírico relacionado con la imaginación y los sueños.

Su serie de ***Pinturas Negras*** (1814-1820) lo muestran como un precursor del expresionismo, y lienzos como *La lechera de Burdeos*, como un antecesor del impresionismo.

Peregrinaje a la Fuente de San Isidro, 1819. Detalle de una de las pinturas negras de la Quinta del Sordo.

D TESTIGO DE LA CRISIS DEL ANTIGUO RÉGIMEN

El pintor aragonés fue un cronista de excepción de la crisis del Antiguo Régimen. En algunos cuadros, como la serie de los *Caprichos*, el pintor realizó una crítica del fanatismo religioso y de las supersticiones de su época.

Impresionado por la violencia desatada durante la Guerra de la Independencia, el pintor quiso dejar constancia de las escenas, que él mismo presenció, en cuadros como *El tres de mayo de 1808 en Madrid* y *La carga de los mamelucos*.

En una serie de grabados, ***Los desastres de la guerra***, denunció los crueles efectos de la guerra sobre la población civil y la dureza del conflicto.

En su condición de ilustrado, Goya se sintió afín a las ideas liberales, herederas de la Revolución francesa. Eso explicaría su retiro tras la vuelta de Fernando VII y su exilio a Francia después del Trienio Liberal.

El tres de mayo de 1808 en Madrid o *Los fusilamientos en la montaña del Príncipe Pío*, 1808.

Carretadas al cementerio, 1814. Grabado de la serie *Los desastres de la guerra*, 1810-1814.

FICHAART

Busca en Internet información sobre este cuadro y elabora su ficha:

a) **Identificación.** Sitúa cronológica y geográficamente el cuadro. ¿Qué hecho muestra? ¿Dónde sucedió este hecho? ¿Qué personajes aparecen?

b) **Análisis artístico.** ¿Qué planos se pueden distinguir en el cuadro? ¿Qué lugar ocupa cada grupo de personajes? ¿Qué papel desempeñan las diferentes tonalidades del cuadro?

c) **Relación entre arte y sociedad.** ¿Qué diferencias observas entre este cuadro y cualquiera de los que pintó Goya en su primera época? ¿Qué quiso mostrar Goya en este lienzo? ¿Qué crees que simboliza el autor con el color blanco del personaje central?

1. ¿Qué diferentes etapas artísticas conoció la pintura de Goya? Describe una pintura de cada etapa y explica los distintos estilos que reflejan.
2. Averigua quiénes son cada uno de los personajes del cuadro *La familia de Carlos IV*.
3. ¿Cómo influyó la enfermedad en su arte? ¿Qué son las *Pinturas Negras*? ¿Son personajes reales o están relacionados con el mundo de los sueños?
4. ¿De qué modo reflejó el pintor la crisis del Antiguo Régimen? ¿Cómo lo plasmó en su obra?

Aprecia el arte

5. Observa el grabado de *Los desastres de la guerra*. ¿Qué nos muestra? ¿Qué sentimientos te produce su observación? ¿Qué crees que pretendía el pintor?
6. ¿Crees que se puede denominar a Goya "artista total"?

4 Fernando VII: el regreso al absolutismo (1814-1833)

Fernando VII, aclamado como "el Deseado", regresó a España en 1814. Su objetivo era reinar como un monarca absoluto, pero la difusión de las ideas liberales durante la Guerra de la Independencia dificultó su pretensión de restaurar el absolutismo.

El Sexenio Absolutista (1814-1820)

Tras recuperar el trono y con el apoyo de los absolutistas (**Manifiesto de los Persas**), Fernando VII derogó la Constitución de 1812 y anuló la obra reformista de las Cortes de Cádiz. El país retornaba a la situación anterior a la Guerra de la Independencia.

Su acción de gobierno fue acompañada de la **represión** de los liberales, que habían confiado en que el rey se convertiría en un monarca constitucional. Para forzar al rey a acatar la Constitución, los liberales llevaron a cabo diversos **pronunciamientos** (Espoz y Mina en 1814, Porlier en 1815 y Torrijos en 1817) que fracasaron. Muchos de sus participantes tuvieron que exiliarse y otros fueron ejecutados.

El Trienio Liberal (1820-1823)

En 1820, el pronunciamiento del coronel **Rafael del Riego** en Cabezas de San Juan (Sevilla) encontró suficientes apoyos para triunfar y el rey se vio obligado a aceptar la Constitución de 1812. Para proteger la Constitución y hacer frente a la oposición absolutista, se organizó la **Milicia Nacional**, un cuerpo de voluntarios liberales armados.

Fernando VII siempre fue contrario a la nueva situación y pidió ayuda a los monarcas absolutos de Europa para derrotar a los liberales. En 1823, la **Santa Alianza** envió a los **Cien Mil Hijos de San Luis**, unas tropas al mando del duque de Angulema, que instauraron de nuevo el absolutismo.

La Década Ominosa (1823-1833)

La última década del reinado de Fernando VII comportó la anulación de toda la obra legislativa del Trieno Liberal y el regreso al absolutismo. Sin embargo, los problemas políticos y económicos llevaron a la monarquía absoluta a su crisis definitiva.

A **nivel económico**, la guerra contra los franceses había debilitado la economía y dejó la Hacienda en bancarrota. Además, la independencia de las colonias americanas privó a las arcas del Estado de una importante fuente de ingresos.

Para superar la crisis, se propuso una **reforma fiscal** en la que los privilegiados pagasen impuestos. Pero estos eran los principales defensores del absolutismo y el rey no podía contrariar sus intereses.

El nacimiento en 1830 de Isabel, la hija de Fernando VII, provocó un conflicto dinástico porque la **Ley Sálica*** impedía reinar a las mujeres. Para asegurarle el trono, Fernando VII dictó la **Pragmática Sanción***, que abolía esta prohibición y convertía en heredera a su hija.

Los sectores más intransigentes del absolutismo se opusieron a esta decisión y reclamaron el trono para **Carlos**, hermano del rey y ferviente partidario del absolutismo.

La defensa del absolutismo

La monarquía absoluta es una obra de la razón y la inteligencia; está subordinada a la ley divina, a la justicia y a las reglas del Estado; por eso ha sido necesario un poder soberano absoluto, para prescribir a los súbditos todo lo que mira al interés común, y obligar a la obediencia a los que se niegan a ella.

Manifiesto de los Persas, 1814.

Fernando VII pintado por Francisco de Goya, 1814.

La defensa de la Constitución

España está viviendo a merced de un poder arbitrario y absoluto (...). El rey, que debe su trono a cuantos lucharon en la Guerra de la Independencia, no ha jurado la Constitución de 1812. Es necesario, para que España se salve, que el rey jure y respete esta Constitución (...) de todos los españoles.

Proclama de Riego, 1820.

Retrato del coronel Rafael del Riego.

Fernando VII recibe al duque de Angulema y los Cien Mil Hijos de San Luis, según un grabado de la época.

LA INDEPENDENCIA DE LA AMÉRICA HISPANA

La crisis del Antiguo Régimen en España coincidió con el movimiento de independencia de las colonias en América.

El levantamiento estuvo dirigido por la burguesía criolla (descendientes de españoles nacidos en América), que veían a España como un obstáculo para el desarrollo de la economía americana.

El movimiento emancipador estuvo dirigido por militares liberales, entre los que destacaron **Simón Bolívar**, **Antonio José de Sucre** y **José de San Martín**.

La pérdida de las colonias significó un duro golpe para la Península porque perdió su prestigio como potencia colonial y se vio privada de los mercados americanos y de importantes ingresos para la Hacienda.

Causas del movimiento independentista

- Difusión de los principios de libertad e igualdad de la Revolución francesa, así como la proclamación de la independencia de Estados Unidos en 1776.
- Descontento de la burguesía criolla ante las fuertes cargas fiscales y el monopolio que España ejercía sobre el comercio.
- Acaparamiento de la mayoría de los cargos de la administración colonial por españoles peninsulares, que eran un grupo privilegiado.
- Debilidad de la monarquía española, que había perdido parte de su armada en la derrota de Trafalgar (1805) y sufrió la invasión napoleónica.

PROCESO DE INDEPENDENCIA DE LA AMÉRICA HISPANA

@ Amplía en la Red...

Para saber más sobre las causas de la independencia de la América hispana, entra en: www.tiching.com/744584

ETAPAS DEL PROCESO DE INDEPENDENCIA

Primera fase (1808-1814)

Durante la Guerra de la Independencia también se formaron en América juntas controladas por las élites criollas. Destacaron las de Bogotá, Quito, Caracas y Buenos Aires. Paraguay fue pionera al proclamar su independencia en 1811.

El regreso de Fernando VII frenó el proceso de autogobierno y obligó a las juntas a disolverse.

Segunda fase (1816-1826)

En 1816, tras la independencia de Argentina, la insurrección se generalizó por todo el territorio y se inició una guerra contra las tropas coloniales.

Tras varias victorias militares (Chacabuco, Maipú, Boyacá, Carabobo y Ayacucho) sobre los ejércitos españoles, consiguieron la independencia México, los países centroamericanos, Venezuela, Chile, Ecuador, Colombia, Perú, Bolivia y Uruguay.

En 1826, España había perdido todas sus colonias excepto Cuba, Puerto Rico y Filipinas.

1. Realiza en tu cuaderno un cuadro como el siguiente, que sintetice las tres etapas del reinado de Fernando VII:

Etapa	Cronología	Características	Problemas
...	...	...	...

2. ¿Qué grupo social y por qué causas puso en marcha la independencia de las colonias?

3. Observa el mapa y confecciona una tabla con el nombre del país y la fecha de la independencia ordenada cronológicamente. ¿Cuáles fueron las principales campañas y batallas militares?

5 Los carlistas, defensores del Antiguo Régimen

La implantación de un Estado liberal en España se realizó en medio de un conflicto armado: la guerra carlista (1833-1839). En esa guerra no solo estaba en juego la persona que debía ocupar el trono de España, sino también si debía mantenerse un sistema político absolutista o ceder el paso a una monarquía liberal.

Los absolutistas apoyaban la candidatura de don Carlos, que defendía el Antiguo Régimen, y los liberales apoyaban a Isabel II, que apostaba por una monarquía constitucional.

¿Qué sectores sociales apoyaron el carlismo? ¿Qué intereses e ideales defendían? ¿Cuántos años duró este enfrentamiento por la legitimidad del trono?

A EL SURGIMIENTO DEL CARLISMO

A la muerte de Fernando VII en 1833, los grupos sociales favorables al absolutismo se negaron a reconocer a **Isabel**, que contaba solamente con tres años de edad, como legítima sucesora a la Corona, y apostaron por **Carlos María Isidro**. Para defender a su candidato, iniciaron una sublevación contra el gobierno de María Cristina de Borbón, que ejercía la regencia* en nombre de su hija.

Ante la sublevación absolutista, la regente buscó el apoyo de los liberales (llamados **isabelinos** o cristinos) para preservar el trono de su hija. De este modo, se formó un gobierno liberal moderado que emprendió reformas encaminadas a construir una nueva monarquía constitucional en España.

El nuevo Gobierno liberal tuvo el apoyo de algunos privilegiados y de la mayoría del ejército, que se mantuvieron fieles a la monarquía establecida. Pero, sobre todo, contó con la ayuda de la burguesía y los sectores populares de las ciudades.

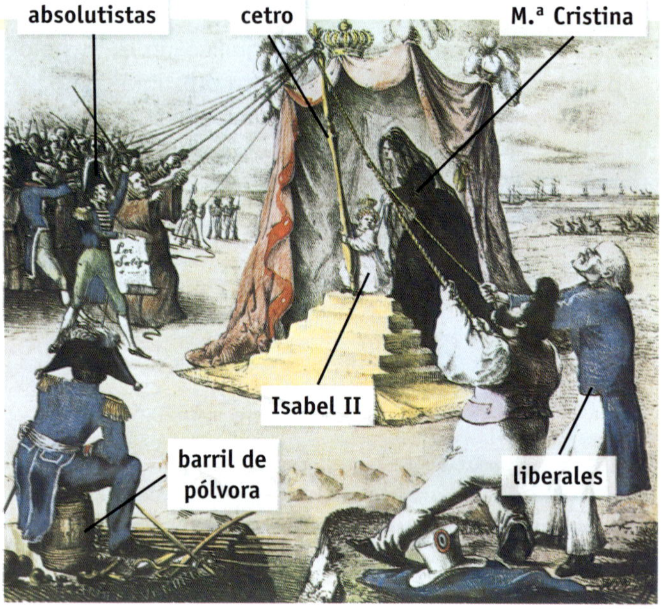

Absolutistas y liberales pugnan por derrocar o sostener el trono de Isabel II, según una caricatura de un periódico francés de 1833.

B LAS BASES SOCIALES DEL CARLISMO

Caricatura del pretendiente carlista en una revista satírica de la época, 1873.

El carlismo fue un punto de encuentro de diferentes sectores sociales reacios al liberalismo. Entre los **privilegiados**, la nobleza rural y el clero temían verse obligados a pagar impuestos sobre sus tierras y a perder parte de sus propiedades. En el caso de la Iglesia, también recelaba de la pérdida de poder e influencia social.

Entre los **no privilegiados** abundaban los campesinos, temerosos de perder el acceso a los bienes comunales si el liberalismo los privatizaba, y del desamparo que podía comportarles la abolición del régimen señorial.

Los carlistas tuvieron seguidores sobre todo en los medios rurales más tradicionales, mientras las grandes ciudades permanecieron fieles a Isabel II y defendieron la opción liberal.

Su fuerza residía en el País Vasco, Navarra y en zonas montañosas de Cataluña, Aragón y Valencia, que defendían sus antiguas tradiciones y el mantenimiento de sus fueros.

C LOS IDEALES DEL CARLISMO: "DIOS, PATRIA, REY Y FUEROS"

"Dios, patria, rey y fueros" era el lema del carlismo, que defendía el origen divino de la monarquía, el poder absoluto del rey, la presencia activa de la Iglesia en la vida pública y el mantenimiento de los fueros. Representaban una sociedad rural, que veía en el liberalismo la perversidad de la nueva sociedad urbana.

Su arraigo en el País Vasco, Navarra y Cataluña iba unido a la **reivindicación foral**, es decir, a la permanencia de los derechos y privilegios de los antiguos reinos de la Corona de Aragón y de Navarra.

Consecuentemente, defendían sus instituciones tradicionales, su sistema fiscal propio y la exención del sistema de reclutamiento militar obligatorio (quintas).

Una proclama carlista

Vizcaínos: una facción antirreligiosa y antimonárquica se ha apoderado del mando durante la larga enfermedad de nuestro difunto rey, y trata de ir adquiriendo ascendientes para exponeros sin defensa a los ataques de la revolución y de la anarquía que combatimos en 1823.

Sus partidarios aparentan que consideran las leyes antiguas y fundamentales del reino abolidas por otras nuevas, y después de haber alterado el orden de sucesión al trono con una audacia de la que no presenta otro ejemplar la historia, quieren hacer a España cómplice de sus abominables maquinaciones que la propaganda revolucionaria inventa para destruir el orden social en Europa.

Proclama de la Diputación de Vizcaya, 1833.

D LAS GUERRAS CARLISTAS

LA PRIMERA GUERRA CARLISTA (1833-1840)

Durante el siglo XIX se sucedieron dos grandes guerras carlistas y un alzamiento localizado en Cataluña:

- La **primera guerra carlista** (1833-1839) fue la más importante de todas ellas. El levantamiento se inició en el País Vasco, y a pesar de contar con militares experimentados como Zumalacárregui, los carlistas fueron derrotados por las tropas liberales del general Espartero. La paz se firmó en el Convenio de Vergara (1839).
- A pesar de su derrota, los carlistas continuaron organizados como defensores de la tradición, con una notable base social y con una línea sucesoria propia. Entre 1846 y 1848 hubo importantes levantamientos carlistas en Cataluña (**Revuelta de los Matiners**).
- La **segunda guerra carlista** (1872-1876) se inició durante el Sexenio Revolucionario ante la nueva vacante en el trono español tras el exilio de Isabel II. Los carlistas se levantaron en amplios territorios y llegaron a formar un gobierno paralelo en Estella hasta su definitiva derrota militar.

1. ¿Por qué se originó el conflicto carlista? ¿Qué defendía cada bando? ¿Qué apoyos sociales tenía cada uno?
2. Indica el significado de los cuatro elementos del lema de la ideología carlista.
3. Observa el mapa y explica dónde tenían fuerza los carlistas y cómo se desarrolló la primera guerra. ¿Qué otros conflictos carlistas hubo en el siglo XIX?

Ponte en su lugar

4. Reuníos en parejas. Un alumno o alumna de cada pareja debe realizar una proclama defendiendo el trono para don Carlos y el mantenimiento del absolutismo. El otro debe escribir una proclama liberal defendiendo el trono de Isabel II y la conveniencia de acabar con el Antiguo Régimen y construir un Estado liberal en España.

6 Isabel II y la construcción del Estado liberal

Durante la minoría de edad de Isabel II (1833-1843) se inició la construcción de un Estado liberal en España, que se institucionalizó durante la Década Moderada y entró en crisis a partir de 1856.

La regencia de María Cristina (1833-1840)

Al iniciar la regencia, María Cristina se apoyó en los liberales moderados, que iniciaron tímidas reformas. Sin embargo, una serie de levantamientos militares (sublevación de La Granja, 1836) y de revueltas populares provocaron que entregara el poder a los liberales progresistas, cuya pretensión era profundizar en el liberalismo.

El líder de los progresistas, **Juan Álvarez Mendizábal**, inició la abolición del Antiguo Régimen: reforma fiscal, disolución del régimen señorial, desvinculación de la propiedad y desamortización de los bienes de la Iglesia. También se suprimieron el diezmo, los privilegios de la Mesta, las aduanas interiores y los gremios.

Una nueva **Constitución** (1837) de carácter progresista reconoció la soberanía nacional, aunque con sufragio censitario, la división de poderes con la existencia de dos Cámaras (Congreso de Diputados y Senado) y otorgaba amplios derechos y libertades individuales.

La regencia de Espartero (1840-1843)

En 1837, los moderados subieron al poder con el apoyo de la regente e intentaron dar un giro conservador a la revolución liberal. Un movimiento de oposición forzó la dimisión de María Cristina y el nombramiento como regente del progresista **general Espartero** en 1840.

El talante autoritario del nuevo regente y la promulgación de medidas librecambistas, que desprotegían la incipiente industria española, generaron una fuerte oposición. Entonces, se decidió el adelanto de la mayoría de edad de Isabel II y su proclamación como reina.

La Década Moderada (1843-1854)

Su llegada al trono significó el predominio de los moderados, bajo la dirección del **general Narváez**. Las nuevas Cortes proclamaron una **Constitución moderada** (1845), que restringía el voto, limitaba las libertades y compartía la soberanía entre las Cortes y la Corona.

Varias medidas ayudaron a consolidar un sistema político de carácter moderado y centralista. Se reorganizó la **administración estatal y municipal**, según un criterio uniformista, y solo el País Vasco y Navarra conservaron sus antiguos derechos forales.

Otras reformas fueron la de Hacienda, que centralizó los impuestos en el Estado; además se elaboró un **Código penal** (1848) y se creó un sistema de **instrucción pública nacional**. También se firmó un **Concordato con la Santa Sede** (1851), que aseguraba el mantenimiento del culto y del clero y frenaba el proceso desamortizador. Para mantener la ley en el medio rural se creó la **Guardia Civil** (1844).

La deriva autoritaria de sus líderes (Narváez y Bravo Murillo), la fuerte influencia de las **camarillas** y el **falseamiento electoral** hicieron que los progresistas recurriesen de nuevo al pronunciamiento militar.

La regente María Cristina y sus hijas, Isabel y Luisa Fernanda, en 1835.

Desamortización y desvinculación

- La desamortización consiste en la expropiación de unas tierras por parte del Estado y su posterior venta a particulares.
- La desvinculación anula todos los vínculos señoriales que recaían en una propiedad y los convierte en bienes privados, que pueden comprarse y venderse libremente.

LAS FUERZAS POLÍTICAS EN EL SIGLO XIX

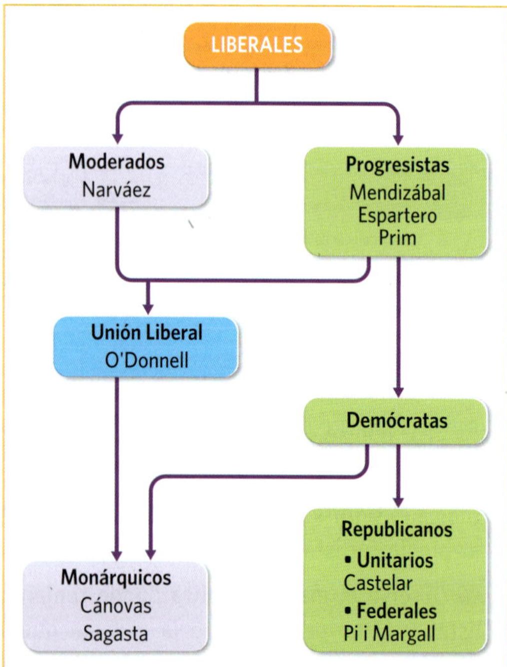

(1833-1868)

El Bienio Progresista (1854-1856)

En 1854, el **general O'Donnell** encabezó una revuelta popular contra los moderados. Fue el **pronunciamiento de Vicálvaro**, en el que participó la Milicia Nacional y se formaron Juntas revolucionarias.

Isabel II cedió a las presiones y dio el poder a los progresistas, quienes recurrieron de nuevo a Espartero. Las Cortes redactaron una nueva **Constitución** (1856), que no llegó a aprobarse, y el gobierno profundizó en las reformas económicas con tres leyes fundamentales:

- Una **nueva desamortización** que afectó a los bienes comunales y de los Ayuntamientos (Desamortización de Madoz, 1855).
- Una **ley de Ferrocarriles** y una **ley de Minas** para impulsar la red ferroviaria y la explotación minera, aunque las pusieron en manos de capital extranjero.

LA IDEOLOGÍA DE MODERADOS Y PROGRESISTAS

	MODERADOS	PROGRESISTAS
Tipo de soberanía	• Compartida entre el Rey y las Cortes. • Derecho del Rey a intervenir en la política.	• Nacional. Reside exclusivamente en las Cortes. • No aceptan la intervención de la Corona.
Sufragio	• Censitario y muy limitado.	• Censitario y un poco más amplio. • Los demócratas defenderán el sufragio universal.
Poder local/central	• Mayor peso de los poderes centrales del Estado.	• Mayor autonomía a los poderes locales (región, municipio).
Derechos individuales	• Reconocen derechos individuales, pero con tendencia a restringirlos.	• Reconocen más ampliamente derechos individuales (libertad de imprenta) y algunos colectivos (de reunión y asociación).
Ejército	• Ejército y Guardia Civil, únicos cuerpos armados.	• Defienden la Milicia Nacional.
Reformismo	• Reformas restringidas, respetando algunos derechos de los privilegiados. • Freno a la desamortización.	• Reformas más profundas. • Impulsan la desamortización.
Relaciones con la Iglesia	• Estado confesional y sin libertad de cultos.	• Estado confesional con libertad de cultos. • Los demócratas defenderán la separación de Iglesia y Estado.

La descomposición del sistema (1856-1868)

Una nueva crisis del gobierno de Espartero impulsó a la reina a confiar el gobierno a O'Donnell, que había creado la **Unión Liberal**, un nuevo partido de carácter centrista.

Desde 1856, unionistas y moderados se alternaron en el poder, mientras que los progresistas quedaron marginados. La actuación del gobierno fue muy autoritaria, prescindiendo de las Cortes para gobernar y ejerciendo una fuerte represión sobre la oposición.

En estos años se impulsó una política exterior colonialista, que se concretó en las campañas militares en Marruecos, Indochina y el apoyo internacional a una coalición para intervenir en México.

La oposición al régimen moderado se amplió y nacieron nuevos grupos entre los excluidos del sistema, como los **demócratas** (que defendían el sufragio universal masculino) y los **republicanos**, partidarios de derrocar la monarquía y proclamar la república.

En 1866, una grave crisis económica convirtió en imparable la degradación del régimen isabelino, hizo aumentar el descontento social y sentó las bases de un nuevo pronunciamiento militar.

Fusilamiento de los sargentos sublevados contra la reina Isabel II en el año 1866, que contó con el apoyo de progresistas y demócratas.

1. Elabora en tu cuaderno un esquema como el que tienes a continuación, en el que analices las diferentes etapas del reinado de Isabel II:

Etapa	Cronología	Características	Problemas
...	...	...	...

2. ¿Qué partidos políticos dominaron la vida política en España durante el reinado de Isabel II? Observa el cuadro de la ideología de los moderados y los progresistas y describe las principales diferencias entre ambos.

3. ¿Qué causas explican el deterioro del prestigio de la monarquía isabelina? ¿Qué grupos políticos se vieron excluidos del sistema?

El Sexenio Democrático (1868-1874)

En septiembre de 1868, la crisis de la monarquía isabelina condujo a la "Gloriosa Revolución", una insurrección para derrocar a Isabel II y democratizar el sistema político.

Sin embargo, los gobiernos surgidos de la revolución no consiguieron dar estabilidad al nuevo sistema democrático y durante el Sexenio se propusieron distintas fórmulas políticas, que tuvieron que hacer frente a numerosos problemas.

¿Qué diferentes fórmulas políticas se intentaron? ¿Qué problemas impidieron la consolidación de un sistema democrático?

A LA REVOLUCIÓN Y EL GOBIERNO PROVISIONAL (1868-1869)

La Revolución de 1868, impulsada por progresistas y demócratas, a los que se unieron los unionistas, fue dirigida por el almirante **Topete**, y los generales **Prim** (progresista) y **Serrano** (unionista).

En todo el país se formaron Juntas revolucionarias en apoyo al movimiento revolucionario, y las tropas leales a la reina fueron vencidas en la **Batalla de Alcolea**. La reina Isabel II y su heredero Alfonso partieron al exilio.

Ese mismo año se creó un Gobierno provisional con la misión de democratizar el sistema político. Se convocaron unas Cortes constituyentes que redactaron una nueva Constitución de carácter democrático, que fue aprobada en 1869.

En ella se recuperaba la soberanía nacional, se incorporaba el sufragio universal masculino y se otorgaban amplios derechos y libertades. La Iglesia se separaba del Estado, pero este se comprometía a mantener el culto y el clero católicos.

La Constitución establecía la monarquía constitucional como forma de Estado, por lo que fue necesario buscar un nuevo rey.

Causas de la Revolución de 1868

- Descontento popular derivado de la crisis económica de 1866, que comportó un aumento del paro y la subida de los precios.
- Oposición al monopolio del poder ejercido por moderados y unionistas, que gobernaban de forma autoritaria.
- Poca imparcialidad de la monarquía, que apoyaba a los moderados, e impopularidad de Isabel II.
- Difusión entre las clases populares de los ideales democráticos y republicanos, basados en el sufragio universal masculino y en la ampliación de los derechos y libertades.

Caricatura del general Juan Prim.

B LA MONARQUÍA DE AMADEO I (1870-1873)

La opción elegida fue **Amadeo de Saboya**, representante de una monarquía liberal que había contribuido a la unificación de Italia. Unos días antes de la llegada del nuevo rey, su principal valedor, el general Prim fue asesinado.

Amadeo I contó con el apoyo de progresistas, unionistas y demócratas, y el gobierno puso en marcha nuevas medidas para la recuperación económica y para la democratización real del país.

Sin embargo, tuvo que hacer frente a una fuerte oposición: los moderados y parte de la Iglesia se mantuvieron leales a los Borbones. Los carlistas aprovecharon la oportunidad para proclamar rey a Carlos VII, dando inicio una nueva guerra, mientras que los republicanos aspiraban a proclamar la República.

Ante la gran cantidad de problemas, a los que se unió una insurrección independentista en la isla de Cuba (1869), Amadeo I decidió renunciar a la Corona y abandonar el país.

Amadeo I jura la Constitución en enero de 1871.

C LA PRIMERA REPÚBLICA (1873-1874)

Ante la abdicación del rey, en febrero de 1873, las Cortes votaron la proclamación de la República. Pero ese resultado no reflejaba un apoyo real de la Cámara a la nueva forma de gobierno, ya que la mayoría de diputados se reconocían como monárquicos.

La República fue recibida con estusiamo por los sectores populares de las grandes ciudades y el gobierno republicano puso en marcha un programa de reformas económicas y sociales.

Las elecciones de 1873 fueron ganadas por los republicanos federales y las Cortes redactaron un proyecto de constitución federal que repartía las competencias legislativas entre el gobierno central y las repúblicas federadas, que nunca llegó a aprobarse.

La República tuvo cuatro presidentes (**Figueras**, **Pi y Margall**, **Salmerón** y **Castelar**), pero una serie de problemas imposibilitaron su consolidación:

- Las divisiones en el republicanismo entre unitaristas y federales y entre moderados e intransigentes, que aspiraban a una mayor revolución social.
- La dificultad de hacer frente a la insurrección en Cuba y el inicio de una nueva guerra carlista en 1872.
- Una insurrección cantonal* en Cartagena, en 1873, que se proclamó como cantón independiente.
- La oposición de los monárquicos que conspiraron para preparar la restauración de la monarquía en Alfonso, el hijo de Isabel II.

En enero de 1874, un golpe de Estado liderado por el **general Pavía** disolvió las Cortes y entregó la presidencia del gobierno al **general Serrano**, que intentó estabilizar una república conservadora y presidencialista.

La proclamación de la República

La República vino por donde menos esperábamos. Al abrirse la sesión del Congreso el 10 de febrero de 1873, las resistencias están ya vencidas. Leída la abdicación del rey, se refunden en una sola asamblea las dos cámaras y casi sin debate aceptan la República.

¿Qué República era proclamada? Ni la federal, ni la unitaria. Había mediado acuerdo entre los antiguos y los modernos republicanos y habían convenido en dejar a unas Cortes Constituyentes la definición y organización de la nueva forma de Gobierno.

PI Y MARGALL: *La República de 1873*.

Dibujo satírico sobre la oposición entre republicanos unitarios y federales en la forma de organizar el Estado. Revista *La Flaca*, 1873.

1. ¿Qué fue la Gloriosa Revolución de 1868? ¿Qué causas la provocaron? ¿Cuáles fueron sus objetivos?
2. ¿Cuáles son los aspectos más destacados de la Constitución de 1869? ¿Qué elementos encuentras que no existieran en las de 1837 o 1845?
3. Explica cómo se proclamó rey a Amadeo de Saboya, quiénes le apoyaron y a qué problemas tuvo que hacer frente.
4. ¿Cómo se proclamó la Primera República? Valora la frase en cursiva del texto de Pi y Margall.
5. ¿Qué nueva forma de organización del Estado promovió la República? ¿A qué problemas se enfrentó?
6. ¿Por qué no se consiguió durante el Sexenio estabilizar un régimen democrático? Razona tu respuesta con ejemplos de cada una de sus etapas.

Investiga

7. Elabora un eje cronológico con las diferentes etapas del Sexenio Democrático, los líderes políticos y los acontecimientos más relevantes de cada una de ellas.

8 La Restauración borbónica (1874-1902)

En diciembre de 1874, el pronunciamiento en Sagunto del general **Martínez Campos** proclamaba rey a **Alfonso XII**, e iniciaba la restauración de la monarquía borbónica.

Martínez Campos "restaura" la monarquía en la persona de Alfonso XII. Caricatura de 1875.

El sistema canovista

El ideólogo de la restauración monárquica fue **Antonio Cánovas del Castillo**, un político conservador que aspiraba a una monarquía constitucional que garantizase el orden social, sin pronunciamientos militares ni revueltas populares.

Uno de los primeros objetivos fue la pacificación del país. De este modo, en 1876, se puso fin a la guerra carlista, y en 1878, la **Paz de Zanjón** acabó con la insurrección cubana.

Para garantizar la estabilidad del nuevo régimen se proclamó la **Constitución de 1876**. El texto proponía la monarquía constitucional, con soberanía compartida entre las Cortes y el rey, unas Cortes bicamerales (Congreso y Senado), amplios poderes al monarca –que podía nombrar gobierno–, y declaraba el Estado confesional.

Se trataba de un texto moderado, pero flexible y consensuado, ya que dejaba muy abiertos los repertorios de derechos y las formas en que debía ejercerse el sufragio. De este modo, cada gobierno (conservador o liberal) podía modificarlos, según sus necesidades, sin necesidad de promulgar una nueva Constitución.

Para impedir los pronunciamientos militares de etapas anteriores, el ejército quedaba subordinado al poder civil.

Cánovas enseña a Sagasta cómo aplicar la Constitución de 1876.

Bipartidismo y turno pacífico

El funcionamiento político se basaba en la **alternancia en el poder** de dos partidos dinásticos: el Conservador, liderado por Cánovas, y el Liberal, encabezado por Sagasta.

Ambos partidos coincidían en lo esencial: defensa de la monarquía, de la Constitución, de la propiedad privada y de un Estado centralizado y unitario. Diferían en que el conservador se declaraba confesional y se consideraba el garante del orden social, mientras que el liberal era partidario de reformas sociales y tenía un carácter más laico.

Conservadores y liberales se alternaban en el poder mediante el llamado turno pacífico. Excluidos del poder quedaban los partidos marginados del sistema (carlistas, demócratas, republicanos y socialistas), que tan solo podían aspirar a una pequeña minoría parlamentaria.

Tras la muerte del rey en 1885, la firma del **Pacto de El Pardo** consolidó la alternancia en el poder durante la regencia de su esposa María Cristina (1885-1902). El ascenso al poder de los liberales comportó la adopción del sufragio universal masculino en 1890.

LA CONSTITUCIÓN DE 1876

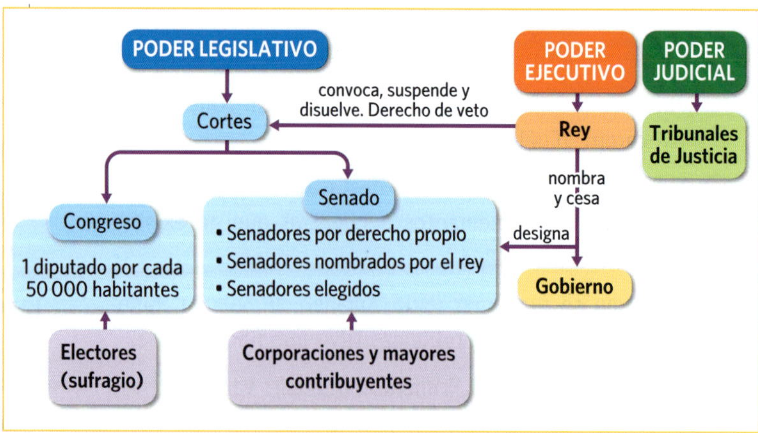

El caciquismo y el falseamiento electoral

La alternancia en el poder de conservadores y liberales quedaba asegurada mediante el **caciquismo**. Este era un sistema de coerción social que se daba en las zonas rurales mediante el cual determinadas personas podían coaccionar a los votantes y orientar su voto.

Los caciques, que podían ser tanto conservadores como liberales, conseguían la elección del candidato gubernamental mediante todo tipo de trampas (**pucherazo**). Así, no dudaban en falsificar actas, comprar votos, amenazar a los electores...

El surgimiento de los nacionalismos

El afianzamiento del Estado centralizado y uniformista provocó el surgimiento de movimientos nacionalistas que reivindicaban el reconocimiento de su propia identidad:

- En **Cataluña** se crearon partidos nacionalistas en demanda de la autonomía (Unió Catalanista y la Lliga Regionalista).
- En el **País Vasco**, la abolición de los fueros tras la segunda guerra carlista generó movimientos de protesta que convergieron en la creación del Partido Nacionalista Vasco (1894).
- En **Galicia** surgió el Rexurdimento, un movimiento de corte más cultural y literario que político.

La crisis de 1898

En 1895 estalló una nueva **insurrección en Cuba**, como consecuencia de la incapacidad de la administración española para hacer reformas políticas en la isla, dotarla de autonomía y reducir el control económico ejercido desde España. En esta ocasión, los insurrectos contaron con el apoyo de Estados Unidos, país perjudicado por los aranceles que le impedían el comercio con la isla.

En 1898, Estados Unidos declaró la guerra a España, tras el hundimiento del acorazado *Maine* en La Habana. España sufrió una rápida derrota y la firma del **Tratado de París** (1898) selló la independencia de Cuba, Filipinas y Puerto Rico.

El fracaso de 1898 provocó en la sociedad española un estado de frustración y pesimismo. Como reacción surgieron **movimientos regeneracionistas**, que pedían una verdadera democratización del Estado y el fin del caciquismo y la corrupción.

La lacra del caciquismo

Consecuencia de este sistema es el caciquismo, o sea, el entronizamiento de ciertos individuos en las localidades, los cuales, como instrumento del diputado, son dueños de los resortes administrativos.

El cacique da y quita míseros empleos que disfrutan los más pobres del pueblo; suyos son el cartero y el peón caminero.

El cacique es quien al hacer el reparto de la contribución carga la mano al adversario, aliviando al amigo, de lo que se originan porrazos y hasta puñaladas.

B. PÉREZ GALDÓS: *Política española* (antología de artículos), 1884.

Viñeta de denuncia de la corrupción electoral, 1905.

El descubrimiento de América: cómo empezó y cómo ha terminado. Viñeta de 1898.

1. ¿Qué objetivos se proponía el sistema político de la Restauración? ¿Cuáles eran sus características? ¿Qué mecanismos aseguraban el turno pacífico?
2. Lee el texto de Galdós. ¿Cómo define el caciquismo? ¿Qué atribuciones tiene el cacique? ¿Qué consecuencias políticas se derivaron del caciquismo?
3. ¿Qué causas explican el surgimiento de los nacionalismos? ¿Dónde emergieron? ¿Qué pretendían?
4. ¿Cómo perdió España las últimas colonias? ¿Qué papel desempeñó Estados Unidos?
5. Observa las dos viñetas sobre Cuba y descríbelas. ¿Qué mensaje quiere transmitir cada una de ellas?

COMPLETA EL MAPA CONCEPTUAL

Con la información del tema, completa en tu cuaderno el siguiente esquema:

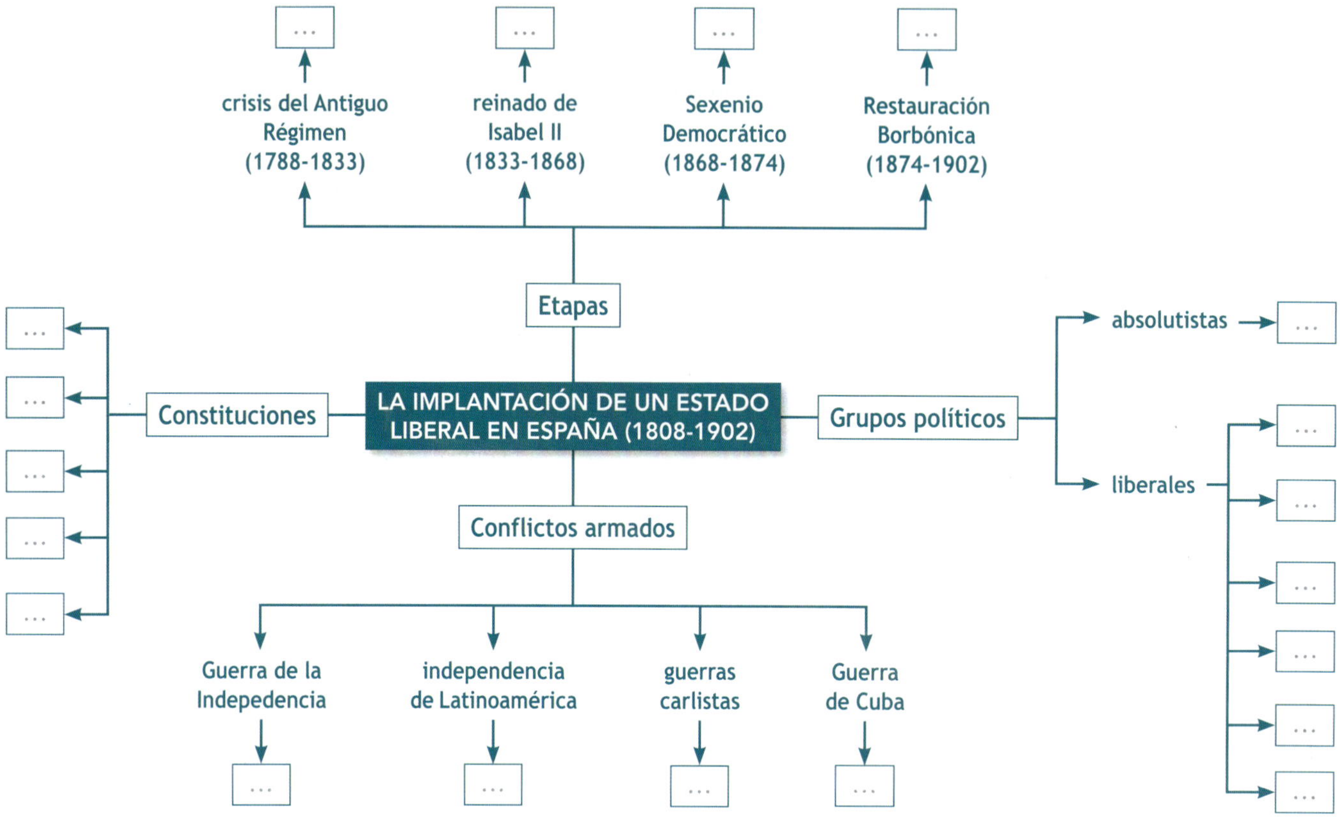

1 CONSOLIDA LO APRENDIDO

a) ¿Qué papel desempeñaron los militares en la España del siglo XIX? ¿Por qué se produjo esa situación?

b) ¿Cuáles fueron los acontecimientos más importantes de la crisis del Antiguo Régimen? ¿Qué legado quedó de la Constitución de Cádiz?

c) ¿Cuál fue la posición adoptada por Fernando VII ante el liberalismo? ¿Por qué fases atravesó?

d) ¿Qué consecuencias tuvo la independencia de las colonias para América y para España?

e) ¿En qué grupo social se apoyó Isabel II para reinar? ¿Por qué se fue deteriorando el sistema isabelino?

f) ¿Por qué no tuvo éxito la Primera República? ¿Qué otras fórmulas políticas se experimentaron durante el Sexenio?

2 DEFINE CONCEPTOS CLAVE

- pronunciamiento
- Milicia Nacional
- ley sálica
- carlismo
- Junta revolucionaria
- caciquismo

3 IDENTIFICA LOS PERSONAJES

- Fernando VII
- Espartero
- Amadeo de Saboya
- José I
- Isabel II
- Prim
- Carlos M.ª Isidro
- Narváez
- Cánovas del Castillo

4 ESTABLECE LA CRONOLOGÍA

- Motín de Aranjuez
- Trienio Liberal
- independencia de Cuba
- Primera República

5 EXPLICA LAS DIFERENCIAS

- absolutistas/afrancesados
- carlistas/isabelinos
- moderados/progresistas
- demócratas/republicanos

RESPONDE A LA PREGUNTA INICIAL

¿Cómo se desarrolló la implantación de un Estado liberal en España?

APRENDE A... COMPARAR DOS CONSTITUCIONES

	CONSTITUCIÓN DE 1869	CONSTITUCIÓN DE 1876
Sujeto de soberanía	Nación	Rey y Cortes
Carácter ideológico	Progresista/demócrata	Conservadora
Relación entre poderes	Reconoce la separación	Reconoce la separación pero el rey participa en los poderes legislativo y ejecutivo
Papel de la monarquía	Limitado: poder ejecutivo	Amplio: poder ejecutivo y comparte el legislativo con las Cortes
Cortes	Bicamerales elegidas por sufragio	Bicamerales, pero solo se eligen por sufragio el Congreso y una pequeña parte del Senado
Elaborada por	Cortes constituyentes plurales	Cortes constituyentes restringidas
Tipo de sufragio	Universal masculino	Censitario
Declaración de derechos	Muy amplia	Amplia, pero restringida mediante leyes
Relación Iglesia-Estado	No confesional, libertad de cultos	Confesional católica

1. Identificación y presentación

- Explica en qué momento histórico y durante qué proceso se aprobaron estas constituciones.
- ¿Para qué se elabora una constitución? ¿En qué se diferencian unas de otras?

2. Análisis y comparación

- Explica con otras palabras cada una de las filas de la tabla, buscando en el tema argumentos que justifiquen lo que significa cada concepto.
- Busca en la tabla los elementos comunes que comparten ambos textos y dónde radican las principales diferencias.
- ¿Qué dos elementos hacen que la Constitución de 1869 sea muy diferente de las otras aprobadas en el siglo XIX?

3. Contexto histórico

- ¿A qué aspiraba cada una de estas constituciones?
- ¿Qué diferentes modelos de liberalismo defiende cada una de ellas?
- Resume el periodo de 1868-1876 de la historia de España.

4. Conclusiones

- ¿Qué efectos tuvieron estas constituciones sobre los periodos políticos en que se produjeron?
- Averigua cuánto tiempo estuvieron en vigor y quiénes fueron los principales ideólogos de cada una de ellas.
- ¿Crees que nuestra Constitución actual guarda alguna relación con las que acabas de analizar? ¿En qué aspectos se asemeja y en qué aspectos difiere?

RAZONA HISTÓRICAMENTE

Argumentación. Explica en qué consistía el caciquismo, quiénes eran los caciques y su influencia en los procesos electorales. ¿Era el caciquismo un obstáculo a la verdadera democratización del sistema político liberal en España? Argumenta tu respuesta.

Tiempo histórico. Elabora un eje cronológico del siglo XIX en el que sitúes los diferentes reinados, las etapas de cada uno de ellos, las diferentes constituciones, los conflictos bélicos y algunos hechos que consideres que fueron especialmente relevantes.

Empatía. Después de dos años de reinado, Amadeo I abdicó del trono español y abandonó el país desbordado por los graves problemas que tenía que afrontar.

Ponte en el lugar del rey y escribe un "Manifiesto al pueblo español" en el que expliques las razones que te han llevado a tomar esa decisión.

Después consulta en www.tiching.com/743936 el manifiesto que hizo Amadeo I y establece similitudes y diferencias entre tu proclama y la que escribió el monarca. ¿Habéis utilizado un lenguaje similar?

1 Espacio y tiempo. La división provincial de 1833

En 1833, el ministro de Fomento, Javier de Burgos, firmaba el decreto de división provincial de España. Observa el mapa y responde a las siguientes cuestiones:

a) ¿En cuántas provincias quedó dividido el territorio? Enumera también las regiones.

b) ¿Qué objetivo crees que tenía la división de España en provincias y regiones?

c) Valora si este mapa ha sufrido muchas o pocas modificaciones hasta la actualidad. Enumera algunos casos.

d) En nuestro mapa autonómico actual existen tres ciudades que pretendían ser capital de provincia en 1833 y no lo consiguieron, pero que hoy en día sí son capitales de sus comunidades. Averigua cuáles son.

2 Fuentes documentales. El retorno al absolutismo

Públicos y notorios fueron a todos mis vasallos los escandalosos sucesos que precedieron y siguieron al establecimiento de la democrática Constitución de Cádiz.

(...) El desacato más horrendo a mi real persona y la violencia más inevitable fueron los elementos empleados para variar el gobierno paternal de mis reinos en un código democrático, origen de desgracias (...).

Europa entera, conociendo profundamente mi cautiverio (...) determinó poner fin a un estado de cosas que era el escándalo universal, que caminaba a trastornar todos los tronos y todas las instituciones antiguas, cambiándolas por la irreligión y la inmoralidad (...).

He venido a decretar lo siguiente: son nulos y de ningún valor los actos del gobierno llamado constitucional (...).

Real Decreto, 1 de octubre de 1823.

a) ¿Quién crees que es el autor del texto? ¿En qué momento histórico fue publicado este decreto? ¿Cuál era su finalidad?

b) ¿Cómo valora el autor los acontecimientos del Trienio Liberal? ¿Fue sincero su acatamiento de la Constitución de 1812?

c) ¿A qué se refiere el autor en la frase que está en cursiva? Explica los hechos que pusieron fin al Trienio Liberal.

3 Fuentes estadísticas. El derecho a voto

LA EVOLUCIÓN DEL NÚMERO DE ELECTORES

Año	Total de electores según el censo electoral	% respecto a la población española	Total de votantes
1837	257 984	2,2	143 026
1839	381 853	3,1	246 291
1844	635 517	5,2	415 647
1846	99 149	0,8	64 630
1853	139 641	1,14	95 163
1854	696 420	5,7	484 551
1857	148 975	0,9	91 093
1869	3 801 071	24,2	2 660 749

a) ¿Qué información nos muestra la tabla? ¿Cómo evolucionó a lo largo del siglo XIX?

b) ¿Qué era el sufragio censitario? ¿Qué relación puedes establecer entre este sufragio y los datos de la tabla?

c) Con los datos de la tabla, ¿puedes establecer una relación entre el número de personas con derecho a voto y las etapas de gobierno moderado y progresista durante el reinado de Isabel II?

d) ¿Cuándo se estableció el sufragio universal? ¿En qué consistía? ¿Cómo puedes reconocerlo en la tabla? Describe el contexto histórico en que fue proclamado.

4 Fuentes iconográficas. El turno pacífico

a) Describe ambas caricaturas. ¿Recuerdas qué características tiene una caricatura?

b) ¿Puedes identificar a los personajes con un número? ¿Qué rasgos de ambos ha exagerado el caricaturista para permitir reconocerlos?

c) ¿Cuál es la intencionalidad política de la caricatura? ¿Qué recursos ha utilizado el dibujante para ofrecer su punto de vista?

d) ¿Por qué crees que las caricaturas fueron tan importantes durante el siglo XIX?

Caricaturas publicadas en la revista *El loro*, 1881.

5 Organización de la información. Moderados y progresistas

a) Con la información del tema, copia en tu cuaderno y rellena el siguiente cuadro:

LOS PRINCIPALES PARTIDOS POLÍTICOS EN LA ESPAÑA DE ISABEL II (1833-1868)

Periodos de gobierno		Moderados	Progresistas
Líderes		...	...
Base social		...	...
Bases ideológicas. Tipo de Estado	Tipo de sufragio	...	...
	Tipo de soberanía	...	...
	Reconocimiento de derechos	...	...
	Relaciones Iglesia-Estado	...	...

WWW. ESPACIO WEB

6 Empatía. Mariana Pineda

Mariana Pineda fue una mujer granadina de ideas liberales que murió ejecutada. Su juventud y la injusticia que se cometió con ella la convirtieron en un mito y en un símbolo de la libertad.

Busca información en internet sobre Mariana Pineda para conocer su vida, sus ideas y la situación de su época. Después, responde a las siguientes preguntas:

a) ¿En qué época vivió Mariana Pineda? ¿Dónde nació y dónde murió?

b) ¿Qué monarca reinaba en España? ¿Cuál era el contexto histórico en ese momento? ¿Qué enfrentamientos políticos dominaron ese periodo?

c) ¿Cuáles fueron los ideales de Mariana Pineda? ¿Por qué fue perseguida y condenada? ¿Qué castigo recibió?

d) Razona por qué Mariana Pineda se ha convertido en un símbolo y un mito de la lucha por la libertad.

e) ¿En qué página web has encontrado la información? ¿Crees que es una fuente fiable? ¿Por qué?

7 Fuentes audiovisuales. El desastre del 98

Visiona el documental en www.tiching.com/744498 sobre la guerra de Cuba y responde a las preguntas:

a) ¿Por qué Estados Unidos apoyó a los independentistas cubanos y declaró la guerra a España?

b) ¿Cómo reaccionó la sociedad española ante la declaración de guerra?

c) ¿Qué dos estrategias desarrolló el gobierno español para intentar pacificar la isla?

d) ¿Cómo finalizó el conflicto entre España y Cuba? ¿Quiénes fueron los principales perjudicados por esta guerra? Razona tu respuesta.

RETOS EN LA RED

DETECTIVE DEL PASADO: Desamortización a juicio.

ACTIVIDADES AUTOCORRECTIVAS: Resuelve estas actividades y repasa lo que has aprendido.

www.vvd.link/012271/4

5 INDUSTRIALIZACIÓN Y CAMBIO SOCIAL EN LA ESPAÑA DEL SIGLO XIX

¿Cuáles fueron los logros y los problemas de la industrialización en España?

ECONOMÍA

- 1802 Prohibición de importar algodón hilado
- 1831 Bolsa de Madrid
- 1833 Primera máquina de vapor
- 1836 Desamortización de Mendizábal
- 1848 Ferrocarril Barcelona-Mataró
- 1855 Desamortización de Madoz
- 1868 Creación de la peseta
- 1882 Altos Hornos de Bilbao
- 1902 Altos Hornos de Vizcaya

1800 · 1810 · 1820 · 1830 · 1840 · 1850 · 1860 · 1870 · 1880 · 1890 · 1900 · 1910

OBRERISMO

- 1821 Sucesos de Alcoy
- 1835 Incendio de la fábrica Bonaplata
- 1840 Fundación de la Asociación de Tejedores de Barcelona
- 1855 Primera huelga general
- 1879 Fundación del PSOE
- 1888 Fundación de la UGT
- 1910 Fundación de la CNT

Darío de Regoyos: *Altos Hornos de Bilbao*, 1908.

El proceso de Revolución Industrial en España se realizó con un cierto atraso respecto de los países más avanzados del Norte de Europa.

Los sectores textil y siderúrgico, ubicados fundamentalmente en Cataluña y el País Vasco, fueron los primeros en industrializarse, aunque su crecimiento se vio dificultado por la falta de un mercado articulado.

El resultado fue el excesivo peso del sector agrario en la economía y el mantenimiento del predominio social de la oligarquía rural, que contrastaba con un campesinado pobre. La burguesía y el proletariado, protagonistas de la nueva sociedad industrial, tuvieron un crecimiento mucho más lento.

¿Qué sabemos?

- ¿Cuáles fueron los sectores punteros de la primera industrialización?
- Observa el mapa. ¿Cuáles eran las principales zonas agrícolas de España? ¿Qué se cultivaba en ellas? ¿Dónde se produjo la actividad minera e industrial?
- ¿Qué te sugiere el paisaje del cuadro en relación al tema?

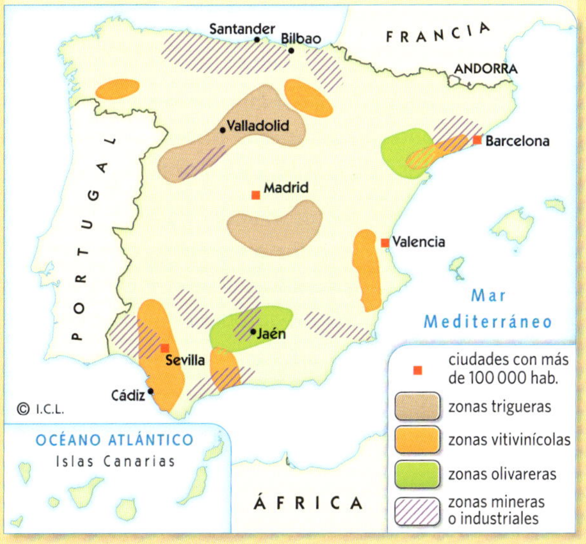

PREGUNTA CLAVE

1 La Revolución Industrial en España: ¿éxito

En España, como en el resto de Europa, la implantación del liberalismo político comportó el desmantelamiento del Antiguo Régimen y el paso de una economía básicamente agraria a otra industrial y capitalista.

Este proceso se inició en España a comienzos del siglo XIX, pero según avanzó la centuria solo el textil catalán y la siderurgia vasca, junto a algunos focos muy puntuales en Málaga, Sevilla, Valladolid, Béjar y Alcoy, habían conseguido consolidarse. El peso de la agricultura continuaba siendo excesivo y el desarrollo de las nuevas clases sociales, burguesía y proletariado industrial, era reducido.

¿Qué factores explican las limitaciones de la industrialización española? ¿Puede hablarse de "fracaso" o de "atraso" de la Revolución Industrial en España?

A EL COMPONENTE AGRARIO

En Gran Bretaña, la industrialización fue precedida de cambios en la estructura de la propiedad que estimularon el crecimiento de la producción agrícola.

En España, sin embargo, la mayor parte de la tierra siguió en manos de grandes propietarios, muchos de ellos absentistas y sin estímulos para innovar. Además, la abundancia de campesinos mantuvo los salarios a bajo coste, facilitando el mantenimiento de una **agricultura tradicional**.

A pesar de las dificultades, la agricultura aumentó su producción, consiguiendo prescindir de las importaciones de cereales, salvo en ocasiones excepcionales.

Ahora bien, este aumento de la producción se consiguió fundamentalmente gracias a la **roturación** de nuevas tierras más que a la introducción de las nuevas técnicas de cultivo y de la nueva maquinaria que se estaban introduciendo en los países más avanzados de Europa.

LA ESTRUCTURA DE LA PROPIEDAD DE LA TIERRA

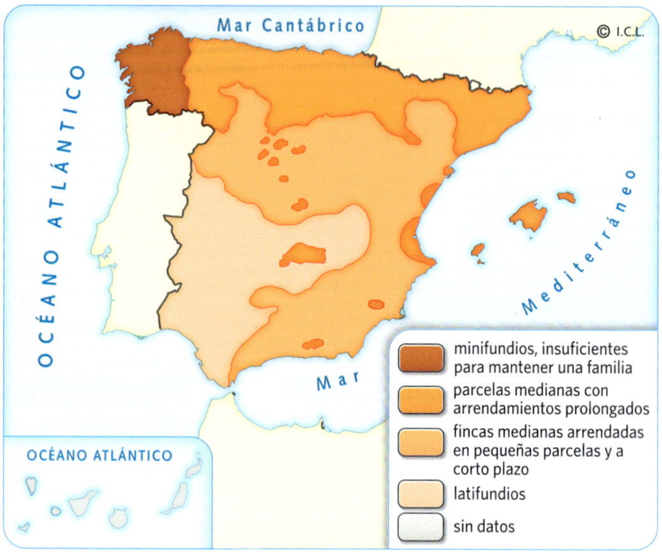

B LA DIFÍCIL ARTICULACIÓN DEL MERCADO Y EL PROTECCIONISMO

Un segundo problema proviene de las dificultades para integrar un mercado en el que los productos pudieran intercambiarse con facilidad. A la escasez de compradores se unía que España no disponía de una buena red de transportes que permitiese el traslado de las mercancías entre las distintas zonas productoras a un precio razonable.

En consecuencia, la economía española quedó desarticulada: mientras en las zonas cerealísticas había abundancia de cereal y bajos precios, en otras había que importar trigo.

Del mismo modo, los productos industriales no hallaban un mercado suficientemente amplio para sostener su crecimiento. El incipiente sector industrial, con una productividad baja y costos elevados, fue poco competitivo y se sintió amenazado por la entrada de productos extranjeros.

Por ello, el empresariado presionó al Estado para que aplicase **medidas proteccionistas** que encareciesen las mercancías extranjeras, forzando así el consumo en el país de las mercancías propias.

Defensa del proteccionismo

Los librecambistas hoy nos amenazan
con dejar a todos cruzados de brazos,
abriendo las puertas al género extraño.

Por eso nosotros, los que hoy pagamos,
los que producimos, les manifestamos
que solo pedimos vivir del trabajo.

Si del extranjero, por ser más baratos,
vinieran los granos, las telas, los paños,
sin ganar un cuarto, ¿con qué los compramos?

Si no producimos, si no trabajamos
vendrá la miseria, y no lo toleramos,
porque no queremos morirnos de hambre.

Poesía anónima, 1872.

o fracaso?

Título de deuda del Estado, 1875.

C EL DÉFICIT DE LA HACIENDA Y LA ESCASEZ DE CAPITAL

Para aumentar los ingresos de la Hacienda Pública española, en 1845 se llevó a cabo una **reforma fiscal** que obligó a los privilegiados del Antiguo Régimen a pagar impuestos.

Sin embargo, el Estado no aumentó la recaudación en los términos esperados y la Hacienda se mantuvo durante todo el siglo XIX en permanente déficit, teniendo que recurrir a los créditos exteriores y a la emisión de **deuda pública**.

El hecho de que invertir en deuda pública diese elevados intereses a sus compradores atrajo una buena parte de los capitales disponibles, y restó inversores para financiar la industria. Así, la **escasez de capital inversor** constituyó uno de los grandes problemas para la innovación y el desarrollo industrial.

La industria española, debido a la baja productividad, resultaba poco competitiva en el mercado internacional, lo que repercutía en el comercio exterior. Durante el siglo XIX, las importaciones fueron mayores que las exportaciones y la **balanza comercial** se mantuvo casi siempre **deficitaria**.

EL COMERCIO EXTERIOR DE ESPAÑA

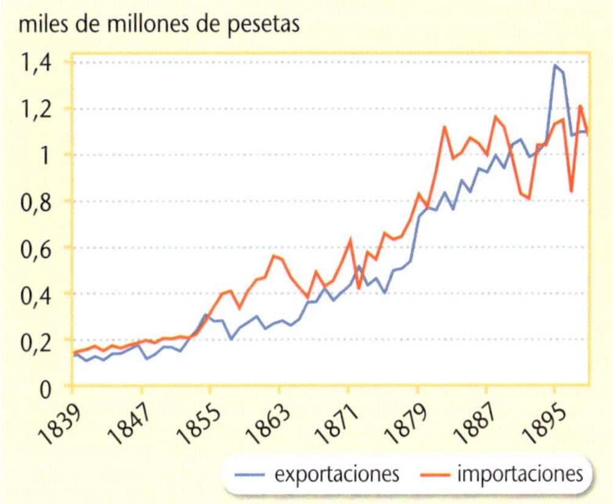

D LA IDEA DE ATRASO RELATIVO

La versión más tradicional sobre la industrialización española defendía la idea de fracaso de la Revolución Industrial en España. Solo el País Vasco y Cataluña habrían sido capaces de seguir la senda industrializadora, en un proceso del que al principio habían participado también Andalucía, Asturias, Cantabria y Valencia.

Hoy se sostiene más la hipótesis de un **atraso relativo**. Si bien es incontestable que la economía española del siglo XIX estaba muy alejada de la del Reino Unido, Francia o Alemania, se hallaba próxima al crecimiento de otros países mediterráneos y de Europa central, cuyo punto de partida sería más similar al caso español.

Con todo, los problemas de la modernización agraria, el excesivo intervencionismo estatal sobre la economía, el abandono del sector exterior, el proteccionismo integral y un sistema financiero atrasado dificultaron la tarea de la transformación económica de España.

LA EVOLUCIÓN DEL PIB PER CÁPITA

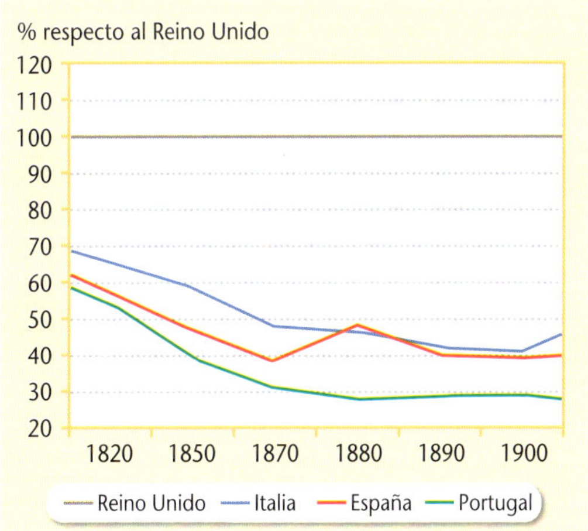

1. ¿Qué problemas dificultaron la modernización de la agricultura en España? Observa el mapa y explica cómo se distribuía territorialmente la estructura de la propiedad.
2. ¿Por qué la industria española tuvo que recurrir sistemáticamente al proteccionismo? ¿A qué dificultades tenía que hacer frente?
3. Lee la poesía y explica con qué argumentos se defiende la necesidad de aranceles protectores de la industria.
4. ¿Por qué la deuda pública a elevado interés perjudicó el financiamiento de las nuevas industrias?

Argumenta la respuesta

5. ¿Cuáles son los países que se toman como ejemplo de industrialización? ¿Qué otros países tuvieron un crecimiento industrial semejante al de España?
6. ¿Qué posición adoptarías ante la disyuntiva éxito o fracaso de la industrialización en España?

2 La población y la agricultura

Crecimiento demográfico y emigración

España pasó de tener 11,5 millones de habitantes en 1797 a 18,6 en 1900. Se trata de un **crecimiento sostenido**, pero moderado en comparación a otros países europeos, que durante el mismo periodo doblaron su población. El descenso de la mortalidad y el mantenimiento de una natalidad elevada motivaron ese crecimiento.

El dato más interesante de este periodo es la **desigual distribución** del crecimiento demográfico. La población creció más en las zonas costeras (Cataluña, Murcia, País Vasco y Canarias) que en el interior, con la excepción de Madrid.

El crecimiento demográfico estuvo acompañado de importantes movimientos de población. La concentración de la tierra en pocas manos y la pobreza campesina, unidas a la mejora de los transportes, fomentaron la decisión de **emigrar**. Las migraciones se produjeron en dos direcciones:

- **Éxodo rural**, es decir, abandono de las áreas rurales para buscar trabajo en las zonas industriales, que experimentaron un mayor auge económico, como Barcelona, Bilbao y Madrid. Ello comportó el crecimiento de las ciudades y el inicio de un proceso de urbanización, que fue más lento que en otras sociedades europeas.
- **Emigración exterior** en dirección a América Latina, en especial a Cuba y Argentina, que se produjo en las últimas décadas del siglo XIX, en busca de mejores oportunidades de empleo. Canarias y toda el área cantábrica fueron las regiones con mayor emigración.

La transformación de la agricultura

La agricultura continuó siendo la principal actividad económica del país durante el siglo XIX. Su renovación se inició con la reforma agraria liberal, que pretendía poner fin al régimen señorial y acabar con la gran cantidad de tierras amortizadas en manos de la nobleza y el clero.

En los primeros sesenta años del siglo XIX, la superficie de tierra cultivada se incrementó de 10 a 16 millones de hectáreas. La mayor expansión de cultivos se produjo en los **cereales** y después en la vid. También aumentaron el maíz, el olivo y, sobre todo, la **patata**, que se convirtió en el gran alimento popular junto al pan.

Hubo, asimismo, una cierta especialización regional: frutales y vid en la costa mediterránea, maíz y patata en la costa cantábrica y cereales y pienso en el interior. En consecuencia, la **exportación** de cítricos, vino y aceite comenzó a cobrar importancia.

Los rebaños trashumantes de ganadería ovina disminuyeron notablemente como resultado de la quiebra de las tradicionales exportaciones de lana. En cambio aumentó la cabaña porcina, para la alimentación humana, y los caballos, asnos y mulas para el transporte.

Sin embargo, una crisis agraria a finales de siglo, derivada de la llegada a Europa de trigo americano a bajo precio, frenó los avances de la agricultura y provocó un aumento del proteccionismo y de la emigración.

EL CRECIMIENTO DE LA POBLACIÓN EN EL SIGLO XIX

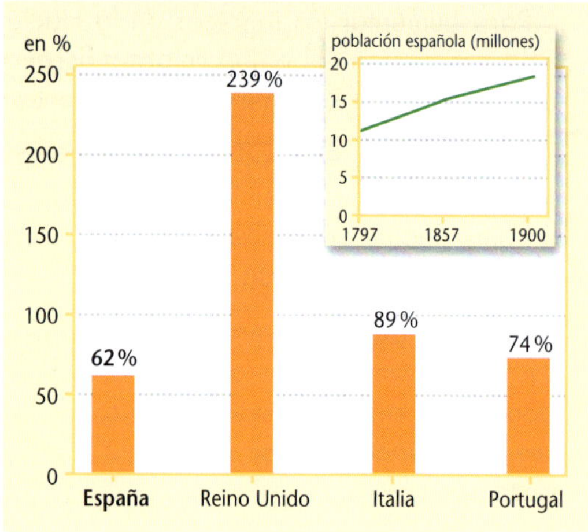

LA POBLACIÓN ESPAÑOLA EN EL SIGLO XIX

LA DISTRIBUCIÓN DE LA PRODUCCIÓN AGRÍCOLA EN ESPAÑA EN 1900

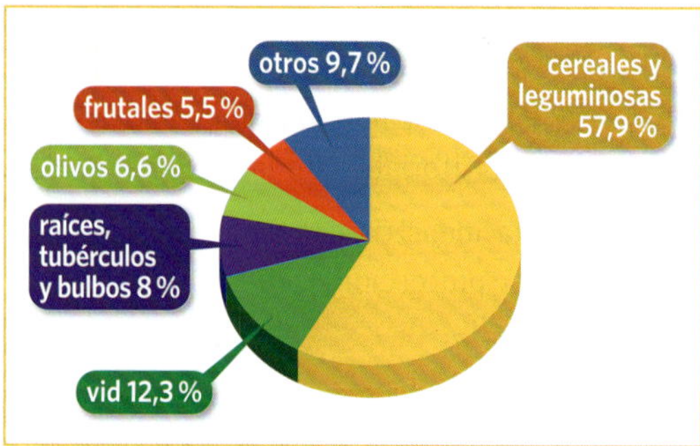

¿EN QUÉ CONSISTIÓ LA REFORMA AGRARIA LIBERAL?

La reforma agraria liberal fue un conjunto de reformas que se realizaron en España a partir de la subida al poder de los progresistas en 1836. Su objetivo era la disolución del Antiguo Régimen en el campo y la introducción de formas de propiedad y de producción capitalistas.

Estas reformas comportaron la abolición del régimen señorial*, la desvinculación de la propiedad y la desamortización de la mayoría de las tierras de la Iglesia (**desamortización de Mendizábal** en 1836) y de los ayuntamientos (**desamortización de Madoz** en 1855).

Estas reformas consolidaron la propiedad privada de la tierra y sentaron las bases de la transformación agraria.

LAS DESAMORTIZACIONES

- Consistieron en la expropiación y posterior venta en subasta pública de las tierras de la Iglesia (desamortización de Mendizábal, 1836) y de los ayuntamientos (desamortización de Madoz, 1855).
- La mayor parte de las tierras en venta fueron compradas por antiguos propietarios rurales y burgueses. La mayoría de campesinos no pudo acceder a la compra.
- Los efectos esperados sobre la modernización de la agricultura como motor de la industrialización fueron mucho menores porque la mayor parte de los nuevos y viejos propietarios usaron las tierras adquiridas para arrendarlas y vivir de las rentas que generaban.
- Además, al privatizarse los bienes comunales, el campesinado perdió un complemento esencial de su economía (pastos, leña, huertos...).

LA REFORMA AGRARIA LIBERAL

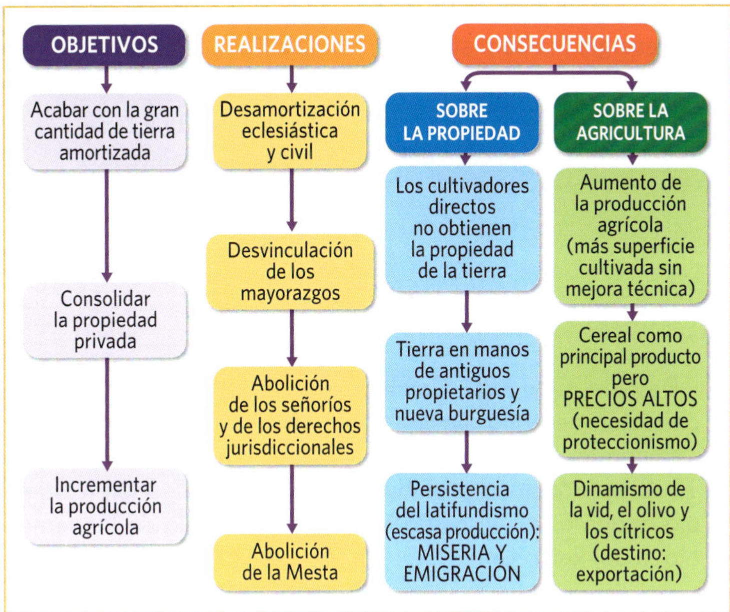

Joaquim VAYREDA: *La siega*, hacia 1881.

1. Observa los gráficos del crecimiento de la población en algunos países europeos. Compara el crecimiento de España con el de los otros tres países. ¿Por qué aumentó de forma moderada la población española?
2. ¿Por qué motivos emigraron los españoles en el siglo XIX? ¿Hacia qué lugares fueron?
3. ¿Cómo consiguió la agricultura aumentar la producción? ¿Cuáles eran los principales productos agrícolas y ganaderos? ¿Cuáles se exportaban?
4. Con la información del documento sobre la reforma agraria liberal, contesta:
   - ¿Qué conjunto de medidas incluía la reforma agraria liberal? ¿Con qué objetivos?
   - ¿En qué consistió la desamortización? ¿Qué finalidad perseguía? ¿Quiénes fueron los más beneficiados por la desamortización? ¿Y los menos favorecidos? Razona tu respuesta.
   - ¿Consiguieron las desamortizaciones los objetivos perseguidos? ¿Cuáles fueron sus consecuencias inmediatas?

DESCUBRE

3 Los inicios de la industrialización española

La Revolución Industrial en España no afectó a todo el territorio por igual. La falta de materias primas (algodón) y fuentes de energía (carbón) supuso una limitación que redujo las posibilidades de la industrialización y dificultó su crecimiento.

Los dos sectores más importantes fueron el textil y la siderometalurgia. En el caso del textil, a pesar de los intentos en diferentes lugares de la Península, solo se hizo realidad en Cataluña. En el caso de la siderurgia, tras el efímero foco andaluz, fue en el área cantábrica donde se consolidó, de forma muy especial en el País Vasco.

¿Cómo se inició la industrialización española del siglo XIX? ¿Qué ventajas y problemas presentó en las diferentes zonas?

A LA INDUSTRIA TEXTIL ALGODONERA

Desde el siglo XVIII, **Cataluña** tenía una tradición comercial de exportación de aguardientes y de indianas, unos tejidos de algodón estampados de gran aceptación en el mercado internacional. En 1802 se produjo la prohibición de importar algodón hilado, lo que dio origen a una industria textil propia al estilo de las regiones del Norte del Reino Unido.

En la década de 1830 se introdujo la **máquina de vapor** y se inició el proceso de **mecanización** con la introducción de las nuevas máquinas llegadas del Reino Unido. Estas innovaciones permitieron un notable aumento de la producción de tejidos de algodón y el abaratamiento de su precio.

La falta de carbón fue un obstáculo al crecimiento del sector textil catalán. La solución ideada por los empresarios fue ubicar las fábricas cerca del puerto de Barcelona, para abastecerse con mayor facilidad, o situar las industrias próximas a saltos de agua para aprovechar la energía hidráulica.

También dificultó su expansión la debilidad del mercado español, compuesto, sobre todo, por campesinos con escaso poder adquisitivo.

El crecimiento de la industria algodonera desplazó, por su mejor calidad y precio, a las industrias tradicionales de la lana, dispersas por el territorio español.

Santiago Rusiñol: *La fábrica*, 1889.

Las colonias industriales

Las colonias industriales se ubicaron en las riberas de los ríos Ter y Llobregat para aprovechar la energía hidráulica. Además de la fábrica, albergaban las viviendas obreras y todo aquello que los trabajadores necesitaban para su vida diaria (iglesia, escuela, teatro, economato...).

También se crearon colonias en otras zonas de España como Valencia y Béjar (Salamanca).

UNA COLONIA TEXTIL

B LA SIDERURGIA VASCA

El hierro y sus derivados fueron un elemento central de la industrialización. Su producción debía realizarse en altos hornos que requerían una gran cantidad de carbón, que en España se localizaba en Asturias, aunque era de bajo poder calorífico y de compleja extracción.

El problema del abastecimiento de carbón y de hierro dificultó la consolidación de la industria siderúrgica, que pasó por diferentes etapas y localizaciones:

- Entre 1830 y 1860 se crearon varios altos hornos en la provincia de **Málaga**, rica en mineral de hierro. Sin embargo, su producción fue muy modesta debido a los altos costes que suponía el traslado del carbón.
- A partir de 1860, entre **Mieres** y **La Felguera**, en el corazón de la cuenca minera asturiana, se instalaron fábricas de hierro. La cercanía de las minas de carbón compensaba los elevados costes de extracción.
- En la década de 1880, en la **ría del Nervión**, cerca de las minas de hierro vizcaínas, se crearon los Altos Hornos de Vizcaya, que sentaron las bases de la consolidación de la siderurgia en el País Vasco.

  La ría se convirtió en vía de salida del hierro vizcaíno que se exportaba al Reino Unido, donde se adquiría carbón galés, de mayor poder calorífico que el asturiano.

  La zona mostró desde entonces los rasgos de un área industrializada: concentración empresarial (metalúrgica y naval), protección del Estado (proteccionismo) y financiación bancaria (Banco de Bilbao y Banco de Vizcaya).

Fábrica del Carmen de la Sociedad de Altos Hornos de Hierro y Acero de Barakaldo, Bizkaia.

LA PRODUCCIÓN SIDERÚRGICA

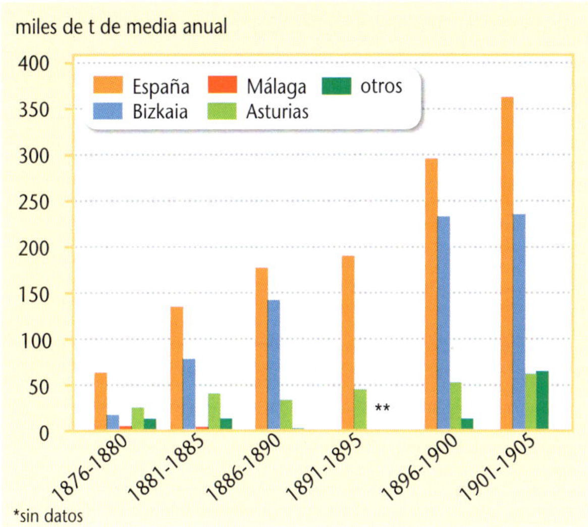

@ Amplía en la Red...

Para saber más sobre la industrialización española del siglo XIX, entra en: www.tiching.com/743420

1. ¿Qué eran las indianas? ¿Cómo se estimuló la fabricación de tejidos de algodón en Cataluña? ¿Qué obstáculos tuvo que afrontar la naciente industria textil? ¿Cómo se solventaron?
2. Observa el dibujo de la colonia textil. ¿Por qué se ubicaron las colonias al lado de cauces fluviales? Describe las partes de que constaba una colonia.
3. ¿Qué dos materias primas necesita la industria siderúrgica? ¿Dónde hay minas de ambas en España?
4. Explica las tres fases de la siderurgia española. A continuación, observa el gráfico de la producción siderúrgica y explica su evolución entre 1876 y 1905.

Investiga

5. Consulta en www.tiching.com/53654 la información sobre las colonias textiles de Cataluña. Explica cómo se conseguía la energía necesaria para el funcionamiento de la fábrica y cómo vivían en ellas los obreros y los empresarios. ¿Qué función desempeñan estas colonias en la actualidad?

4 Minería, banca y red ferroviaria

La explotación de la minería

Durante la Revolución Industrial, la demanda de productos mineros en la mayor parte de Europa aumentó considerablemente. España contaba con abundantes minas y su explotación sistemática se inició en 1868 con la aprobación de la **Ley de Minas**.

Como la extracción minera necesitaba gran cantidad de capital, el gobierno optó por otorgar su explotación a **compañías extranjeras**, sobre todo francesas e inglesas. Además, el pago de la concesión ayudaría a disminuir la deuda de la Hacienda española.

Los recursos más importantes del subsuelo español eran el hierro (Málaga, Cantabria y, sobre todo, Bizkaia), el plomo (Cartagena), la hulla y el cinc (Asturias), y el cobre y la pirita (Huelva). El aumento de la producción influyó positivamente en el desarrollo del ferrocarril y de industrias como la naval.

La explotación del carbón, la principal fuente de energía industrial, presentó diversos problemas: el carbón asturiano tenía escaso poder calorífico y, a diferencia del galés, se encontraba a gran profundidad, lo que encarecía su extracción.

La escasa demanda interior de minerales comportó que la mayoría del mineral **se exportase**, y a finales del siglo XIX, el sector minero significaba una tercera parte del total de las exportaciones del país. El hierro vizcaíno se enviaba mayoritariamente al Reino Unido.

YACIMIENTOS MINEROS EN ESPAÑA

La importancia del carbón

¡Carbón, carbón, carbón y siempre carbón es lo que necesitamos ahora! Este combustible ha de ser el elemento de nuestra felicidad, la base de toda nuestra industria (...).

Si hay carbón, hay bombas de vapor, y si hay bombas se hace cuanto se quiere con abundancia, equidad y presteza. La aplicación química del fuego mediante el vapor de agua debe causar antes de dos siglos una revolución extraordinaria en los progresos de la civilización.

G. González Azaola: *Hornaguera y hierro*, 1829.

La banca y las finanzas

A mediados del siglo XIX se inició el proceso de sustitución de las antiguas casas de banca y de préstamos, características del Antiguo Régimen, por un nuevo sistema financiero capaz de hacer frente a las necesidades del capitalismo industrial.

Por un lado, se consolidó una **banca pública**, y el **Banco de España** obtuvo el monopolio de emisión de moneda y la gestión de la deuda pública. En 1868 se creó una nueva moneda oficial, la **peseta** de 100 céntimos, que puso fin a la diversidad de monedas existentes en España hasta aquel momento.

Por otro lado, en el **sector privado** se crearon nuevos bancos como el Banco de Barcelona, el de Santander, el de Bilbao y el de Vizcaya, vinculados a la financiación de los ferrocarriles y del sector minero.

En 1831 comenzó a funcionar la **Bolsa de Madrid** y en 1861 se creó el **Bolsín de Barcelona** con la voluntad de financiar a las empresas con capital privado.

Billete de 500 pesetas emitido por el Banco de España en el año 1884.

Las primeras monedas de peseta tenían la efigie del rey Amadeo de Saboya.

¿QUÉ EFECTOS TUVO LA CONSTRUCCIÓN DEL FERROCARRIL?

La mejora de los sistemas de transporte para estimular el comercio y vertebrar el mercado interior era una de las grandes necesidades de la industrialización española. Por ello se volcaron grandes esperanzas en el ferrocarril, y el Estado dio grandes facilidades a las empresas privadas para que emprendieran su construcción.

Sin embargo, los problemas derivados de su rápida planificación y construcción limitaron el papel del ferrocarril como difusor de la industrialización, aunque es innegable que supuso una gran mejora de la red española de transportes.

Además, el elevado coste de su construcción y la escasez de mercancías y viajeros transportados llevaron a la quiebra en 1866 de muchas compañías ferroviarias.

LOS PROBLEMAS DE LA RED FERROVIARIA

- Consolidó una **estructura radial** de la red que, con centro en Madrid, no favorecía la conexión entre los centros industriales más activos.
- Se eligió un **ancho de vía diferente al de Europa**, justificado en las dificultades del relieve español, que obligaba a transbordar las mercancías en la frontera, encareciendo los costes y aumentando los tiempos de transporte.
- Se autorizó a las compañías ferroviarias a **importar**, libre de aranceles (impuestos), todo el **material** que necesitaban (raíles, locomotoras, vagones...). Ello perjudicó a la naciente industria siderúrgica y metalúrgica española.

LA CONSTRUCCIÓN DE LA RED FERROVIARIA

Inauguración del trayecto Barcelona-Mataró, 1848.

El tendido de la red se inició en 1855 con la aprobación de la **Ley de Ferrocarriles**. Anteriormente solo funcionaban 475 km de líneas férreas, entre ellas las de Barcelona-Mataró (1848) y Madrid-Aranjuez (1851). La gran etapa constructiva se realizó entre 1855 y 1865, y supuso la mayor movilización de capitales en la Bolsa española de su época.

1. ¿Cuándo comenzó a ser importante la explotación minera? ¿Qué zonas eran las más productivas? ¿Cuáles eran las rocas y minerales que se extraían?
2. Lee el texto sobre el carbón. ¿Qué se esperaba de su extracción? ¿Cuál sería su utilidad? ¿Qué consecuencias traería?
3. ¿Por qué era importante la creación de una nueva banca y de una bolsa? ¿Crees que la creación de la peseta facilitó los intercambios? Razona tu respuesta.
4. Observa el mapa sobre el ferrocarril e identifica las diferentes fases de construcción. ¿Qué estructura se dio a la red y qué ancho a las vías? ¿Por qué?
5. Confecciona una tabla comparativa del sector minero y ferroviario con las siguientes filas: leyes importantes, efectos de la legislación, financiación, principales problemas con los que se encontraron y efectos sobre la actividad económica.

5 El cambio social y sus límites

Del privilegio a la clase

Durante el siglo XIX se produjo en España el paso de una sociedad estamental a una sociedad de clases, con unas profundas diferencias entre ellas. A pesar de la transformación social, la **nobleza**, los **altos cargos del ejército** y la **jerarquía eclesiástica** continuaron manteniendo su preeminencia social y una gran influencia política.

A lo largo de la reforma agraria liberal, una parte de la nobleza supo adaptarse a los nuevos tiempos y conservar la propiedad de la tierra. Sin embargo, también se produjo la decadencia de algunas de las grandes familias terratenientes, que fueron incapaces de mantener su patrimonio y tuvieron que venderlo.

La burguesía aumentó durante el siglo XIX, pero el retraso industrial comportó que fuera más escasa y con menos poder político que en otros países de Europa.

La **alta burguesía** estaba compuesta por empresarios industriales, banqueros y grandes comerciantes. La **mediana y pequeña burguesía** incluía a los pequeños empresarios, comerciantes y profesionales liberales (abogados, médicos, arquitectos...), a los funcionarios y empleados del Estado y a los profesores universitarios.

Las clases populares

La mayoría de la población española, unos dos tercios, eran **campesinos**, pero su situación era diferente según las regiones. En la mitad Norte predominaba la pequeña y mediana propiedad, y en la mitad Sur, los grandes latifundios trabajados por jornaleros.

En el primer caso, algunas explotaciones eran tan pequeñas que apenas garantizaban la subsistencia familiar. En el segundo, los bajos jornales abocaban a la miseria a las familias campesinas. Tan solo en algunas zonas, como Cataluña y Valencia, existía una mediana propiedad, que especializó sus cultivos (vino, cítricos...) y permitió la mejora de las condiciones de los campesinos.

La industrialización comportó el surgimiento del **proletariado industrial** compuesto por antiguos artesanos y emigrantes del campo. Tuvo mayor peso en las zonas que concentraban a la población fabril, en especial Cataluña, el País Vasco, Asturias y Madrid.

En las ciudades pervivió un gran número de **artesanos** que subsistían en sus pequeños talleres hasta que la competencia de las fábricas les fue obligando a cerrar sus negocios. También existían trabajadores de servicios (limpieza, alumbrado…), empleados de comercio y trabajadores domésticos.

Contrariamente a la mujer burguesa, que se dedicaba al cuidado del hogar y la familia, las **mujeres de las clases populares** trabajaban fuera del hogar porque su salario era imprescindible para la supervivencia familiar. En el campo, participaban de las labores agrícolas, y en las ciudades trabajaban en las fábricas o se empleaban en el servicio doméstico (criadas, planchadoras, lavanderas…).

Antonio GISBERT: *El minué*, 1900. La nobleza continuaba manteniendo sus costumbres refinadas de antaño.

LA SOCIEDAD ESPAÑOLA HACIA 1860

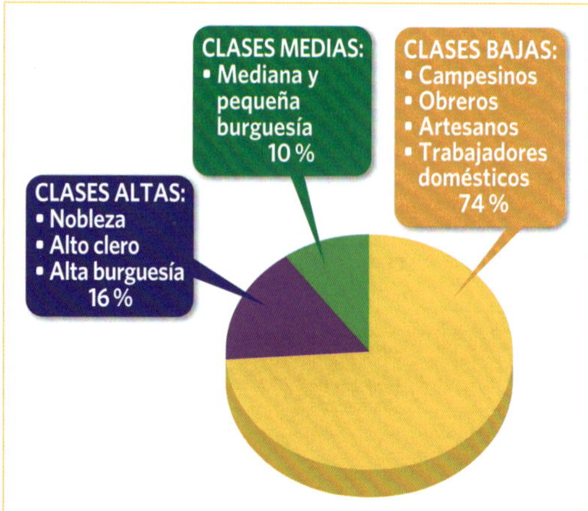

Gonzalo BILBAO: *La siega en Andalucía*, 1894. La escena refleja el esfuerzo y la fatiga de los trabajadores bajo el sofocante sol del verano.

EL LIMITADO AVANCE DE LA EDUCACIÓN

El avance de la educación constituyó uno de los grandes indicadores de progreso en las sociedades más avanzadas. También en eso, España sufrió un retraso en comparación a otros países europeos.

A mediados del siglo XIX, el acceso a la enseñanza estaba reservado a las clases acomodadas y la mayoría de la sociedad española no sabía leer ni escribir.

La primera iniciativa para ampliar la educación fue la **Ley Moyano** de 1857, pero chocó con graves limitaciones presupuestarias, ya que el Estado apenas invertía en educación. Esta legislación estipuló tres niveles de enseñanza y estableció la enseñanza privada y la pública, que debía financiarse con recursos del Estado.

A pesar del progreso que significó esta ley, en 1887, el 52% de los varones mayores de 10 años y el 77% de las mujeres seguían siendo analfabetos.

LOS TRES NIVELES EDUCATIVOS

- La **enseñanza primaria** dependía de los ayuntamientos y era obligatoria y de carácter gratuito para ambos sexos entre los 6 y los 9 años. A pesar de ello, la escolarización de los niños era muy superior a la de las niñas, pues no se consideraba necesaria su alfabetización.
- La **enseñanza secundaria** dependía de la provincia y en cada capital se construyó un instituto público. Sin embargo, solo accedían a ella las familias con recursos. Las mujeres tuvieron vetado el acceso, salvo contadas excepciones, hasta 1883.
- La **enseñanza superior** dependía del Estado, era muy centralista y existían pocas universidades. El grado de doctor solo se podía lograr en la Universidad Central de Madrid.

La enseñanza primaria proporcionaba unos conocimientos básicos a niños y niñas que pronto se incorporaban al trabajo en el campo o la industria.

La reforma educativa de Moyano

La primera enseñanza comprende las nociones rudimentales de más general aplicación a los usos de la vida. La segunda enseñanza comprende los conocimientos que amplían la primera y también preparan para el ingreso al estudio de las carreras superiores. La enseñanza superior comprende las que habilitan para el ejercicio de determinadas profesiones.

Ley de Instrucción Pública, 1857.

La Institución Libre de Enseñanza

A mediados del siglo XIX se introdujo en España una corriente filosófica alemana, el krausismo, basada en el racionalismo y el laicismo como base de la enseñanza.

La adopción de su modelo educativo se debió a Francisco Giner de los Ríos, quien en 1876 inauguró la Institución Libre de Enseñanza.

La institución fomentó un nuevo modelo escolar basado en el conocimiento científico, la libertad de creencias y pensamientos y la formación integral de los estudiantes.

Aula de educación primaria en 1903.

1. ¿Cuáles fueron las clases dirigentes en la España del siglo XIX? ¿Qué características presentaban?
2. Observa el gráfico de la sociedad española hacia 1860. ¿Cómo se distribuían los diferentes grupos sociales?
3. ¿Qué grupos componían las clases populares? ¿Cuál era el mayoritario? ¿Por qué?
4. ¿Por qué en España el desarrollo de la burguesía y del proletariado fue menor que en otros países europeos?
5. Visto el paso de una sociedad estamental a otra de clases, ¿por qué hablamos de los límites del cambio social?
6. ¿Cómo estructuraba la enseñanza la Ley Moyano? ¿Cuáles fueron sus aportaciones y limitaciones? ¿Qué semejanzas y diferencias puedes establecer con la educación actual?
7. ¿Qué nueva corriente de pensamiento introdujo en España un modelo educativo más innovador? ¿En qué consistió? ¿Quién fue la figura clave de este proceso?

Los pioneros del movimiento obrero

Ante las duras condiciones de vida y trabajo que sufrían, los trabajadores de las fábricas se asociaron para luchar por la mejora de su situación y para proponer formas más igualitarias de organización social. Ellos fueron los pioneros del movimiento obrero.

El obrerismo tuvo mayor impacto en las zonas más industrializadas, como Cataluña, el País Vasco, Asturias y Madrid.

En las zonas de predominio agrario se desarrollaron movimientos campesinos en demanda de un reparto más equitativo de las tierras, y fueron especialmente importantes en Andalucía.

Entre ambos sectores se difundieron las ideas del marxismo y el anarquismo, pero este último fue el que logró un mayor grado de implantación.

A LAS PRIMERAS ASOCIACIONES OBRERAS

Las primeras protestas de la nueva clase trabajadora en España tuvieron un carácter ludita y consistieron en la destrucción de máquinas de hilar. Así sucedió en Alcoy en 1821 y en el incendio de la fábrica Bonaplata de Barcelona (1835), que había introducido una máquina de vapor.

Paralelamente, se crearon las primeras asociaciones de obreros para defender sus demandas (mejoras salariales, reducción del horario laboral, regulación del trabajo de mujeres y niños y derecho a asociarse).

En 1840 se fundó la **Asociación de Tejedores de Barcelona**, una primera organización de carácter sindical, que fue clausurada por estar prohibidas las asociaciones de obreros.

La **huelga** se configuró como el principal instrumento de presión sobre los patronos. La primera huelga general tuvo lugar en 1855, en Barcelona, como reacción a la introducción de nuevas máquinas que quitaban puestos de trabajo a los obreros y reducían sus salarios.

Lámina conmemorativa de la fundación de la Asociación de Tejedores de Barcelona en 1840.

B LAS REVUELTAS CAMPESINAS

Jornaleros detenidos en la cárcel de Jerez por haber participado en una revuelta campesina, a finales del siglo XIX.

Los efectos de la reforma agraria liberal condenaron a muchos pequeños labradores a la condición de **jornaleros**, sometidos a bajos salarios y a la temporalidad del trabajo.

Las frecuentes crisis originadas por la escasez de trigo, el aumento del precio del pan, la extensión del hambre y la imposibilidad de pagar los impuestos provocaron el surgimiento de protestas campesinas, que se concretaron en el robo de cosechas o la ocupación de tierras para cultivarlas.

Una de las protestas de mayor impacto se desarrolló en 1861 en las poblaciones andaluzas de Loja, Iznájar y Archidona, debido a las pésimas condiciones de vida de los trabajadores del campo.

La concienciación entre algunos grupos católicos de las consecuencias sociales de la industrialización estimuló la creación de pequeños **sindicatos católicos** en zonas rurales para ayudar a los campesinos y fomentar el crédito agrícola.

C LA LLEGADA DE LA PRIMERA INTERNACIONAL

Coincidiendo con el Sexenio Revolucionario, llegaron a España las ideas y organizaciones de la Asociación Internacional de Trabajadores (AIT), y en 1870 se creó la **Federación Española de la Primera Internacional**.

De este modo, las corrientes marxistas y anarquistas se introdujeron en España. El socialismo arraigó con fuerza en Madrid, Asturias y el País Vasco, mientras que el anarquismo lo hacía en Cataluña y en el campo andaluz.

Grabado de 1870 que muestra cómo la Internacional acabaría con las clases privilegiadas.

MARXISMO

- Se difundió gracias a la labor de propaganda de Paul Lafargue, yerno de Marx.
- Su influencia se propagó sobre diversos grupos obreros, de donde surgieron en 1879 el **Partido Socialista Obrero Español** y, en 1888, el sindicato de la **Unión General de Trabajadores** (**UGT**).
- Bajo el liderazgo de **Pablo Iglesias**, utilizaron la huelga para defender las reivindicaciones obreras, apoyaron la revolución social y participaron de forma activa en la política nacional a través de sus representantes en el Congreso de los Diputados.

Publicación conmemorativa del Primero de Mayo, 1896.

ANARQUISMO

- Introducido por Giuseppe Fanelli, consiguió ser mayoritario dentro de la sección española de la Internacional.
- Los anarquistas apoyaron la huelga general como fórmula para promover la revolución social y defendieron la "propaganda por el hecho" a través de magnicidios (Cánovas del Castillo) o atentados simbólicos (bomba del Liceo de Barcelona).
- En Andalucía se creó la Mano Negra, una sociedad anarquista andaluza (1883), y en Barcelona, en 1910, se fundó la **Confederación Nacional del Trabajo** (**CNT**), el sindicato obrero con mayor número de afiliados.

Los objetivos del socialismo

El ideal del Partido Socialista Obrero es (...) la abolición de todas las clases sociales y su conversión en una sola clase de trabajadores, dueños del fruto de su trabajo (...). Y como medios para acercarnos a la realización de este ideal tenemos los siguientes:

- Libertades políticas, derecho de asociación y legalidad de la huelga.
- Reducción de las horas de trabajo, prohibición de trabajar a los niños menores de nueve años (...), leyes protectoras de la vida y la salud de los trabajadores (...), pensiones a los inválidos del trabajo (...).

Programa del PSOE, 1888.

1. ¿Qué formas adoptaron las primeras acciones colectivas del movimiento obrero? ¿Cuáles fueron sus principales reivindicaciones?
2. ¿Cuáles fueron las causas de las luchas campesinas? ¿Qué actuaciones llevaron a cabo?
3. ¿Cómo se difundieron en España las ideas socialistas y anarquistas? ¿Dónde tuvo mayor impacto cada una de ellas? ¿Qué diferentes caminos de acción desarrollaron los grupos socialistas y anarquistas?

Ponte en su lugar

4. Imagina que eres un trabajador de una fábrica textil y vas a reunir al resto de tus compañeros para debatir sobre la dureza de vuestras condiciones laborales y salariales.

   Elabora una tabla de reivindicaciones y señala qué acciones podríais llevar a cabo para presionar a los propietarios de la fábrica.

7 El arte del siglo XIX en España

Los movimientos artísticos del siglo XIX mostraron los últimos intentos de recuperar la tradición clásica grecorromana (Neoclasicismo) y las nuevas tendencias de la sociedad liberal (Romanticismo, Realismo y Modernismo), que reflejaban el nuevo gusto de la burguesía.

Los artistas españoles no se mantuvieron ajenos a este dinamismo y participaron de todas estas corrientes. Entre ellas, el Modernismo supuso la plasmación artística de la nueva civilización nacida de la industria.

A EL NEOCLASICISMO

La huella neoclásica quedó patente en los grandes monumentos públicos que conmemoraban acontecimientos notables de la historia de España y en el tratamiento de temas mitológicos, una tendencia continuada por el Romanticismo y el Realismo.

La obra *Lucrecia* (1804) de Damià Campeny es un perfecto ejemplo de la recreación de la escultura clásica.

B LOS MOVIMIENTOS PICTÓRICOS

La pintura española del siglo XIX refleja las grandes corrientes artísticas europeas y en ellas destacaron numerosos artistas:

- **Neoclásica**: liderada por José de Madrazo y continuada en parte por su hijo Federico, se dedica, sobre todo, al retrato de personajes de la sociedad de su época.
- **Romántica**: en la línea de la pintura de historia con la exaltación de la identidad nacional. Las figuras más destacadas son Eduardo Rosales y Mariano Fortuny.
- **Realista**: con una tendencia de retrato social (Ramón Martí Alsina) y otra paisajística en la que sobresalen Carlos de Haes y Joaquim Vayreda.
- **Modernista**: con un estilo a base de líneas onduladas y contrastes de color unidos a la temática social, tratada por autores como Ramón Casas, Santiago Rusiñol e Isidre Nonell.

Carlos DE HAES: *Tejares de la montaña del Príncipe Pío*, 1860.

Mariano FORTUNY: *La batalla de Tetuán*, 1865. El pintor se interesa más en captar el aspecto exótico de la batalla que la acción bélica.

C LA ARQUITECTURA MODERNISTA

El modernismo supuso la ruptura definitiva con la tradición academicista, el aprovechamiento de la tecnología y la industria de la época y la integración de las otras artes en las construcciones arquitectónicas.

En los edificios modernistas se impuso el predominio de la **línea curva y ondulada** y de la **asimetría**. Estas formas estaban inspiradas esencialmente en la naturaleza, cuya imitación permitió a los arquitectos gozar de absoluta **libertad creativa**.

El Modernismo tuvo su principal foco en Cataluña. Destacaron Domènech y Montaner, Puig y Cadafalch y, sobre todo, **Antoni Gaudí**.

CASA BATLLÓ

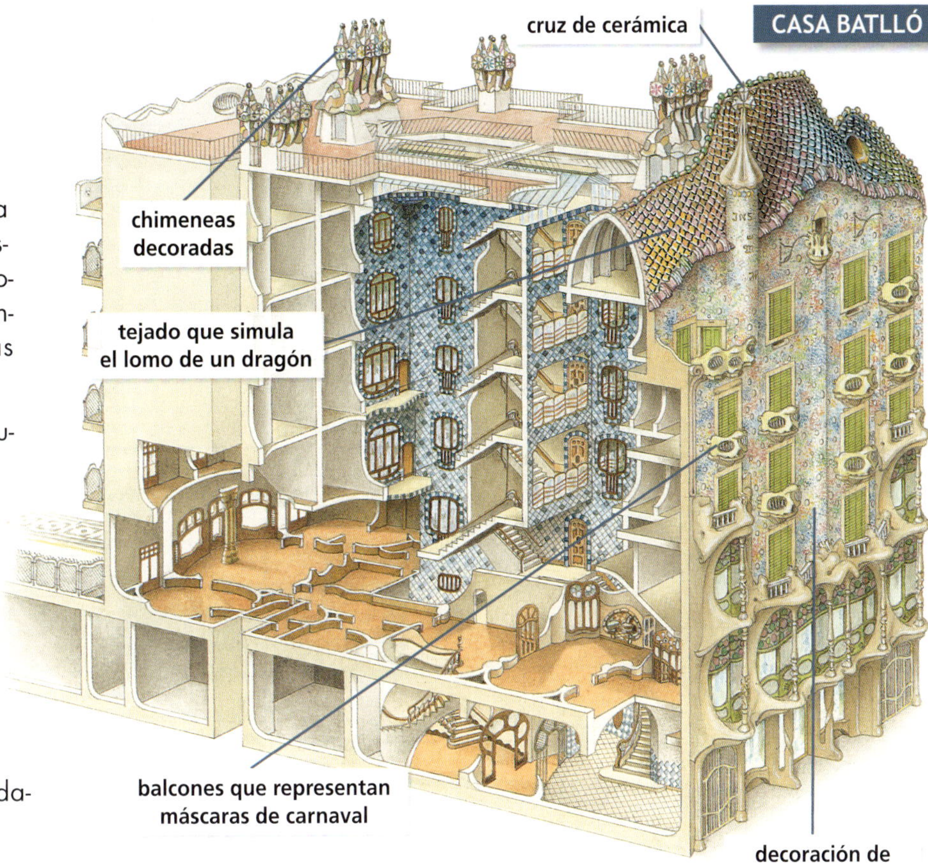

Antoni GAUDÍ: *Casa Batlló*, en Barcelona, 1904-1906. El arquitecto se inspiró en la naturaleza para representar las distintas partes del edificio.

Antoni GAUDÍ: *El Capricho*, en Comillas (Cantabria), 1885. Este edificio es un buen ejemplo de su gran capacidad de fantasía.

FICHAARTE

Busca información sobre *El Capricho* y elabora su ficha:

a) **Identificación.** Sitúa cronológica y geográficamente el monumento. ¿A qué estilo arquitectónico pertenece? ¿Quién es su autor?

b) **Descripción arquitectónica.** ¿Qué partes se pueden diferenciar en el edificio? ¿Cómo son las formas y la decoración? ¿Qué materiales utiliza?

c) **Análisis artístico.** Ejemplifica en esta obra por qué el modernismo se caracteriza por la "libertad creativa" de sus arquitectos.

d) **Relación entre arte y sociedad.** Averigua la relación de esta obra con la familia Comillas-Güell. ¿Cómo habían hecho fortuna? ¿A qué grupo social pertenecían? ¿Qué encargos recibió Antoni Gaudí de esta familia?

1. ¿Qué corrientes artísticas se desarrollaron durante el siglo XIX?
2. ¿Qué temas predominaron en la escultura?
3. Completa en tu cuaderno la siguiente tabla referida a la pintura:

Estilo	Temas	Artistas
Neoclasicismo	...	...
Romanticismo	...	...
Realismo	...	...
Modernismo	...	...

Aprecia el arte

4. A la vista de las obras de Gaudí, ¿qué te parece que hace diferente a su arte? Piensa tres adjetivos que puedas utilizar para definir cómo es la Casa Batlló.

COMPLETA EL MAPA CONCEPTUAL

Con la información del tema, completa en tu cuaderno el siguiente esquema:

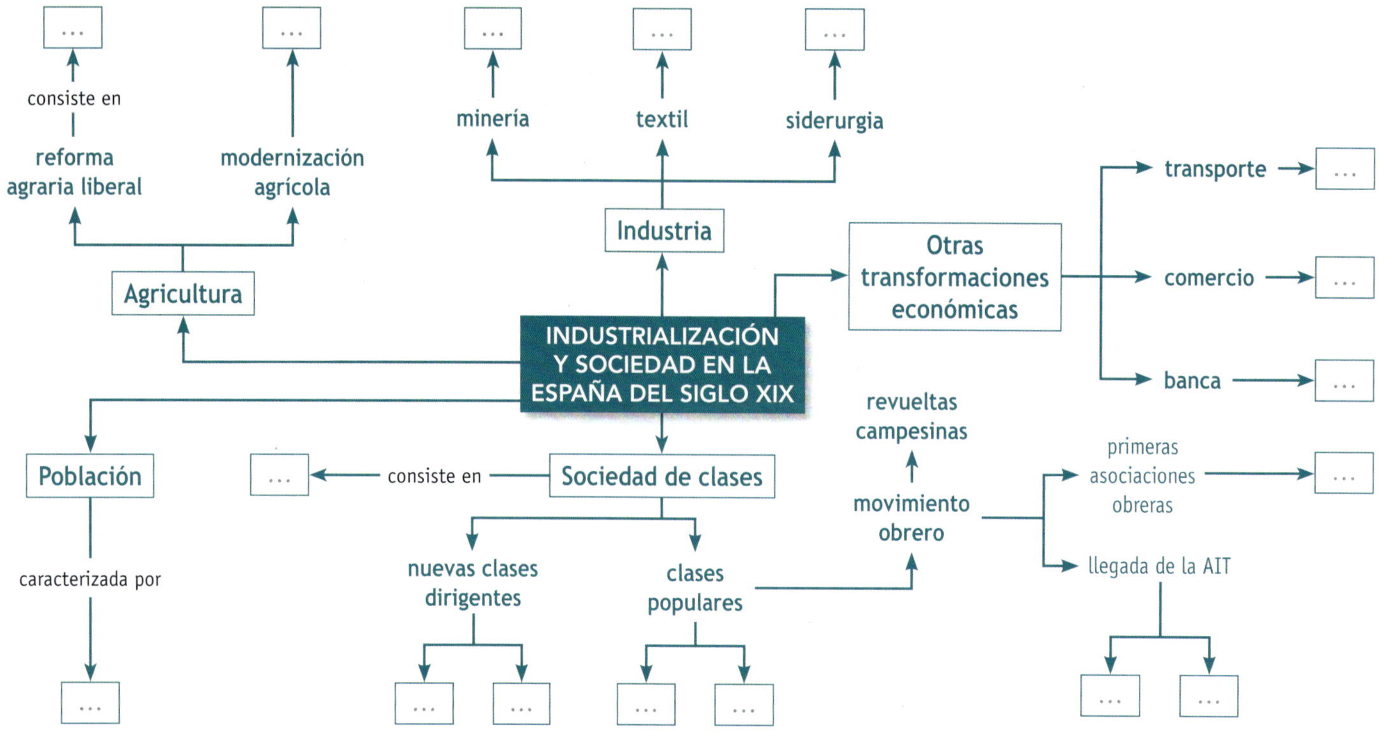

1 CONSOLIDA LO APRENDIDO

a) ¿Qué evolución siguió la población española durante el siglo XIX? ¿De qué manera se distribuía la población?

b) ¿Qué elementos integran la reforma agraria liberal? ¿En qué consistió la desamortización? ¿Qué consecuencias económicas y sociales tuvo?

c) ¿Cómo se produjo el nacimiento de las industrias textil y siderúrgica? ¿Dónde se ubicaron? ¿Qué problemas hubo de afrontar cada una de ellas?

d) A la vista de la industrialización española, ¿es posible hablar de éxito o de fracaso? ¿Qué argumentos apoyan cada explicación?

e) ¿Era España un país rico en materias primas y fuentes de energía? Cita las minas más importantes. ¿Quiénes explotaron las minas? ¿Cuál era el destino de las extracciones?

f) ¿Cómo era la sociedad del siglo XIX? ¿Cuáles eran los grupos dominantes? ¿Quiénes componían las clases populares?

g) ¿Qué corrientes del movimiento obrero fueron las más importantes a partir de 1870? ¿En qué zonas tuvo mayor implantación cada una?

2 DEFINE CONCEPTOS CLAVE

- éxodo rural
- proteccionismo
- deuda pública
- desamortización
- colonia industrial
- librecambismo
- sindicato obrero
- latifundio

3 IDENTIFICA LOS PERSONAJES

- Mendizábal
- Pablo Iglesias
- Gaudí
- Madoz
- Fanelli
- Rusiñol
- Moyano
- Fortuny
- Rosales

4 ESTABLECE LA CRONOLOGÍA

- desamortización de Madoz
- incendio fábrica Bonaplata
- Ley de Ferrocarriles
- fundación de la UGT
- primera huelga general
- sucesos de Loja
- fundación del PSOE
- creación de la peseta

RESPONDE A LA PREGUNTA INICIAL

¿Cuáles fueron los logros y los problemas de la industrialización en España?

APRENDE A... ANALIZAR UN ENSANCHE URBANO

Durante el siglo XIX, el crecimiento industrial y la llegada de población procedente del campo hicieron que el antiguo perímetro de las ciudades quedase pequeño. La expansión se realizó derribando las antiguas murallas y construyendo nuevos barrios, denominados ensanches, con calles más anchas y dotados de buenas infraestructuras (agua corriente, alcantarillado...). En ellos se instalaron las nuevas clases burguesas.

1. Identificación y presentación

- ¿Qué información presenta el plano? ¿Qué pretende mostrar?

2. Análisis

- Explica cómo se realizó el crecimiento de Madrid en el siglo XIX. Enumera los distintos barrios que se construyeron.
- Analiza las características de esos nuevos ensanches:
  - ¿Cómo eran las manzanas? ¿Existían algunos ejes en diferentes direcciones?
  - ¿Qué diferencias en el trazado urbano puedes observar entre el casco antiguo y los ensanches?

3. Contexto histórico

- ¿Por qué fue necesario crear nuevos barrios urbanos? ¿Qué se pretendía con su construcción?
- Averigua quién fue el autor de este proyecto y si existieron otros similares en España durante esa época.

4. Conclusiones

- ¿Qué ventajas debía presentar un ensanche en cuanto a circulación de personas y mercancías?
- ¿Cuáles debían ser los efectos en materia de vivienda? ¿Qué otras infraestructuras se construyeron en ellos?

MADRID EN EL SIGLO XIX

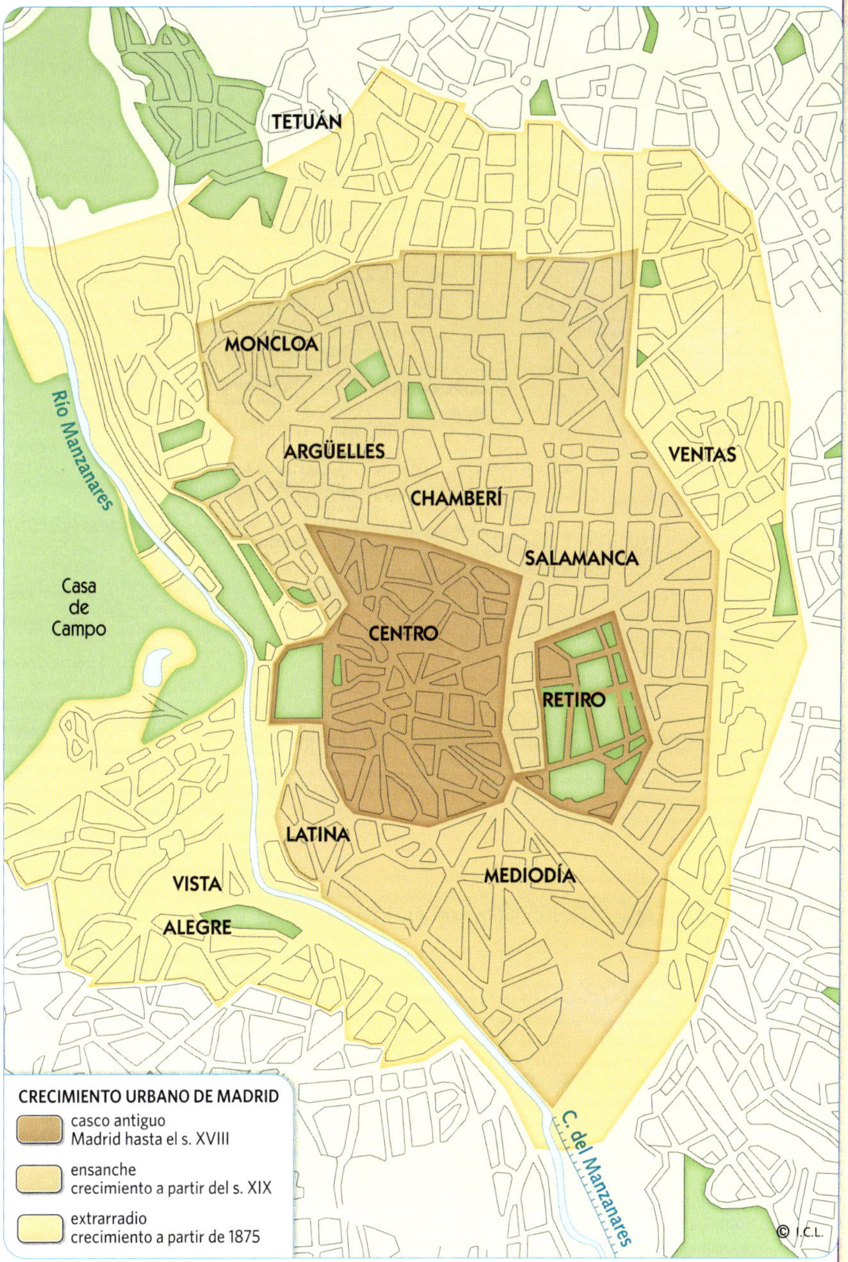

RAZONA HISTÓRICAMENTE

Causalidad. Enumera cinco factores que contribuyeron al retraso de la industrialización en España y describe cómo influyeron en ello.

Consecuencias. Establece las ventajas y los inconvenientes que se derivaron del constante recurso al proteccionismo para proteger la industria y la minería españolas.

Cambio y continuidad. ¿Qué similitudes y diferencias puedes establecer entre la sociedad estamental del siglo XVIII y la sociedad de clases nacida de la Revolución Industrial?

Argumentación. ¿Por qué crees que el anarquismo se impuso en Andalucía y en Cataluña a pesar de que ambas zonas tenían estructuras sociales y económicas muy diferentes?

1 Fuentes cartográficas. La economía española en el siglo XIX

DISTRIBUCIÓN TERRITORIAL DE LA ACTIVIDAD ECONÓMICA

a) ¿Cuáles eran las principales zonas agrícolas de España? ¿Qué productos se cultivaban en cada una de ellas?

b) ¿Dónde se situaban las minas más importantes? ¿Cuáles eran los principales productos extraídos? ¿Cuáles se exportaban mayoritariamente?

c) ¿Por qué tuvo tanta importancia la exportación de minerales?

d) ¿Qué regiones se hallaban más industrializadas? ¿Qué sector predominaba en cada una de ellas?

e) ¿Cuáles eran las ciudades más pobladas? ¿Y los principales centros financieros? Relaciónalo con la actividad económica de la época.

f) ¿Crees que en la España del siglo XIX existía un dualismo económico? Razona tu respuesta.

2 Fuentes gráficas. El peso de la industria en la economía española

DISTRIBUCIÓN SECTORIAL DE LA INDUSTRIA EN 1900

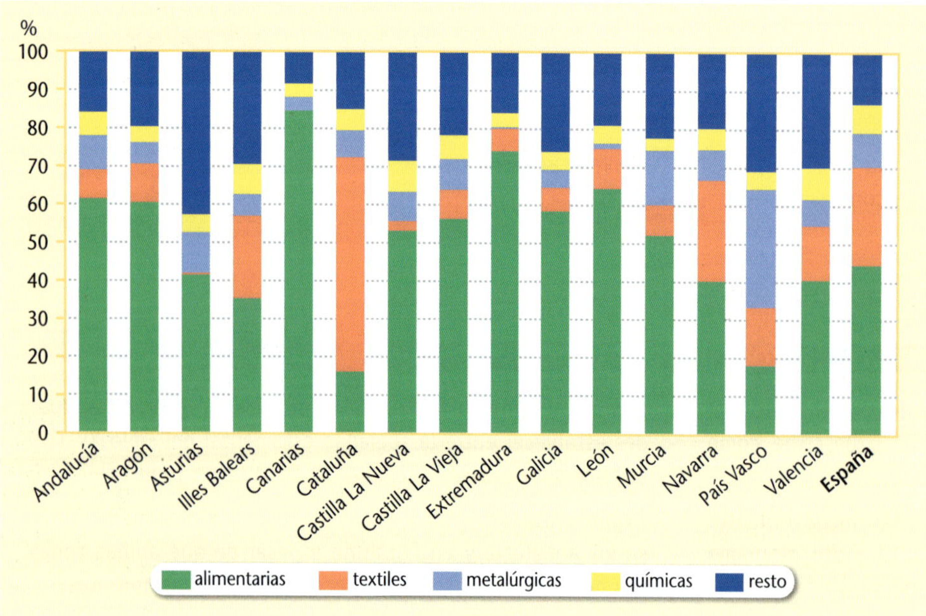

a) ¿Cuál era el sector industrial predominante en la mayor parte de España? ¿Qué porcentaje tenía? ¿Se trataba de una industria tradicional o de un sector puntero de la Revolución Industrial?

b) ¿En qué regiones predominaba otro sector industrial? ¿Qué sectores eran? ¿Qué porcentaje de su industria representaban?

c) ¿Puedes deducir del gráfico en qué regiones el predominio de la agricultura era muy importante? ¿Cómo lo has deducido?

d) A partir del gráfico, haz una valoración del peso de la industria en la economía española del siglo XIX y relaciónalo con el atraso del proceso industrializador.

3 Organización de la información. El retraso industrial

a) Observa el esquema y sintetiza y relaciona los factores que explican la débil industrialización de España durante el siglo XIX.

4 Fuentes documentales. El trabajo en las minas

Los pobres mineros se ven diariamente atacados, en gran número, por las dolencias que ocasiona el trabajo en las minas de azogue, como son el tialismo, producido por respirar gases mercúricos, y el temblor que padecen casi todos los que entran en la mina.

Ambas enfermedades ocasionan terribles estragos; por primera vez se ven jóvenes de 20 a 30 años sin dientes, con un hedor insoportable en la boca, y los atacados de la segunda lo son a veces con tal fuerza que es preciso darles de comer a mano.

Pascual MADOZ: *Diccionario histórico*, 1850.

a) ¿Qué son las minas de azogue? ¿Qué producen?

b) ¿Qué enfermedades solían contraer los mineros? ¿Por qué razón?

c) ¿Cuáles eran las consecuencias sobre los jóvenes?

d) ¿Cuál crees que es la intención de Madoz al denunciar estos hechos? ¿Consideras que se tomaron en aquella época medidas para paliar esos daños? ¿Por qué?

WWW. ESPACIO WEB

5 Fuentes digitales. La mujer obrera

La industrialización significó la incorporación al trabajo asalariado de centenares de miles de mujeres de la clase obrera. Para conocer más a fondo esa situación, consulta la monografía *Mujer y trabajo* en www.tiching.com/53363 y responde:

a) ¿En qué ámbitos trabajaba la mujer antes de la industrialización?

b) ¿A qué sectores se incorporó a partir del siglo XVIII?

c) ¿Qué tipo de actividades desarrollaba en las primeras fábricas?

d) ¿La mujer cobraba el mismo sueldo que el hombre? ¿Por qué?

e) ¿Con qué problemas tuvo que enfrentarse?

6 Fuentes audiovisuales. La vivienda burguesa

Visiona en www.tiching.com/743935 el vídeo de una vivienda burguesa y contesta las preguntas siguientes:

a) ¿De qué eran reflejo las casas del siglo XIX?

b) Analiza la estratificación social de la vivienda:

- ¿A qué estaban dedicadas las plantas bajas?
- ¿Quién habitaba el primer piso o principal? ¿Por qué? ¿Qué características tenía?
- ¿Quién vivía en los pisos superiores? ¿Y en la buhardilla, situada en el último piso?
- Explica qué diferencias observas entre cada planta.

RETOS EN LA RED

DETECTIVE DEL PASADO: Un paseo por las tierras de los bandoleros.
ACTIVIDADES AUTOCORRECTIVAS: Resuelve estas actividades y repasa lo que has aprendido.

www.vvd.link/012271/5

6 LA ÉPOCA DEL IMPERIALISMO

¿Qué características tuvo la expansión imperialista europea del siglo XIX?

EXPANSIÓN COLONIAL | **APOGEO IMPERIALISTA**

1850 · 1860 · 1870 · 1880 · 1890 · 1900 · 1910

- **1850** Apertura de China
- **1856 1860** Segunda guerra del opio
- **1858** Expedición de Livingston (Cataratas Victoria)
- **1860** Descubrimiento de las fuentes del Nilo
- **1867** Modernización de Japón. Canadá, dominio británico
- **1869** Inauguración del Canal de Suez
- **1869** Dinamo
- **1875** Expedición de Stanley (África Central)
- **1876** Teléfono
- **1877** Victoria I, emperatriz de la India
- **1880** Máxima emigración europea. Conflicto anglo-bóer
- **1885** Conferencia de Berlín
- Motor de explosión
- **1887** Indochina francesa
- **1895** Cinematógrafo
- **1897** Transformador
- **1898** Anexiones estadounidenses: Puerto Rico, Filipinas, Hawai. Incidente de Fachoda
- **1899** Rebelión de los bóxers
- **1903** Taylorismo. 1.er vuelo de los hermanos Wright
- **1905** Guerra Ruso-Japonesa por Manchuria
- **1914** Apertura del Canal de Panamá

SEGUNDA REVOLUCIÓN INDUSTRIAL

Grabado que muestra la conquista de Argel por parte de los franceses, 1830.

A partir del último tercio del siglo XIX, una Segunda Revolución Industrial transformó a la vez la economía y la sociedad de las principales potencias europeas.

La aplicación de importantes descubrimientos científicos y técnicos, una nueva organización del trabajo y nuevas fórmulas empresariales permitieron un espectacular desarrollo de la producción, el comercio y los transportes.

Aprovechando su superioridad técnica, militar y financiera, Europa se lanzó al dominio político y económico del resto del mundo.

Mediante esta expansión, algunos países europeos consiguieron, por un lado, la explotación de los recursos de África, América Latina y Asia y, por otro, la dominación política de gran parte de estos continentes.

¿Qué sabemos?

- ¿Qué fue la Segunda Revolución Industrial? ¿Qué novedades presentó?
- ¿Cómo definirías el término imperialismo? ¿Por qué crees que lo aplicamos a la dominación del mundo a finales del siglo XIX por parte de las potencias industriales?

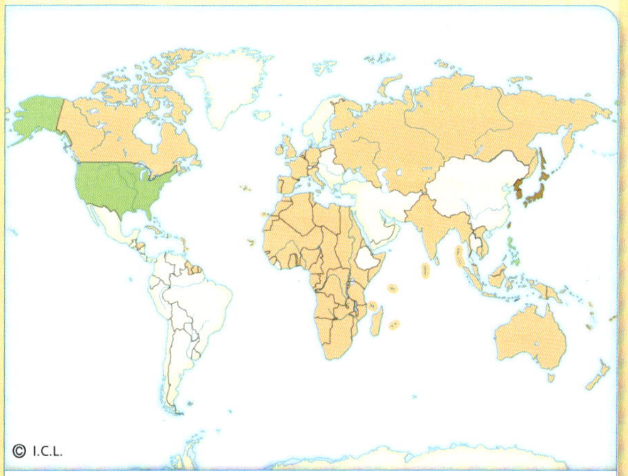

EL COLONIALISMO EN EL SIGLO XIX

potencias europeas y sus posesiones | Estados Unidos | Japón

1 PREGUNTA CLAVE

¿Por qué se produjo la expansión imperialista?

Los países europeos, aprovechando su superioridad económica, técnica y militar, se lanzaron al dominio del resto del mundo, especialmente a zonas sin Estados organizados. Entre 1870 y 1914 ocuparon territorios en África y Asia principalmente, y crearon imperios coloniales.

¿Qué llevó a los países industrializados a lanzarse a conquistar y dominar territorios en el mundo entero?

¿Cómo justificaron estos países el dominio y la explotación a que sometieron a las poblaciones de los territorios colonizados?

A LOS INTERESES ECONÓMICOS

Los países industrializados de Europa necesitaban buscar **nuevos mercados** donde vender el excedente de su producción industrial.

También aspiraban a comprar **materias primas** (carbón, hierro, algodón, caucho...) y **productos coloniales** (azúcar, chocolate, té...) al mejor precio posible.

Finalmente, querían invertir sus **excedentes de capital** en lugares fuera de Europa, donde la mano de obra, más barata, les permitía obtener mayores beneficios.

Representación de las riquezas de las diversas colonias del Imperio francés en una pintura de 1931.

EL PESO DE EUROPA EN 1914

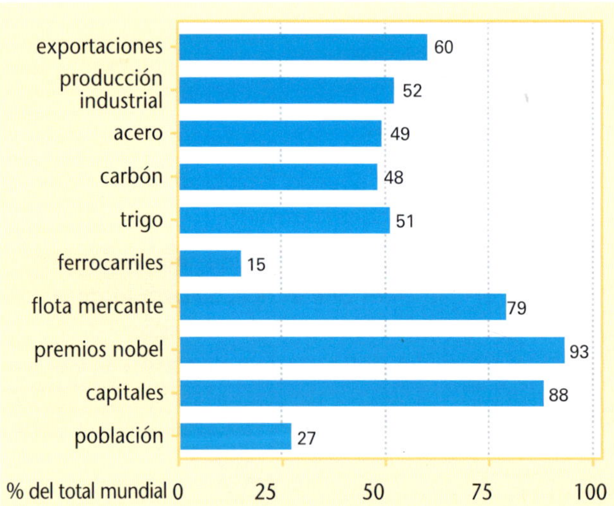

La necesidad económica de la explotación colonial

Ayer estuve en el East End de Londres (un barrio obrero) y asistí a una asamblea de parados. Escuché discursos exaltados que eran como un grito: ¡pan! ¡pan! De regreso a casa reflexioné sobre lo que había oído, más que nunca convencido de la importancia del imperialismo. (...) Hemos de tomar posesión de nuevos territorios para colocar el exceso de población, para encontrar nuevos mercados donde poder vender los productos de nuestras fábricas y minas. (...)

Cecil RHODES, empresario y político británico, 1895.

B UNA POBLACIÓN EN ASCENSO

Los cambios económicos a lo largo del siglo XIX dieron como resultado un gran **aumento de la población europea**, que alcanzó los 450 millones de habitantes en 1900.

Esta expansión demográfica generó un volumen de población excedente, sobre todo en la agricultura, que estimuló la **emigración** hacia otros continentes. La posibilidad de contar con colonias hacia las que emigrar era una solución para las metrópolis* que así evitaban, en parte, los problemas de malestar social (paro, huelgas...).

EL CRECIMIENTO DE LA POBLACIÓN

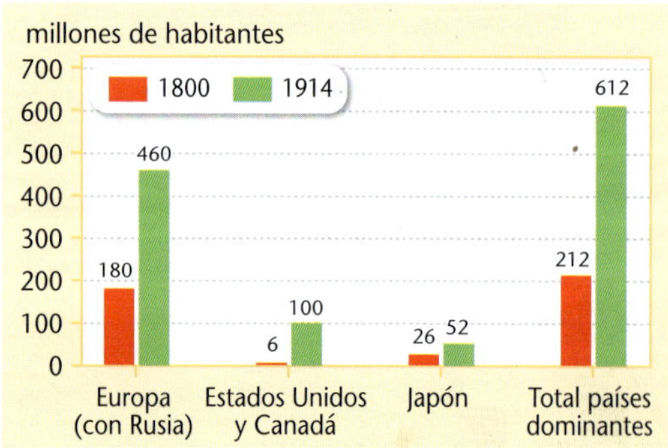

C LA RIVALIDAD ENTRE LAS POTENCIAS

La expansión imperialista estuvo también provocada por el deseo de **ampliar las zonas de influencia** de cada una de las potencias industriales, como forma de aumentar su poder político y de obstaculizar la expansión de las potencias competidoras.

En Europa, a partir de la unificación de Italia y de Alemania, que estabilizó las fronteras, los deseos de los países de ampliar su poder político solo podían hacerse realidad ocupando otros continentes. Los imperios coloniales eran la demostración de su capacidad de influencia en el contexto diplomático internacional.

Todo ello promovió una **carrera por controlar nuevos territorios**. Los principales dirigentes políticos europeos consideraron la expansión colonial como una necesidad, pues querían utilizarla como base estratégica de su poder militar y para tratar de impedir la expansión de sus rivales.

En busca de influencia internacional

Yo afirmo que la política colonial de Francia (...) está inspirada en una verdad (...) A saber: que una Marina como la nuestra no puede pasearse por los mares sin sólidos refugios, defensas, centros de avituallamiento (...). Las naciones, en los tiempos en que vivimos, son grandes por la actividad que desarrollan (...).

Ejercer una influencia sin actuar, sin mezclarse en los asuntos del mundo, manteniéndose alejados de todas las alianzas europeas, considerando como una trampa, como una aventura, toda expansión hacia África o hacia Oriente (...) para una gran nación, creedme, es abdicar.

Jules FERRY, político francés, 1885.

Cartel de propaganda del ejército colonial francés.

D EL MITO DE LA RAZA SUPERIOR

Las causas profundas del imperialismo* son incomprensibles sin las **concepciones racistas y nacionalistas**. La idea de una raza blanca superior, cuyos atributos de inteligencia y laboriosidad la legitimaban para imponerse sobre el resto, se dio como un hecho, es más, como una verdad científica en casi todos los países europeos.

Filósofos, científicos, escritores y políticos suscribieron sin rubor esa idea y arrastraron tras ellos a gran parte de la población. Asimismo, se impuso la idea de que para ejercer ese dominio legítimo, todos los medios eran válidos, incluso el de la guerra.

Era considerada una manera de reafirmar la fuerza y la superioridad cultural de cada país. De ese modo, se extendió el convencimiento de que los europeos tenían el deber de difundir su cultura y civilización entre los pueblos considerados inferiores.

Las razas dominantes

Es la británica la más grande de las razas dominantes que el mundo ha conocido y, por consiguiente, el poder determinante en la historia de la civilización universal. (...) El Imperio británico, firmemente unido, y Estados Unidos deben asegurar juntos la paz del mundo y asumir la pesada responsabilidad de educar para la civilización a los pueblos retrasados.

Joseph CHAMBERLAIN, ministro británico, 1895.

Las potencias occidentales tutelan a los pueblos colonizados, caricatura de 1886.

1. ¿Qué peso tenía Europa en la economía mundial? ¿Cuál era su interés al ocupar colonias? ¿Qué esperaba extraer de ellas?
2. ¿Qué tendencia tenía la población europea en el siglo XIX? Relaciónala con el interés por las posesiones coloniales.
3. ¿En el siglo XIX, las posibilidades de expansionismo territorial y militar eran factibles en el continente europeo? ¿Cómo justifica Jules Ferry la necesidad de colonias?
4. ¿Qué afirma en su discurso Joseph Chamberlain? ¿Era esta una posición mayoritaria en Europa en el siglo XIX?

Argumenta la respuesta

5. Escribe un texto sobre las causas del imperialismo colonial y las justificaciones que se dieron para legitimar el dominio de esas poblaciones y territorios. Valora si hoy en día se continúan produciendo situaciones similares.

2 El triunfo del capitalismo industrial

A finales del siglo XIX, el mundo entró en una nueva fase del proceso de industrialización. Es la llamada Segunda Revolución Industrial, en la que Europa Occidental y Estados Unidos se convirtieron en economías industrializadas.

La Segunda Revolución Industrial (1880-1914)

A partir del último tercio del siglo XIX aparecieron y se desarrollaron nuevas **fuentes de energía**. La invención de la dinamo industrial (1869) permitió producir **electricidad** en centrales hidroeléctricas, mientras el alternador y el transformador (1897) hicieron posible el traslado de la corriente eléctrica.

La electricidad logró múltiples aplicaciones en la industria (fuerza motriz de las máquinas), en los transportes (ferrocarril, tranvía...), en los sistemas de comunicación (teléfono, telégrafo, radio...), en el ocio (fonógrafo, cinematógrafo...) y en la iluminación.

Por otro lado, el **petróleo** comenzó a extraerse en Estados Unidos a mediados del siglo XIX, y la invención del **motor de explosión** posibilitó su utilización como combustible para los automóviles (1885), un medio de transporte fundamental en el siglo XX.

En esta etapa también se desarrollaron nuevos sectores industriales: la **química** (tintes, medicinas, etc.), la **metalurgia** del aluminio, la fabricación de **automóviles** y la **aeronáutica**, así como el enorme aumento de la producción de bienes corrientes (muebles, aparatos para el hogar, etc.); y continuaron desarrollándose las **industrias tradicionales**: textil, siderurgia, minería del carbón, etc.

Gran parte del enorme salto tecnológico de finales del siglo XIX se debió a una unión entre la investigación científica y la industria, a través de la creación de laboratorios financiados por las empresas industriales, el Estado o fundaciones.

Los descubrimientos científicos se aplicaron rápidamente a la técnica y a instrumentos que revolucionaron la vida cotidiana: bombilla, aspirador, cámara de fotos, radio, teléfono, plástico, aspirinas, etc.

Una nueva organización de la producción

En 1903, Frederick Taylor revolucionó los métodos de producción inventando la organización científica del trabajo o **taylorismo***. La producción se orientó hacia la fabricación en serie como la mejor manera de aumentar la productividad, disminuir el tiempo empleado y reducir costos de fabricación.

Estos nuevos métodos de trabajo se basaron en la **cadena de producción**, en la que cada obrero realiza una parte muy concreta del proceso productivo.

La fábrica de automóviles Ford, en Estados Unidos, fue una de las primeras en implantar una cadena de producción en serie de automóviles (**fordismo**). El resultado fue una producción estandarizada y masiva con unos costos reducidos, lo que permitió extender el consumo a sectores más amplios de la población.

Cartel publicitario sobre las ventajas del uso de la electricidad.

1. Describe las primeras aplicaciones domésticas que permitió la electricidad.

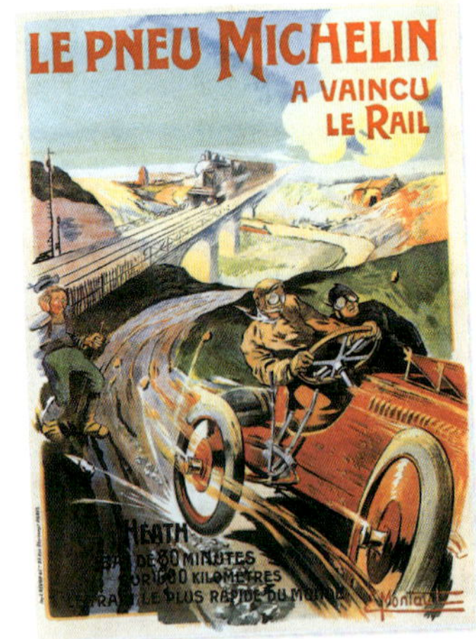

Cartel publicitario de neumáticos para los nuevos automóviles.

FABRICACIÓN Y PRECIO DE LOS AUTOMÓVILES FORD

Año	Fabricación (número de coches)	Precio (dólares)
1909	18 664	950
1910	34 528	780
1911	78 440	690
1912	168 220	600
1913	248 317	550
1914	308 213	490

La banca y la concentración empresarial

Las elevadas inversiones de capital que requerían las innovaciones tecnológicas estimularon la relación entre banca e industria, y los bancos se convirtieron en financiadores del proceso industrial.

Por otro lado, también se produjo una progresiva concentración industrial, y las empresas se hicieron cada vez mayores. Para restringir la competencia, las grandes empresas firmaban acuerdos entre ellas para fijar precios y establecer áreas de influencia. Así nacieron el **cartel**, el **trust**, el **holding** y el **monopolio** (derecho exclusivo de una empresa a comercializar un producto).

LOS MÉTODOS DE CONCENTRACIÓN INDUSTRIAL

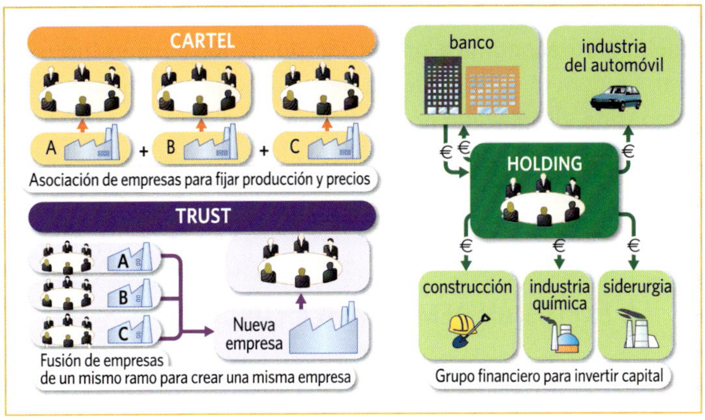

El dominio del comercio y las finanzas internacionales

A finales del siglo XIX, los países industriales dominaban el comercio mundial. Europa realizaba la mitad de las exportaciones del mundo y absorbía tres cuartas partes de las importaciones mundiales. Asimismo, controlaba las rutas marítimas, los grandes puertos comerciales (Londres, Amberes, Hamburgo, Marsella y Nueva York), y disponía de grandes flotas y de bolsas de comercio.

El aumento del volumen comercial fue posible gracias a los progresos del transporte (ferrocarriles transcontinentales, apertura de los canales de **Suez en 1869** y **Panamá en 1914**, y a las innovaciones en las formas de venta (a plazos, por correo, grandes almacenes...).

También Europa, y posteriormente Estados Unidos, tenían el dominio financiero del mundo. Su enorme riqueza les permitía invertir capitales en el mundo entero: prestaban dinero a los Estados e invertían en tierras, industrias o medios de transporte. Estas inversiones proporcionaban grandes intereses o beneficios a los bancos y a los particulares.

LA PRODUCCIÓN INDUSTRIAL EN 1913

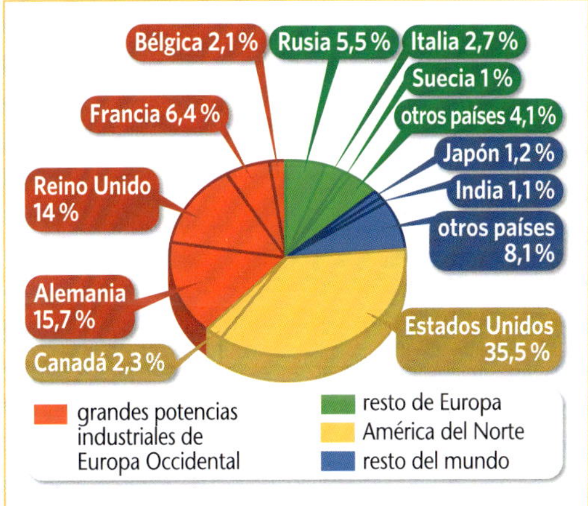

MOVIMIENTOS DE CAPITALES EN EL MUNDO A FINALES DEL SIGLO XIX

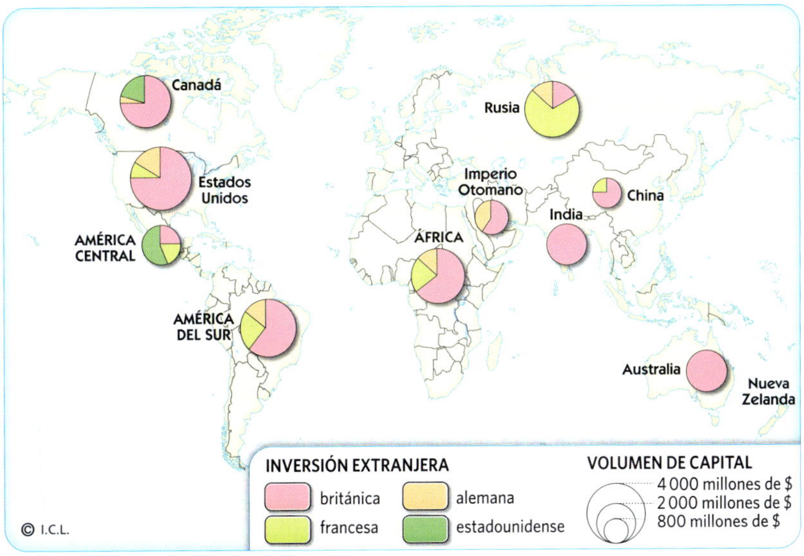

2. ¿Qué nuevas fuentes de energía aparecieron en esta época? ¿Cuáles eran sus principales aplicaciones? ¿Qué sectores industriales se desarrollaron?
3. ¿Qué hizo posible el enorme avance industrial de finales de siglo?
4. ¿Qué fue el taylorismo? ¿Cuál era el objetivo principal de esa nueva forma de organización del trabajo? ¿Dónde se aplicó? Explica con qué resultados.
5. ¿Qué formas de concentración empresarial surgieron? Defínelas y describe su objetivo.
6. ¿Qué posición tenían los países industrializados en el conjunto de la producción mundial? ¿Y en las inversiones de capital? Valora si estos países tenían capacidad para controlar la economía mundial.

Los emigrantes europeos del siglo XIX

La población europa creció, como nunca en su historia desde el siglo XIX hasta los comienzos del siglo XX. A pesar del crecimiento económico provocado por la Revolución Industrial, se generó un excedente de población, especialmente campesina, desplazada de sus tierras y con escasas posibilidades de encontrar empleo.

La emigración a otros continentes, ya fuera a países independientes o a colonias, fue la oportunidad para mucha de esa gente. Sesenta millones de personas abandonaron el viejo continente en el siglo XIX para establecerse en países extraeuropeos y se convirtieron en protagonistas de una de las grandes migraciones de la historia contemporánea.

A LA EXPLOSIÓN DEMOGRÁFICA EUROPEA

A lo largo del siglo XIX, las reformas en la agricultura, la industrialización y los avances médicos (vacunas y medicamentos) e higiénicos habían provocado un enorme descenso de la mortalidad en Europa. Pero hasta entrado el siglo XX no descendió la natalidad al mismo ritmo.

El saldo entre nacimientos y defunciones provocó el aumento de población, primero en los países más industrializados y, después, en el conjunto del continente. La población europea se dobló (**"explosión blanca"**) y parte de esta población emigró a otros continentes.

PAÍSES CON MAYOR EMIGRACIÓN ENTRE 1870 Y 1900

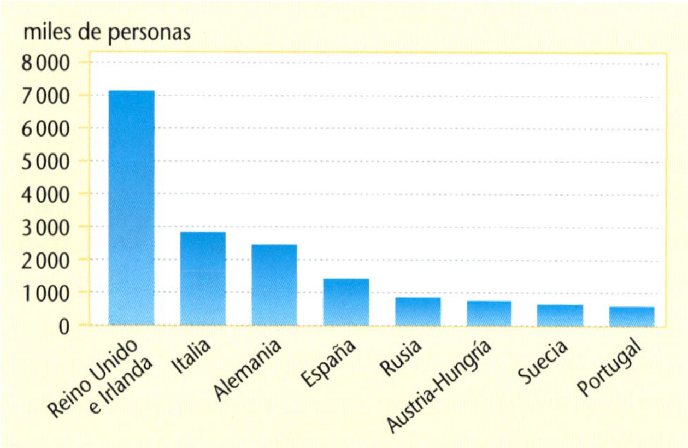

El estímulo a la emigración

Informaciones completas y gratuitas sobre emigraciones a La Plata (Argentina).

Todos los días, de 10 de la mañana a 12 del mediodía, se brinda información sobre las condiciones de esta región: organización, política, leyes generales y leyes de tierras, colonias, salarios, transportes, productos, clima, industria, comercio, precio de los principales artículos de consumo y pasajes desde los principales puertos de Europa a La Plata.

Diríjanse personalmente o por carta a la oficina de este periódico: Avenida Carnot 17, París.

Anuncio en la *Revue Sud-Américane*,
1 de septiembre de 1884.

LAS MIGRACIONES EUROPEAS, 1800-1914

EL ORIGEN DE LOS EMIGRANTES

Hasta 1875, los emigrantes fueron principalmente británicos, irlandeses y alemanes, pero a partir de esa fecha empezaron a ser más numerosos los emigrantes procedentes del Imperio austrohúngaro, de Rusia y los de origen mediterráneo (italianos y españoles).

B LOS VIAJES TRANSOCEÁNICOS

Las migraciones fueron posibles por la existencia de nuevos medios de transporte y, especialmente, las transoceánicas, en los **barcos a vapor**. El tiempo de duración de las travesías se acortó extraordinariamente. Desde Europa al continente americano se tardaba un mes en el primer tercio del siglo XIX, y poco más de cinco días a principios del siglo XX.

Miles de personas de todas las clases sociales embarcaban en ellos, algunos en los camarotes superiores, con salones y restaurantes. Pero la immensa mayoría viajaban hacinados en las bodegas, con los pasajes más baratos, para lo cual debían entregar gran parte de sus ahorros.

Los grandes barcos transatlánticos de vapor fueron aumentando su tamaño y su capacidad. Podían alcanzar alturas cercanas a un edificio de tres plantas y trasladar hasta 2000 personas.

C EMIGRANTES POBRES Y ÉLITES COLONIALES

La población que abandonaba Europa no era homogénea. La mayor parte eran campesinos pobres, trabajadores sin ocupación o clases medias en busca de mejores oportunidades.

Existía diferencia entre la emigración de países con amplias colonias, como en el caso del Reino Unido, en que los emigrantes se instalaban en las nuevas tierras como granjeros o para formar parte de la administración colonial; y la de aquellos países sin estas posesiones (polacos, italianos, etc.), donde los emigrantes arribaban a las nuevas tierras en peores condiciones y muchos de ellos pasaban a ser simples asalariados.

Funcionarios, militares, propietarios de tierras y también profesionales y empleados reprodujeron en la India las costumbres y el modo de vida de la sociedad británica, y gozaron de una prosperidad mucho mayor que la de sus lugares de origen.

Inmigrantes en la ciudad de Nueva York. Las condiciones de vida de muchos de los inmigrantes fueron muy duras. Una gran parte de ellos conformaron las clases trabajadoras de los países a los que emigraron.

1. ¿Cuáles fueron las causas del crecimiento demográfico europeo? ¿Cómo se llamó a este fenómeno de crecimiento? ¿Por qué crees que se le dio este nombre?
2. Indica los países que tuvieron un mayor número de emigrantes. Observa el mapa y señala cuáles eran los principales destinos de la emigración.
3. ¿Cómo se realizaban los viajes? ¿Qué invento revolucionó el transporte marítimo? ¿Quiénes viajaban? ¿Qué diferentes condiciones tenían según su categoría social?

Ponte en su lugar

4. Imagina que eres una de las mujeres que están en el patio de la vivienda neoyorquina. Escribe a tu familia en Irlanda sobre tu viaje en el barco, la llegada y tus primeros meses en la ciudad. ¿Qué piensas que sería diferente si fueras una de las mujeres del jardín de la India?
5. ¿En la actualidad se producen movimientos de población similares? ¿Tienen lugar las mismas diferencias en las formas de viaje y en la situación social al llegar al nuevo país?

4 Europa, a la conquista del mundo

La extraordinaria superioridad tecnológica de Europa, su capacidad de producción y el enorme crecimiento de la población condujo a las economías industriales a buscar nuevas áreas de inversión y de negocio. Se inició La época del imperialismo, un sistema en el que la cultura, la política y la economía del mundo se organizaban en función del dominio de unos países sobre los otros.

Exploración y conquista

A mediados del siglo XIX, numerosas zonas del interior de África, de Asia y de los océanos eran prácticamente desconocidas. La búsqueda de nuevos territorios en los que expandirse propició una serie de viajes científicos y de exploraciones geográficas.

Las primeras expediciones europeas las realizaron principalmente británicos y franceses. Destacaron los exploradores británicos **Livingstone** y **Stanley** y el francés **Brazza**, que recorrieron y cartografiaron África central.

Tras la exploración de los territorios, la conquista se llevó a cabo de forma relativamente rápida y fácil. Para ello, los europeos aprovecharon las rivalidades internas entre las tribus y etnias indígenas, con la finalidad de enfrentarlas entre sí y reclutar tropas a su servicio.

Los enfrentamientos entre potencias coloniales

El imperialismo del siglo XIX presentó un carácter belicoso, con guerras constantes. El choque de intereses entre las potencias rivales por el reparto de África impulsó la convocatoria de la **Conferencia de Berlín** (1885). En ella se decidieron las normas para repartirse el territorio y las zonas que ocuparía cada potencia.

A pesar de ello, el enfrentamiento de los intereses imperialistas se hizo inevitable. Así, Francia y Gran Bretaña chocaron en el año 1898 en un territorio al Este del lago Chad, llamado **Fachoda**, y la guerra estuvo a punto de estallar.

Otro incidente grave fueron los **conflictos anglo-bóeres** (1880-1881 y 1899-1902), en los que se enfrentaron los británicos con los colonos holandeses (bóeres) instalados en la zona sudafricana desde el siglo XVI, donde habían formado las repúblicas del Transvaal y el Estado libre de Orange. La noticia de que se habían hallado importantes depósitos de oro en el Transvaal impulsó a los británicos a invadir esas repúblicas y anexionarlas. Al cabo de tres años de guerra, los territorios bóeres fueron anexionados al Imperio británico.

Asimismo, gran parte del **continente asiático** fue ocupado tanto por las potencias europeas (Reino Unido, Francia y Alemania) como por otros países (Rusia, Estados Unidos y Japón).

En **China**, las potencias colonialistas querían estar presentes en un mercado tan importante por su numerosa población. A través las Guerras del Opio (1839-1860), entre China y el Imperio británico, forzaron la apertura del comercio y la entrada de intereses occidentales en la explotación de sus riquezas. La intromisión extranjera fue contestada con diversas revueltas sociales como la de los **bóxers*** (1899).

LAS EXPEDICIONES EUROPEAS EN ÁFRICA

1. ¿Qué potencias impulsaron las expediciones? Describe las grandes rutas de franceses, británicos y belgas.

Un nuevo colonialismo

Los imperios coloniales existían desde el siglo XVI; pero a partir del siglo XIX, la velocidad de ocupación, la cantidad de territorios conquistados y la explotación de los recursos fue mucho mayor.

La superficie terrestre controlada por las potencias imperialistas era, en 1800, del 35 %; en 1878, del 67 %, y en 1914, del 84,4 %.

El reparto de China, caricatura de un periódico francés, 1898.

LA ORGANIZACIÓN Y EXPLOTACIÓN DE LAS COLONIAS

Tras la conquista militar de la colonia se procedía a organizar la administración y control del territorio. No todas las colonias tenían las mismas características.

Determinados territorios eran destinados esencialmente a la **explotación económica**, para extraer de sus tierras materias primas (café, cacao, té, caucho, cobre, oro, diamantes, etc.). Podían ser gobernados por completo por la **metrópoli** (país ocupante), o mantener gobiernos locales, pero bajo control.

Otras colonias, por sus características climáticas, por el tipo de tierras o por la menor densidad de ocupación indígena, fueron esencialmente **colonias** de **poblamiento**, es decir, lugares a los que acudían habitantes de las metrópolis a instalarse.

Los colonizadores vistos por los colonizados

La civilización que nos viene de Europa es voraz y dominante: consume a los pueblos que invade y extermina las razas que se oponen a su conquista. (...)

Concentra todas sus fuerzas en el único objetivo de enriquecerse, como lo haría un millonario que vende su alma por una fortuna. (...)

Nosotros profetizamos, sin ninguna duda, que esto no podrá durar siempre.

Rabindranath TAGORE, 1916.

Cabecillas indígenas se someten a los colonos en Costa de Marfil, en 1893.

LOS DISTINTOS TIPOS DE COLONIAS

- **COLONIAS DE EXPLOTACIÓN**
  - Dependientes de la metrópoli y sin gobierno propio
    - **COLONIAS**: La metrópoli ejercía una verdadera política de ocupación. El gobernador, los mandos militares y los funcionarios de élite eran europeos. Los pequeños funcionarios y soldados solían ser indígenas.
  - Gobierno propio compartido con la metrópoli
    - **PROTECTORADOS**: Territorios que, tras la ocupación europea, mantuvieron un gobierno indígena, pero con el ejército y la política exterior controlados por la metrópóli.
- **COLONIAS DE POBLAMIENTO**
  - La metrópoli reconocía cierta autonomía en el gobierno interior
    - **DOMINIOS**: Es el nombre que recibían las colonias de poblamiento del Imperio británico. Canadá alcanzó el rango de dominio en 1867, y más tarde Australia, Nueva Zelanda y la Unión Sudafricana.
    - **TERRITORIOS DE ULTRAMAR**: En Francia, las colonias de poblamiento recibieron este nombre. El ejemplo más relevante fue Argelia, a la que se llegó a considerar una provincia francesa.
- **OTROS TIPOS DE COLONIAS**
  - **CONCESIONES**: Zonas cedidas a una metrópoli por un tiempo (por ejemplo, Hong Kong a los ingleses).
  - **ENCLAVES ESTRATÉGICOS**: Pequeños territorios situados en un lugar estratégico, como por ejemplo: el Canal de Suez o Gibraltar.

2. ¿Qué había que hacer en primer lugar para poder iniciar la colonización de un territorio? Cita algunos de los exploradores más importantes.

3. ¿Qué sucedía tras la exploración del territorio? ¿Era fácil y rápida la conquista? ¿Los principales conflictos bélicos eran con los indígenas o entre las potencias imperialistas? Cita los enfrentamientos más importantes.

4. Lee el texto de Rabindranath Tagore. ¿De qué acusa el autor a los colonizadores? ¿Qué profetiza? ¿Se hizo realidad esa profecía? ¿Sabes si en la actualidad esos países continúan siendo colonias?

5. ¿Qué diferentes tipos de colonias existían? Explica cuál era la función de cada una de ellas. ¿Qué diferencias hay entre una colonia y un protectorado? ¿Y entre una concesión y un enclave estratégico?

6. Relaciona las colonias de poblamiento con el crecimiento demográfico europeo, y las colonias de explotación, con las necesidades económicas del capitalismo europeo.

DESCUBRE

5 ¿Cómo se repartieron el mundo los imperios

Las grandes potencias se lanzaron a la lucha por el reparto del mundo y llegaron a controlar parte de América, la mayoría de las islas del Pacífico, casi toda Asia y África y, finalmente, a partir del año 1919, la totalidad de Oriente Medio.

Los principales imperios coloniales europeos fueron el francés y el británico, pero otros muchos países poseyeron colonias. El rey de Bélgica, Leopoldo II, adquirió como propiedad privada una gran colonia a lo largo del río Congo, que legó a Bélgica a su muerte.

Alemanes e italianos llegaron tarde al reparto, pero Alemania se estableció en Tanganica y el África Sudoccidental, mientras que Italia ocupó Libia.

Holanda controlaba posesiones en Indonesia, y Portugal, en África (Angola y Mozambique). Rusia se expandió por Asia desde el Turquestán hasta Manchuria, y España se asentó en la zona del golfo de Guinea, el Sahara y el Norte de Marruecos. Por último, dos potencias extraeuropeas, Estados Unidos y Japón, también se expandieron hacia América y Asia.

A EL IMPERIO BRITÁNICO

A finales del siglo XIX, el Reino Unido poseía el mayor imperio colonial y controlaba las rutas comerciales marítimas con bases en el Atlántico, el Índico, el Pacífico y el Mediterráneo.

En **África**, los británicos formaron un imperio de Norte a Sur, que se extendía desde El Cairo (Egipto) hasta Ciudad del Cabo (Sudáfrica).

La principal colonia británica fue la **India**. Con una numerosa población, la India se convirtió en un gran mercado para los productos británicos y en una importante proveedora de materias primas. Para garantizar un territorio de seguridad a su alrededor, los ingleses rivalizaron con Francia para anexionarse Birmania (1886), y con Rusia por el dominio de Afganistán y el Tíbet.

Mapa de las colonias británicas. En las ilustraciones, el Reino Unido, representado por una mujer armada con casco, escudo y lanza, domina el mundo con su ejército. Los diferentes pueblos y razas rinden tributo y ofrecen sus bienes a la metrópoli.

B EL IMPERIO FRANCÉS

El segundo gran imperio colonial era el de Francia. Los franceses se instalaron en diversas zonas, pero especialmente en África del Norte y en el Sudeste asiático.

El proyecto francés de ocupar en **África** un vasto territorio de Este a Oeste, desde el mar Rojo al océano Atlántico, chocó con los intereses británicos en Sudán. Sin embargo, Francia consolidó su dominio en una amplia zona que se extendía por Marruecos, Argelia y Túnez, y más al Sur, en las llamadas África Occidental Francesa y África Ecuatorial Francesa.

La presencia francesa en el **Sudeste asiático** (Cochinchina*), desde mediados del siglo XIX, se amplió con el establecimiento de una serie de protectorados que formaron la Indochina francesa (Camboya, Vietnam y Laos).

La ocupación de África

Dios ofrece África a Europa. Tomadla. (...) Volcaos en África, y al mismo tiempo resolveréis las cuestiones sociales, cambiaréis vuestros proletarios por propietarios. Id y haced carreteras, haced puertos, haced ciudades, creced, cultivad, colonizad, multiplicad.

Victor Hugo, 1879.

coloniales?

LOS IMPERIOS COLONIALES EN 1914

C LOS IMPERIOS EXTRAEUROPEOS: ESTADOS UNIDOS Y JAPÓN

Dos potencias de industrialización más tardía participaron en el reparto colonial: Estados Unidos y Japón. En **Estados Unidos**, tras la guerra de Secesión (1861-1865), se impuso el modelo industrial del Norte y sus enormes recursos energéticos y de materias primas, unidos a la utilización de la tecnología y los avances ya desarrollados en Europa, la convirtieron en pocas décadas en una gran potencia.

La expansión colonial de EEUU fue hacia el Pacífico y el Caribe. En una guerra rápida expulsaron a los españoles de Filipinas, Cuba y Puerto Rico, y se apoderaron de una franja de Panamá, donde acabaron de construir el canal transoceánico.

En **Japón**, la industrialización fue un proyecto de modernización del país, encabezado por el emperador Mitsuhito en 1868 (era *Meiji**). Con el asesoramiento de técnicos occidentales, el apoyo de conglomerados financieros y la subvención del Estado, se realizó una rápida industrialización.

Japón intervino para detener el avance ruso en la provincia china de Manchuria y ocupó las islas Kuriles, Corea y Formosa (Taiwán).

Caricatura sobre el dominio de EEUU en Centroamérica, 1905.

1. ¿Cuáles fueron los imperios coloniales más importantes? ¿Qué grandes zonas ocuparon?
2. Explica la diferente expansión de británicos y franceses en África.
3. Completa el siguiente cuadro sobre la colonización:

Países	Colonias
...	...

Investiga

4. @ Consulta en Internet y señala las principales características de la industrialización de Estados Unidos y Japón.

6 La herencia del colonialismo

Los territorios colonizados sufrieron un profundo impacto que trastocó el modo de vida de los pueblos indígenas.

¿Qué consecuencias tuvo para los pueblos colonizados la expansión imperialista? ¿Existieron factores positivos? ¿Cuáles fueron los más negativos? ¿Algunos de ellos han tenido repercusiones hasta la actualidad?

Un oficial alemán y otro francés delimitan las fronteras del Congo, ilustración de 1913.

La formación de países artificiales, en los que las fronteras se trazaron siguiendo meridianos y paralelos, dio lugar, tras la independencia de estos países en el siglo XX, al enfrentamiento entre comunidades radicalmente opuestas dentro de un mismo país, y ha sido una de la herencias más conflictivas de la colonización.

A LA MODIFICACIÓN DEL TERRITORIO

Los europeos crearon nuevos países y trazaron sus fronteras, talaron bosques y pusieron en cultivo inmensas áreas vírgenes. Asimismo, construyeron infraestructuras necesarias para explotar y comunicar los territorios conquistados (puertos, carreteras, ferrocarriles, líneas telefónicas...) y levantaron nuevas ciudades.

Todo ello conllevó una **modificación de la estructura económica y política africana** que no tuvo en cuenta las diferencias tribales, lingüísticas o religiosas y que formó países con graves problemas de cohesión interna.

B EL IMPACTO DEMOGRÁFICO

La introducción de medidas higiénicas y la construcción de nuevos hospitales en los cuales se vacunaba a los indígenas permitieron la reducción de las epidemias.

Como consecuencia, la mortalidad descendió notablemente y la población aumentó. Pero en muchas colonias, especialmente del continente africano, el aumento de habitantes rompió el equilibrio entre población y recursos y empezó a producirse una situación de **subalimentación** crónica.

POBLACIÓN APROXIMADA DE ÁFRICA

Año	Población (en millones)
1650	100
1700	90
1800	92
1870	104
1900	120
1950	207

C LA COLONIZACIÓN CULTURAL

En el ámbito cultural, las costumbres autóctonas, de tradición oral y sin elaboraciones teóricas, no ofrecieron resistencia al impacto de la **cultura occidental**, que les hizo perder una buena parte de su identidad y perturbó sus creencias y tradiciones. La difusión de la enseñanza contribuyó a la extensión de las lenguas, creencias y modos de vida europeos, mientras que los misioneros difundían el cristianismo.

Este fenómeno de **aculturización** se dio más en África que en Asia, donde culturas como la China o la India resistieron mejor la colonización cultural.

Un misionero alfabetizando a niños en el Congo a principios del siglo XX.

La destrucción de la cultura nativa

Ya que en Europa las reivindicaciones nacionales se han fundamentado siempre en la unidad de la lengua, se ha negado a los musulmanes el uso de su propio idioma. Desde 1830, la lengua árabe está considerada en Argelia como extranjera. Pero eso no es todo: para desunir a los árabes, la Administración francesa les ha confiscado la religión y recluta a los sacerdotes islámicos entre sus asalariados. (...)

J. P. Sartre en la revista *Tiempos modernos*, 1956.

D LAS CONSECUENCIAS ECONÓMICAS

En las colonias se impusieron los intereses económicos de los colonizadores, con la ayuda de los grupos aristocráticos y la burguesía local, que mantuvieron una situación de privilegio.

Por el contrario, la mayoría de la población indígena quedó sometida y sus condiciones de vida fueron empeorando.

Muchas tierras pasaron a manos de los colonizadores y se abandonaron determinados cultivos tradicionales, que aseguraban la subsistencia de las familias indígenas, para imponer grandes **plantaciones** de productos que beneficiaban a la metrópoli: cacao, café, algodón, frutas, caucho, etc.

Los nativos debían trabajar en las plantaciones para subsistir, y tenían que comprar los alimentos, porque se impuso una **economía monetaria** y de mercado, desconocida hasta entonces.

Asimismo, la artesanía local se arruinó debido a la competencia de los productos industriales importados desde la metrópoli, a precios baratos y en grandes cantidades.

LAS CONSECUENCIAS ECONÓMICAS DEL COLONIALISMO

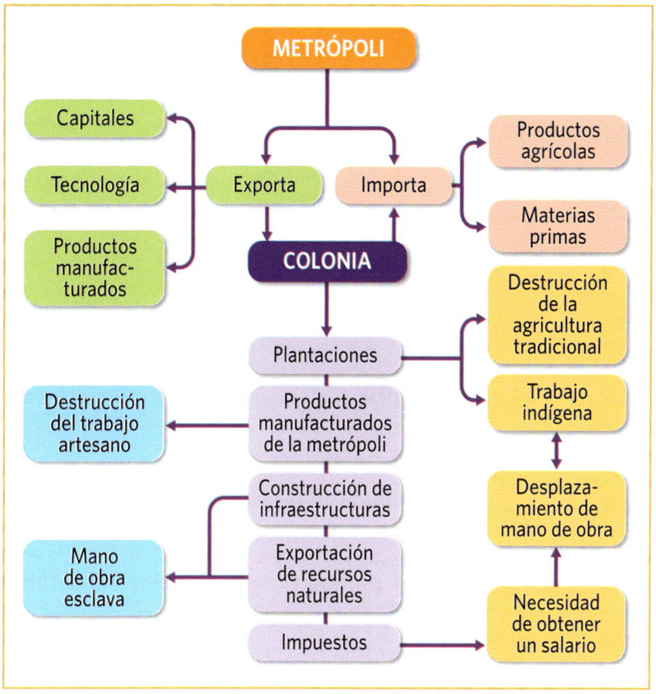

E LA DESARTICULACIÓN DE LAS SOCIEDADES TRADICIONALES

La estructura social también cambió. Los colonizadores no mostraron ningún respeto por las formas de vida de los pueblos indígenas.

Los nuevos ritmos de trabajo desorganizaron la vida tribal y el antiguo sistema de jerarquías sociales (papel de los ancianos, tipo de familia...). Igualmente, unidades étnicas fueron divididas o unidas de manera artificial y, de esta forma, se rompieron etnias y se forzó la convivencia de grupos enfrentados. Por último, los europeos utilizaron a determinados grupos indígenas para reclutar a su ejército y a sus funcionarios.

El desprecio a las sociedades indígenas

El negro salvaje y bárbaro es capaz de todas las estupideces y, desgraciadamente, (...) parece estar condenado en su país de origen a la salvajería y a la barbarie para siempre. (...)

La falta de cualquier idea de progreso y de moral no le permite darse cuenta del valor incalculable, del infinito poder del trabajo, y sus leyes son sus pasiones brutales, sus apetitos feroces, los caprichos de su imaginación perturbada.

Armand Dubarry: *Viaje a Dahomey*, 1879.

1. ¿Cómo se trazaron en muchos casos las fronteras africanas en la época colonial? Razona en interés de quién se hicieron esos trazados.
2. Justifica razonadamente las consecuencias económicas de la colonización para los pueblos indígenas.
3. ¿De qué acusó Jean-Paul Sartre a los colonizadores? ¿Cómo actuaban para imponer la cultura occidental?
4. ¿Qué posición respecto a las sociedades africanas expresa el texto de Armand Dubarry?

Investiga

5. @ El colonialismo creó problemas todavía vigentes en la actualidad. Indaga qué comunidades rivales fueron unidas artificialmente en Ruanda y qué consecuencias tuvo eso a finales del siglo XX.

7 El cambio de siglo, hacia una revolución artística

Durante las últimas décadas del siglo XIX, una serie de artistas rompieron con la tradición y sentaron las bases de la revolución artística de principios del siglo XX.

En pintura, el desarrollo de la fotografía hacía cada vez más innecesario copiar la realidad; de esta forma los artistas se dedicaron a explorar el lenguaje pictórico para ahondar en la impresión en el espectador, en el sentimiento.

Igualmente, las nuevas tecnologías permitieron construir edificios enormes para las nuevas concentraciones urbanas.

Édouard MANET: *El almuerzo campestre*, 1863.
El pintor utiliza la gradación cromática para representar los objetos en el espacio. El verde, por ejemplo, reproduce la sombra de un árbol y el agua del arroyo.

A EL IMPRESIONISMO

El Impresionismo apareció en el último tercio del siglo XIX y tuvo como principal voluntad la representación de los efectos cambiantes de la luz sobre los objetos.

De este modo, los pintores impresionistas subordinaron la forma al color. Para poder captar esta sensación, los artistas debían observar la realidad en directo, al aire libre.

Igualmente, los impresionistas utilizaron una técnica de pinceladas sueltas y rápidas, yuxtaponiendo los colores de tal manera que, a una cierta distancia, se fundieran en la retina del espectador. El objetivo no era pintar lo que veía el artista, sino reflejar cómo lo veía.

Francia fue la cuna de este nuevo estilo, cuyos principales representantes fueron **Édouard Manet**, **Claude Monet**, **Auguste Renoir** y **Alfred Sisley**.

Auguste RENOIR: *La Grenouillère*, 1868.

MEMOART: El Posimpresionismo

- A mediados de la década de 1880, una serie de artistas mostraron un alejamiento de los planteamientos impresionistas y exploraron otras vías como la geometría, el color, la línea y la expresividad.
- El llamado Posimpresionismo agrupa a artistas excepcionales como **Edgar Degas, Georges Seurat, Paul Cézanne, Vincent van Gogh, Henri Toulouse-Lautrec** y **Paul Gauguin**.

Vincent VAN GOGH: *La habitación de Van Gogh en Arlés*, 1888.

Paul CÉZANNE: *Los jugadores de cartas*, 1893. El artista emplea pinceladas breves de diferentes tonalidades para modelar geométricamente los volúmenes y los objetos.

B LA ARQUITECTURA DEL HIERRO Y EL ACERO

La arquitectura también dio un vuelco técnico y estético, a finales del siglo XIX, con la aparición de nuevos materiales constructivos y su producción masiva. Así, la utilización del **hierro** y el **acero**, más flexible y dúctil que el hierro, la invención del **cemento** como material constructivo y la popularización del **vidrio** para los cerramientos permitieron idear y construir edificios muy novedosos.

Por otro lado, la industria, las comunicaciones y las nuevas ciudades necesitaban edificios y construcciones (puentes, fábricas, almacenes, estaciones de ferrocarril, bibliotecas, edificios comerciales, etc.) funcionales, prácticos, espaciosos y, a ser posible, rápidos y baratos de construir. Los edificios empezaron a ser importantes por su función, no solo por su estética.

En Estados Unidos, los arquitectos de la **Escuela de Chicago**, como **Louis Sullivan**, levantaron los primeros rascacielos e inauguraron un modo constructivo de amplios espacios, grandes ventanales y numerosos pisos.

La torre que el ingeniero Gustave Eiffel levantó para la Exposición Universal de París de 1889 se convirtió en el edificio más alto del mundo y en el símbolo de la modernidad.

@ Amplía en la Red...

Para saber más sobre la construcción de la Torre Eiffel, entra en: www.tiching.com/744938

FICHAART @

Busca en Internet información sobre la obra de Louis Sullivan y elabora una ficha con los siguientes datos:

a) **Identificación.** Sitúa cronológica y geográficamente al arquitecto y sus obras. ¿A qué corriente arquitectónica pertenece?

b) **Descripción.** Describe el edificio y explica sus características técnicas y artísticas y su función.

c) **Marco histórico.** ¿En qué contexto social y económico se realizaron estos edificios? ¿Cómo expresaron la realidad de Estados Unidos en aquel momento? ¿Qué trascendencia tuvieron en la arquitectura moderna?

Almacenes Carson, Pirie, Scott and Company de Chicago, 1904, obra de Louis Sullivan, extraordinario ejemplo de funcionalidad de la obra arquitectónica.

1. ¿Cuál fue la principal preocupación de los pintores impresionistas? ¿Cómo conseguían su objetivo?

2. ¿Qué innovación aportaron los llamados artistas posimpresionistas? ¿Quiénes fueron los principales pintores de esa corriente artística?

3. ¿Qué nuevos materiales y qué nuevas necesidades sociales facilitaron la evolución de la arquitectura?

Aprecia el arte

4. Consulta la página web que te presentamos y explica las distintas fases de la construcción de la Torre Eiffel.

8 La influencia del arte asiático y africano en el

El arte no europeo difería en el siglo XIX notablemente del europeo. Buscaba cosas similares: la belleza, la expresión de los sentimientos, la plasmación de la realidad, pero con principios estéticos y técnicas completamente diferentes.

Europa conocía algo del arte de esas sociedades, en especial de Oriente, pero fue a partir de la expansión colonial cuando se produjo una difusión del arte asiático y africano, que influyó profundamente en los artistas de la época, sobre todo en las vanguardias.

A EL DESCUBRIMIENTO DEL ARTE ASIÁTICO

La sencillez y elegancia de la pintura asiática y la belleza de sus cerámicas deslumbraron rápidamente a las sociedades occidentales. Poco a poco comprendieron, además, que no eran meros objetos decorativos, sino expresión de **conceptos estéticos profundos**: el equilibrio, la armonía, la relación entre lleno y vacío, la capacidad de captar lo esencial y de transmitir emociones.

Muchos museos occidentales iniciaron colecciones de arte asiático, y los particulares empezaron a buscar objetos de arte oriental.

Jarrón chino de la dinastía Ming.

Pintura china con caligrafía realizada a pincel con trazos sueltos casi impresionistas.

B EL JAPONISMO

Es un término utilizado para describir la fascinación y la influencia que las pinturas japonesas tuvieron sobre los pintores de la vanguardia europea de finales del siglo XIX y principios del XX.

A pintores como Manet, Klimt, Monet, Degas..., les atrajeron las formas sinuosas y ondulantes, los colores planos, la abstracción de personas y cosas, la representación del paisaje como emoción.

La influencia de lo japonés llevó, por un lado, a pintar obras de temática japonesa y, sobre todo, a incorporar sus técnicas.

MEMOART: Características del arte japonés

- El artista aprende por la repetición y la imitación hasta que es capaz de crear espontáneamente.
- La obra de arte debe buscar la simplicidad y la austeridad de formas y mensajes.
- La asimetría, lo irregular, lo curvo o imperfecto expresa belleza porque es un reflejo de la naturaleza.

Katsushika HOKUSAI: *La gran ola de Kanagawa*, 1829.

Gustav KLIMT: *Bosque de hayas*, 1902.

arte occidental

C LA INFLUENCIA DE LA ESTÉTICA AFRICANA

El arte africano era hasta el siglo XIX poco conocido y apreciado. Con la colonización llegaron a Europa una enorme cantidad de **esculturas** y **máscaras** que se consideran simples objetos decorativos.

El arte africano es en esencia escultórico y realizado en madera. Está formado por tallas, máscaras, cascos, etc. Tiene fines rituales relacionados con el culto a los antepasados, a las fuerzas de la naturaleza o a la identificación tribal. En el caso de las máscaras se trata de arte en movimiento, utilizadas para portarlas junto a la propia decoración en pinturas del cuerpo humano.

La estética africana, su fuerza expresiva, su estilo esquemático, la deformación de la realidad para expresar lo esencial, impactaron en los artistas de las vanguardias europeas, que buscaban nuevas formas de representación.

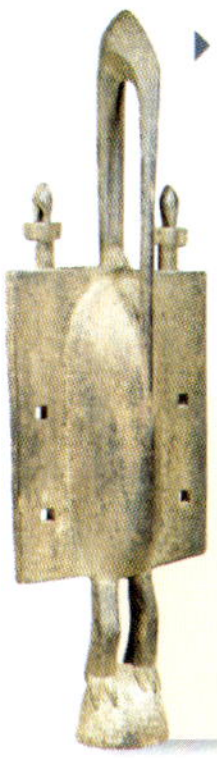

Escultura tradicional africana.

Alberto GIACOMETTI: *Mujer cuchara*, 1926.

Los modelos estéticos más rompedores se asemejaran en esta época a las formas artísticas más tradicionales africanas, como puedes observar en las tallas de madera de Giacometti.

Máscara africana.

Edvard MUNCH: *El Grito*, 1893.

Pablo PICASSO: *Desnudo con una toalla*, 1907.

Máscara africana.

Las vanguardias artísticas europeas (el cubismo, el fauvismo, el impresionismo) de esta época encontraron en el arte africano, en su deformación de los rostros, en su expresividad y simbolismo, una constante fuente de inspiración, como nos muestran las obras de Picasso o de Munch.

FICHAARТ @

Busca en Internet información sobre la obra *El grito*, de Edvard Munch, y elabora su ficha:

a) **Identificación.** Sitúa cronológica y geográficamente la obra. Indica los principales datos biográficos del pintor.

b) **Descripción.** ¿Qué escena se representa en el cuadro? ¿Qué personajes aparecen?

c) **Análisis artístico.** ¿Qué técnica es la utilizada? Describe qué elementos del arte africano puedes identificar.

1. ¿Qué características presentaba el arte asiático? ¿Por qué los pintores europeos se sintieron atraídos por él?
2. ¿Qué es el japonismo? ¿A quién influyó? ¿Cuáles eran las principales características del arte japonés?
3. ¿Qué diferencias existían entre el arte europeo y el arte africano en el siglo XIX? ¿Cómo inspiró a las vanguardias artísticas occidentales?

Aprecia el arte

4. Observa las imágenes y realiza una valoración personal sobre los elementos estéticos que aportaron el arte asiático y africano al arte occidental. ¿Cuáles de estos elementos aprecias personalmente?

9 PASADO Y PRESENTE

Del siglo XIX al XX: una transformación constante

La primera Revolución Industrial había abierto el camino al progreso tecnológico, pero fue entre finales del siglo XIX y principios del XX cuando la sociedad industrial inició un progreso constante en la investigación científica y tecnológica.

A partir de ese momento, los avances se multiplicaron y abrieron nuevas áreas de investigación y conocimiento que transformaron la vida económica y social de las poblaciones del mundo.

Louis Pasteur (1822-1895) demostró la falsedad de la hipótesis de la generación espontánea, asentó las bases de la bacteriología, investigó acerca de varias enfermedades y desarrolló algunas vacunas.

A LOS AVANCES DE LA MEDICINA

Desde finales del siglo XIX, los progresos en la medicina han sido enormes y han contribuido al aumento de la esperanza de vida. La comprensión de los mecanismos de transmisión de las enfermedades y de las infecciones generalizaron la esterilización del instrumental médico y la asepsia en los hospitales. Las **vacunas** y los **antibióticos** ayudaron a la lucha contra las enfermedades infecciosas y los avances en química abrieron la producción de fármacos.

Desde mediados del siglo XX, los enormes progresos en las técnicas quirúrgicas y de diagnóstico han abierto el camino a la **medicina computarizada** y a las terapias génicas.

LA ESPERANZA DE VIDA EN ESPAÑA DESDE 1900

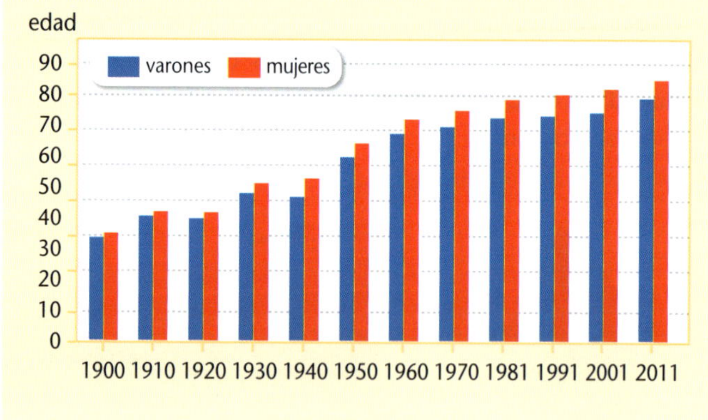

B LA REVOLUCIÓN DE LA INFORMACIÓN Y LA COMUNICACIÓN

Durante el siglo XIX y primeras décadas del siglo XX se produjo un avance revolucionario en los medios de comunicación.

En 1838, el **telégrafo**, desarrollado por Samuel Morse, permitía transmitir señales eléctricas a larga distancia y recibir los mensajes grabados sobre papel. Posteriormente, Graham Bell descubrió que el sonido también se podía transmitir a través de un cable eléctrico y, en 1876, patentó el **teléfono**.

En 1886, Heinrich Hertz demostró que las ondas electromagnéticas viajaban por el aire a una gran velocidad. Guglielmo Marconi se inspiró en ellas para inventar la **radio**, un sistema de transmisión de señales mediante la utilización de estas ondas.

A partir del siglo XX, el avance fue aceleradísimo. A mediados del siglo, la fabricación de transistores revolucionó la electrónica al aplicarse a radios, televisores, aparatos de reproducción de audio o vídeo, ordenadores, etc.

El mundo empezó a hacerse pequeño, y lo que ocurría en un punto apartado se conocía rápidamente en el resto del planeta. El uso de los ordenadores inició desde finales del siglo XX, una **nueva revolución tecnológica**.

Modelo del primer teléfono comercializado a principios del siglo XX.

Televisor fabricado en la década de 1950.

El inicio de la revolución informática

En 1943, J. Presper Eckert y J. Mauchly crearon en Estados Unidos el primer ordenador electrónico para uso general. En 1951 se fabricó el primer ordenador comercial, y en 1971, la invención de los microprocesadores abrió el camino hacia los ordenadores personales que han ido creciendo en rapidez y memoria.

PASADO Y PRESENTE de la ciencia y la tecnología

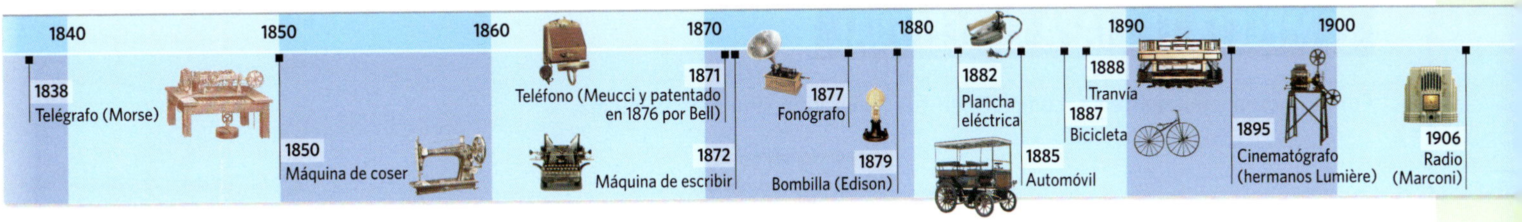

C EL PROGRESO DE LOS MEDIOS DE TRANSPORTE

El **automóvil** y el **avión** hicieron su aparición entre finales del siglo XIX y principios del siglo XX.

A partir de ese momento, la innovación se hizo constante en todos los medios de transporte. Los ferrocarriles fueron alcanzando velocidades inimaginables, los vuelos pudieron ser cada vez más largos, rápidos y seguros, y el automóvil se perfeccionó y abarató hasta convertirse en un objeto de uso masivo.

A mediados del siglo XX se inventaron los primeros **cohetes espaciales** y, en 1969, el hombre pisó la Luna por primera vez.

Neil Armstrong y Edwin Aldrin fueron los primeros seres humanos que pisaron nuestro satélite, el 21 de julio de 1969 tras 4 días de viaje. Este hito fue retransmitido en directo a toda la Tierra.

El primer vuelo en avión fue realizado en el año 1903 por los hermanos Wright. La **aviación** fue la última de las grandes innovaciones en el transporte, y su progreso en velocidad y seguridad ha sido enorme en el siglo XX.

D LAS TRANSFORMACIONES DE LA VIDA COTIDIANA

El siglo XX estuvo marcado por una serie de innovaciones tecnológicas que permitieron producir y ofrecer a la población nuevos **bienes de consumo**, que mejoraron su nivel de vida y su confort, especialmente los **electrodomésticos**.

Asimismo, la invención de la **fotografía*** revolucionó la percepción y el recuerdo que se tiene de las personas, los paisajes y los acontecimientos.

Por último, con el **cinematógrafo** nació una nueva industria y unos nuevos hábitos de ocio, que progresaran constantemente.

Cartel publicitario del cinematógrafo de los hermanos Lumière, los primeros en ofrecer sesiones de cine comercial en París en 1895.

1. Observa la gráfica y analiza cómo repercutieron los avances médicos en la esperanza de vida de la población a lo largo del siglo XX.
2. ¿Qué gran salto tecnológico se dio en las comunicaciones a partir del siglo XIX? ¿Y a partir del siglo XX? ¿Y en los transportes?
3. ¿Qué inventos del siglo XX ayudaron a mejorar el nivel de vida?

Relaciona ayer y hoy

4. Elabora una lista con cinco objetos, que sean habituales en tu vida cotidiana. Debes averiguar cuándo se inventaron o se empezaron a usar de forma generalizada. Establece cuáles de esos objetos tienen su origen entre finales del XIX y principios del XX, y cuáles son inventos de finales del XX y principios del XXI.

COMPLETA EL MAPA CONCEPTUAL

Con la información del tema, completa en tu cuaderno el siguiente esquema:

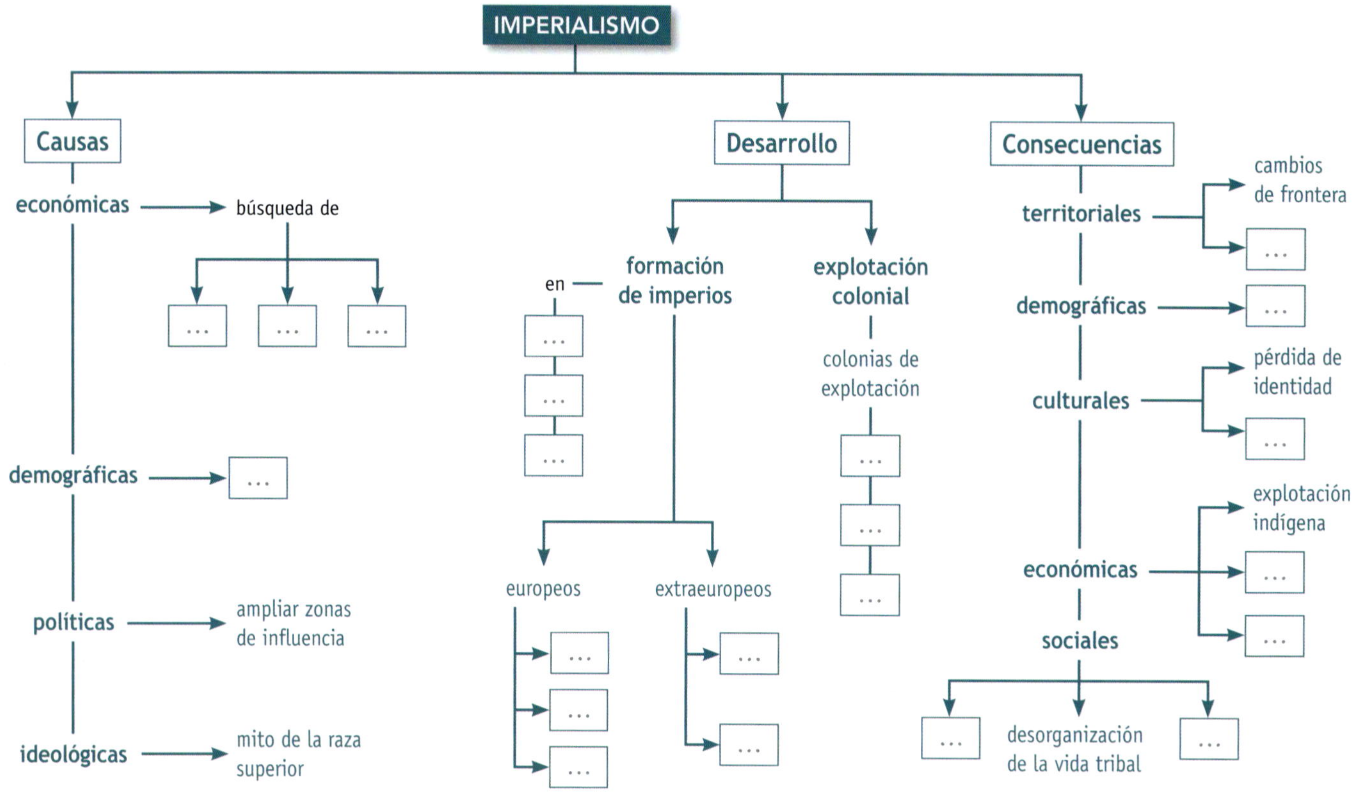

1 CONSOLIDA LO APRENDIDO

a) Explica qué se entiende por Segunda Revolución Industrial. ¿En qué periodo tuvo lugar?

b) ¿Qué fenomeno demográfico conocemos como "explosión blanca"? ¿Qué consecuencias provocó en los movimientos migratorios?

c) ¿Cuáles fueron los principales factores que impulsaron la expansión imperialista en el último tercio del siglo XIX?

d) ¿Qué territorios ocuparon los europeos? Cita los imperios más importantes.

e) ¿Qué importancia tuvo la India en el conjunto del Imperio británico?

f) Explica cómo se organizaban las colonias desde el punto de vista económico y político.

2 DEFINE CONCEPTOS CLAVE

- imperialismo
- colonia
- aculturación
- reparto de África
- dominio
- protectorado
- taylorismo
- metrópoli
- fordismo
- migraciones transoceánicas
- plantación
- dominio

3 IDENTIFICA LOS PERSONAJES

- Henry Ford
- Stanley
- Livingstone
- Brazza
- Reina Victoria
- Leopoldo II

4 ESTABLECE LA CRONOLOGÍA

- Coferencia de Berlín
- Guerras del Opio
- Conflictos anglo-bóer
- Incidente de Fachoda
- Revuelta de los bóxeres
- Construcción Canal de Suez

5 EXPLICA LAS DIFERENCIAS

- colonia de explotación/colonia de poblamiento
- trust/cartel/holding

RESPONDE A LA PREGUNTA INICIAL

¿Qué características tuvo la expansión imperialista europea del siglo XIX?

APRENDE A... COMENTAR UN MAPA

EL REPARTO COLONIAL DEL MUNDO

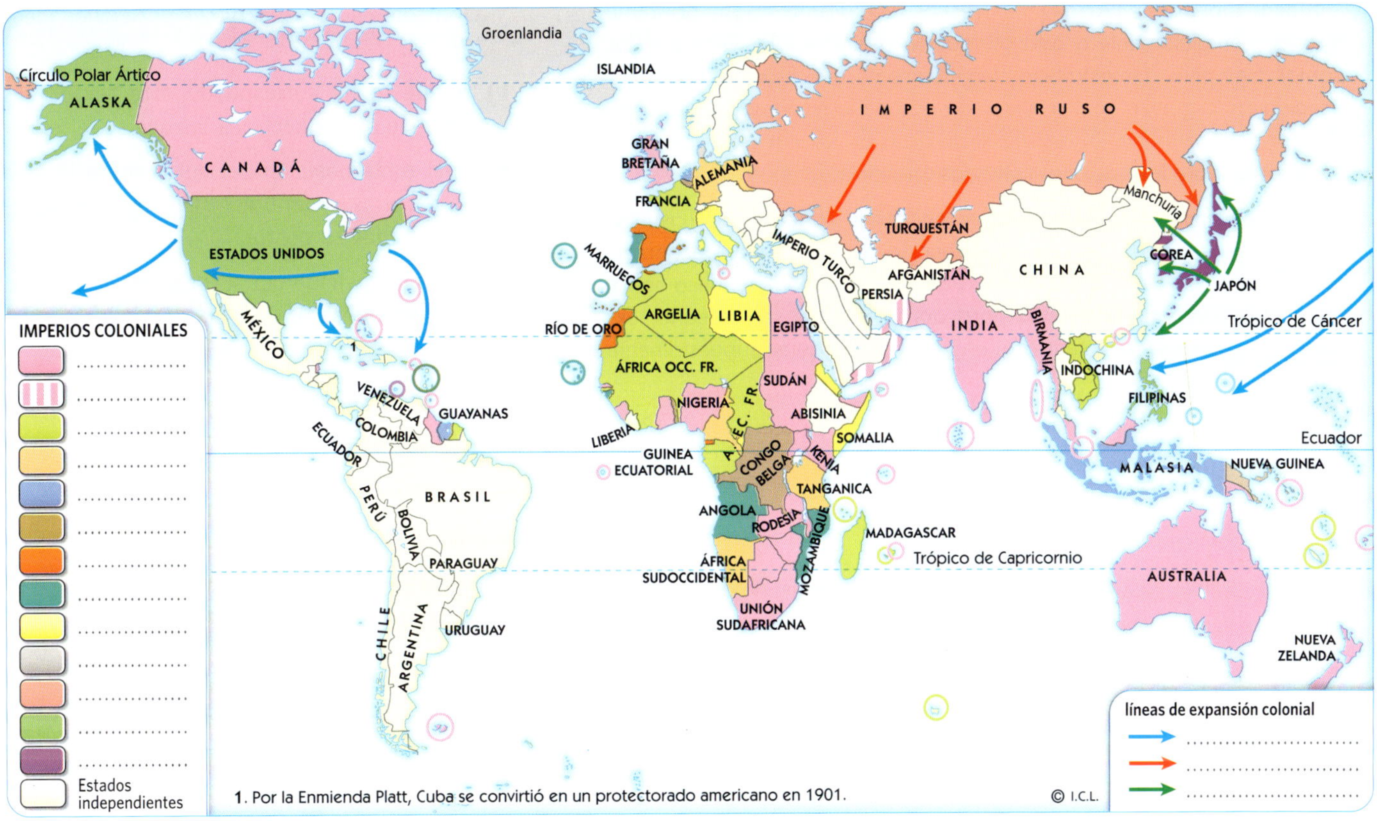

1. Identificación y presentación

- ¿Qué aspecto histórico se representa en el mapa? ¿Es de tipo político, económico, social o cultural?
- ¿En qué año se sitúa? ¿De qué periodo es representativo?
- ¿Qué ámbito territorial abarca el mapa?
- Leyenda. ¿Qué símbolos aparecen? ¿Qué nos indican los colores? ¿Qué marcan las flechas?

2. Análisis

- ¿Cuáles eran los grandes imperios coloniales europeos? ¿Qué territorios abarcaba cada uno de ellos? ¿Qué países fuera de Europa participaron en la expansión colonial? ¿Cuáles fueron sus líneas de expansión?
- ¿Qué imperio colonial es el más extenso? ¿Qué continente se vio más afectado por el proceso de la colonización?

3. Contexto histórico

- ¿En qué momento histórico se produjo la expansión colonial europea?
- ¿Cuáles fueron los motivos de la expansión colonial? Relaciónalo con la Segunda Revolución Industrial.
- ¿Cómo afectó a la economía y a la sociedad de los pueblos dominados?

4. Conclusiones

- ¿Existe alguna relación entre los países colonizados en el siglo XIX y los países subdesarrollados de la actualidad?

RAZONA HISTÓRICAMENTE

Argumenta. ¿Por qué decimos que el imperialismo colonial se convirtió en una necesidad para las potencias industriales a partir del último tercio del siglo XIX?

Empatía. Imagina que eres un habitante de un país colonizado en el siglo XIX. Escribe tres argumentos para oponerte al dominio colonial.

1 Fuentes documentales. **Las justificaciones del imperialismo**

¡Razas superiores! ¡Razas inferiores! Se dice pronto. Por mi parte me opongo completamente a esta afirmación desde que he visto que los sabios alemanes demostraban científicamente que Francia debía ser vencida en la guerra contra Alemania porque la francesa es una raza inferior a la alemana. No existe el derecho de las naciones llamadas superiores sobre las naciones llamadas inferiores. (...)

No intentemos, pues, revestir la violencia con el nombre de civilización, no hablemos de derecho, de deber. La conquista que preconizáis es simplemente el abuso del poderío de la civilización científica sobre las civilizaciones rudimentarias para apropiarse del ser humano, explotarlo y extraerle toda su fuerza en beneficio de quien supuestamente viene a civilizar.

G. Clemenceau a la Cámara de los Diputados de Francia, julio de 1885.

a) ¿Quién es el autor del texto? Busca información sobre su persona y sus posiciones ideológicas.

b) ¿A qué fecha corresponde este texto? ¿Es coetáneo de los hechos a los que se refiere?

c) ¿Cuál es la posición del autor sobre la idea de las razas superiores? ¿Con qué argumentos defiende su postura?

d) Valora la posición del autor sobre el colonialismo y expresa tu opinión.

2 Organización de la información. **El taylorismo**

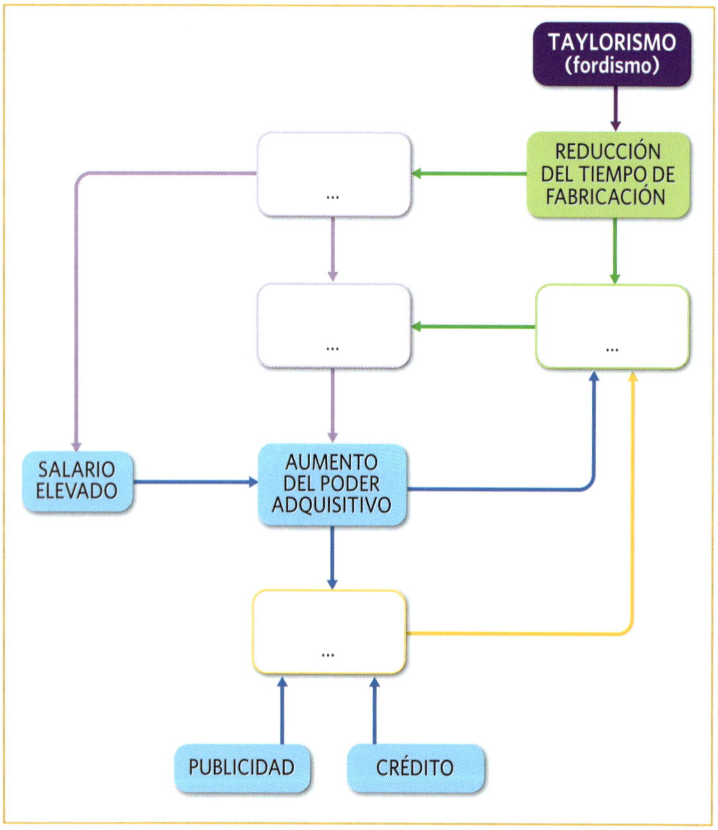

a) Completa el esquema en tu cuaderno indicando: bajada de precios, producción en serie, estímulo al consumo, producción masiva.

b) Redacta una breve síntesis sobre los efectos del taylorismo y su aplicación a los sistemas de producción industrial.

3 Fuentes gráficas. **El derecho de conquista**

Dibujo alegórico sobre el colonialismo inglés, siglo XIX.

a) ¿Cómo está representado el país ocupado? ¿Cómo puedes saber de qué territorio se trata?

b) ¿Qué actitud presenta el colonizador? ¿Cómo se muestra al nativo?

c) Relaciona la imagen con la posición ideológica de la mayoría de la opinión pública europea respecto al colonialismo a finales del siglo XIX.

4 Fuentes gráficas. El expansionismo de EE UU

▸ *El Gran Garrote en el Caribe*, viñeta estadounidense de 1904. Ironiza sobre la política exterior del presidente de EE UU Theodore Roosevelt, resumida en el lema "Habla suavemente y lleva un gran garrote, así llegarás lejos".

a) Describe la escena e identifica el lugar y el personaje principal. ¿Qué hace? ¿Dónde se encuentra? ¿Qué lleva en cada mano? ¿Para qué? ¿Qué simbolizan estos elementos?

b) Enmarca la caricatura en su contexto histórico y explica los hechos a los que hace referencia.

WWW. ESPACIO WEB

5 Trabajo colaborativo. Consecuencias de la colonización

Las colonización ha dejado secuelas hasta nuestros días que, a pesar de la descolonización del siglo XX, siguen provocando graves problemas. Dividíos en dos grupos.

a) El primero debe consultar en www.tiching.com/59262 el texto sobre los efectos de la colonización en África y elaborar un informe que tenga en cuenta:
   - Los cambios que introdujeron los gobiernos coloniales en la economía tradicional. ¿Cómo afectaron a la agricultura y a las comunidades campesinas?
   - La situación en la que se encontraban los países cuando lograron su independencia y qué nuevos problemas tuvieron que afrontar. ¿Es razonable afirmar que continuaron dependiendo económicamente de las antiguas metrópolis?

b) El segundo grupo debe buscar en Internet el vídeo *Ya nada me asombra*, con la canción de Tiken Jah Fakoly. Analizarán la letra de la canción y las imágenes, y establecerán conclusiones: consecuencias de la colonización y su relación con los actuales problemas de África.

c) Cada grupo debe exponer su trabajo en el aula, con las imágenes o audios que desee.

d) Elaborad un mural conjunto sobre las repercusiones del imperialismo colonial en el pasado y el presente.

6 Fuentes audiovisuales. Guinea española

Visiona el vídeo www.tiching.com/59400 sobre la sociedad colonial de la Guinea española y contesta las siguientes preguntas:

a) ¿Cuándo y por qué se inició la colonización de Guinea Ecuatorial? ¿Quiénes se instalaron allí?

b) ¿Qué se explotaba principalmente? ¿Qué beneficios conseguía la metrópoli? ¿Qué papel desempeñaba la Iglesia católica?

c) ¿Qué imagen se da de los nativos africanos en el reportaje? ¿Qué recuerdos de su presencia conservan los colonos blancos? ¿Cómo vivían?

d) ¿Se relacionaban colonos y nativos entre ellos? ¿Cómo eran tratados los guineanos?

e) ¿Cómo se gobernaba? ¿Qué infraestructuras se realizaron? ¿Con qué objetivo? ¿Cuándo y por qué tuvieron que abandonar la colonia los españoles?

RETOS EN LA RED

MINI UNIDAD VISUAL: El viento del diablo.

ACTIVIDADES AUTOCORRECTIVAS: Resuelve estas actividades y repasa lo que has aprendido.

www.vvd.link/012271/6

7 La Primera Guerra Mundial y la Revolución rusa

¿Qué acontecimientos se produjeron en Europa a principios del siglo XX? ¿Cómo afectaron a la política mundial?

John Nash: *El bosque de Oppy*, 1917.

En los inicios del siglo XX, las rivalidades económicas, coloniales y nacionales entre los Estados europeos condujeron a una escalada de tensiones y una carrera de armamentos que desembocaron en la Primera Guerra Mundial (1914-1918).

Se trató de un nuevo tipo de conflicto que implicó a países de todo el mundo, movilizó no solo a los ejércitos sino también a la población civil, y dejó un terrible saldo de muertos y destrucción.

La participación del Imperio ruso en la guerra provocó un gran descontento entre la población y, en 1917, una doble revolución derrocó al zarismo e instauró el primer Estado socialista en el mundo.

¿Qué sabemos?

- Observa el eje. ¿Qué fases conoció el desarrollo de la Primera Guerra Mundial? ¿En cuál tuvo lugar la Revolución rusa? ¿Qué sabes de lo que pretendía esa revolución?
- Describe la ilustración. ¿Qué adjetivos darías al paisaje? ¿Qué sabes de las trincheras de la Primera Guerra Mundial?

¿Por qué estalló una guerra en Europa en 1914?

Desde finales del siglo XIX, y especialmente a lo largo de la primera década del siglo XX, la escalada de tensiones internacionales entre las diferentes potencias europeas fue creando un clima de "paz armada" que anunciaba la inminencia de un conflicto bélico.

¿Qué rivalidades coloniales, económicas y nacionales provocaron enfrentamientos entre los países? ¿Qué hostilidades propiciaron una carrera de armamentos y la configuración de bloques antagónicos de alianzas? ¿Qué intereses condujeron al estallido de la guerra?

A LOS ENFRENTAMIENTOS COLONIALES

La Conferencia de Berlín (1885) había intentado establecer medidas de acuerdo y arbitraje entre los imperios, pero el ascenso de potencias como **Alemania**, que había llegado con retraso a la carrera colonial, volvió a reabrir los conflictos entre los países europeos.

A principios del siglo XX, **Marruecos** fue el escenario principal de enfrentamientos. Pero la tensión podía estallar en cualquier lugar y en cualquier momento.

Alemania amenaza a Francia en Marruecos y Reino Unido acude en ayuda de Francia. Caricatura, 1908.

Las crisis marroquíes

En 1905, el gobierno alemán ofreció su apoyo al sultán de Marruecos para que se enfrentara a los franceses, que querían establecer un protectorado en la zona. La Conferencia de Algeciras (1906) frustró las aspiraciones alemanas al establecer un protectorado franco-español sobre Marruecos.

Pero Alemania, en 1911, con motivo de una insurrección en el Sur de Marruecos, envió barcos de guerra al puerto de Agadir, bajo el pretexto de proteger a los súbditos alemanes. Reino Unido apoyó incondicionalmente a Francia, pero la presión alemana acabó consiguiendo a cambio la ampliación de la colonia de Camerún.

B LAS RIVALIDADES ENTRE LAS POTENCIAS. EL NACIONALISMO

Las potencias europeas también adoptaron posiciones nacionalistas, exacerbadas por la defensa de sus intereses en Europa y en sus imperios coloniales. Se produjo una exaltación de los valores y la identidad de cada nación, que generó un clima de desconfianza mutua.

De ese mismo modo, en el ascenso de los nacionalismos contribuyeron las **aspiraciones de independencia** de algunos pueblos europeos que querían librarse de la tutela de los viejos imperios tradicionales.

Como consecuencia, la región de los **Balcanes**, dominada desde hacía siglos por el Imperio turco, se convirtió en un foco de importantes tensiones internacionales.

Asimismo, **franceses** y **alemanes** se enfrentaban por la ocupación alemana de las regiones francesas de **Alsacia** y **Lorena**, a raíz de la guerra franco-prusiana. Por último, existía una fuerte **rivalidad** entre **Reino Unido** y **Alemania** por el control comercial y económico de Europa y de las rutas comerciales.

ALSACIA Y LORENA

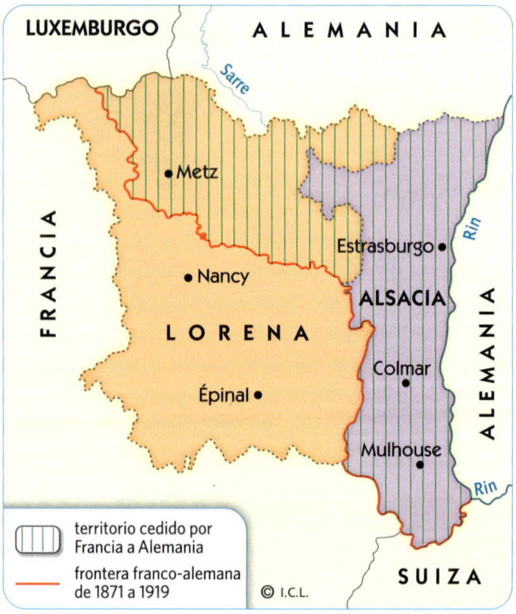

C LOS CONFLICTOS BALCÁNICOS

En los Balcanes, ante la decadencia del Imperio turco, Austria-Hungría aspiraba a expandirse en la zona. Pero se enfrentaba a las ambiciones de Serbia y del Imperio ruso que también quisieron aumentar su influencia y ocupar los estrechos del Bósforo y los Dardanelos, que abrían sus dominios al mar Mediterráneo.

La anexión de Bosnia-Herzegovina al Imperio austrohúngaro (1908) agravó las tensiones en los Balcanes y originó la sucesión en pocos años de **dos guerras** (1912 y 1913) que empeoraron la situación. Las guerras consolidaron a Serbia, con el apoyo de Rusia, como la potencia de la zona. Este liderazgo alarmó a Austria-Hungría que temía un levantamiento general de los pueblos eslavos bajo su dominio. Por ello buscó el apoyo de Alemania frente a Rusia.

Ilustración editada en *Le Petit Journal*, 1908, que muestra a Rusia y Austria-Hungría disputándose el dominio y reparto de los Balcanes, ante la impotencia de Turquía.

D ALIANZAS MILITARES Y CARRERA DE ARMAMENTOS

Las potencias se lanzaron a un complejo sistema de alianzas militares para prepararse ante un posible enfrentamiento. En 1882, Alemania, Austria-Hungría e Italia firmaron la **Triple Alianza**.

Francia, temerosa del poderío militar y del expansionismo alemán, se alió con Rusia y mejoró sus relaciones con Reino Unido, deterioradas por las disputas coloniales. Las tres potencias acabaron firmando la **Triple Entente** (1907).

El malestar existente entre las grandes potencias originó además una **carrera de armamentos**. Los Estados invirtieron grandes sumas de dinero en fabricar armas (cañones, obuses, ametralladoras...), construir barcos de guerra y entrenar a sus tropas. A principios de siglo XX, todos se preparaban para la guerra y cualquier incidente podía desencadenar el conflicto.

El asesinato del archiduque austriaco Francisco Fernando (junio de 1914) fue la chispa que incendió Europa, pero las causas se habían fraguado durante décadas.

LOS SISTEMAS DE ALIANZAS EUROPEOS

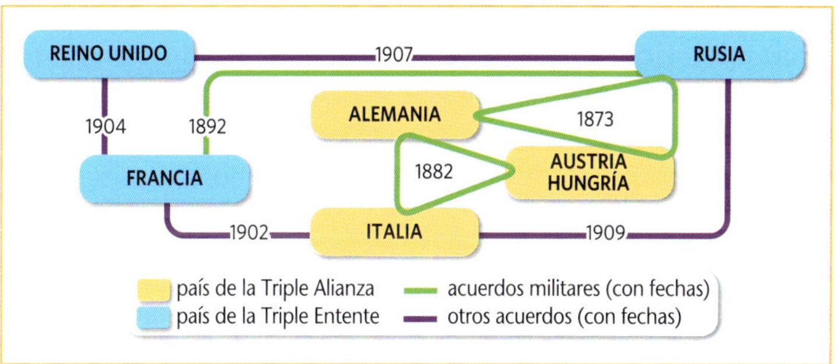

EL GASTO EN ARMAMENTO

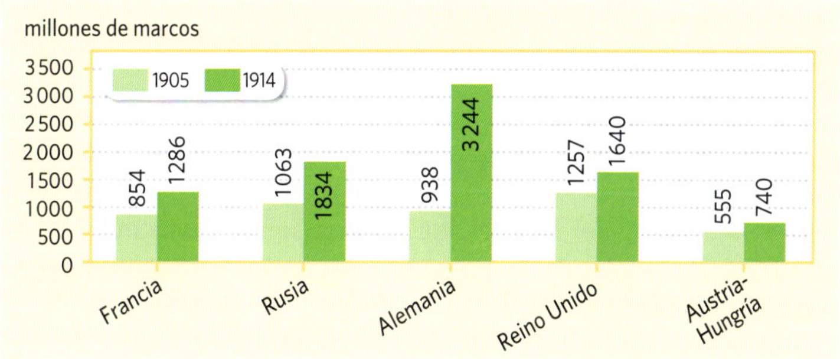

1. ¿Por qué se enfrentaban los países europeos en las colonias? ¿Qué nueva potencia planteaba los mayores problemas? ¿Qué fueron las crisis marroquíes?

2. ¿Por qué adoptaron posiciones nacionalistas muchos países? ¿Cuál era el principal conflicto entre Francia y Alemania? ¿Qué intereses se enfrentaban en los Balcanes?

Argumenta la respuesta

3. Justifica por qué a esta época se la conoce como la de la "paz armada", y se dice que la Primera Guerra Mundial fue una "guerra anunciada".

4. Distingue entre las causas profundas y el motivo concreto que hizo estallar la guerra.

2 El desarrollo de la guerra

El estallido de la guerra

El 28 de junio de 1914 fue asesinado el heredero del Imperio austrohúngaro, Francisco Fernando, en Sarajevo, capital de Bosnia (ocupada por los austriacos desde 1908). El atentado fue realizado por un estudiante bosnio relacionado con las organizaciones nacionalistas serbias.

Austria, animada por Alemania, acusó a **Serbia** de haber instigado el magnicidio y le declaró la guerra el 28 de julio. Rusia intervino para proteger a Serbia y declaró la guerra a Austria. Alemania, aliada de Austria, declaró la guerra a **Rusia** y a **Francia**. **Reino Unido** declaró la guerra a Alemania y a Austria cuando los ejércitos alemanes invadieron **Bélgica**, país aliado de Francia. Solo Italia se mantuvo neutral en un principio.

El enfrentamiento austro-serbio se convirtió en una **guerra europea**.

LA EXTENSIÓN DEL CONFLICTO

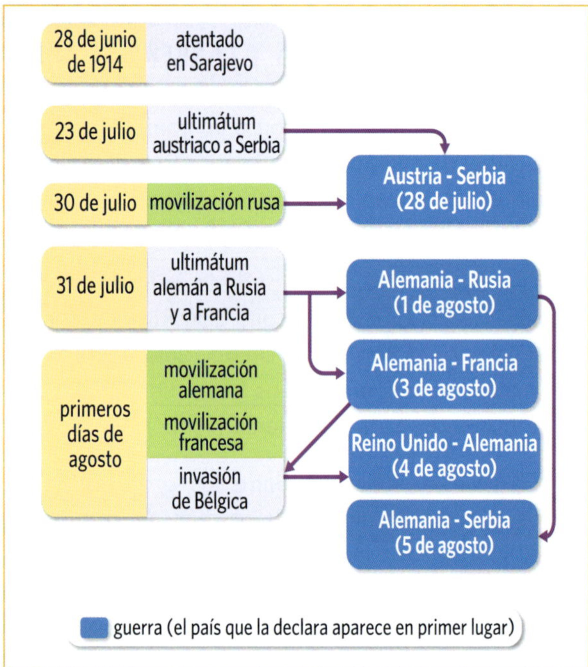

La guerra de movimientos

Las operaciones bélicas se iniciaron en el **frente occidental**, cuando en una rapidísima operación (Plan Schlieffen) los ejércitos alemanes atacaron a Francia, entrando por Bélgica y Luxemburgo, con la esperanza de vencer rápidamente y poder concentrar todos sus esfuerzos en el frente oriental.

A comienzos de septiembre de 1914, los alemanes se encontraban a 40 kilómetros de París. Sin embargo, los ejércitos francés e inglés consiguieron reorganizarse y detener el avance del ejército alemán en la **batalla del Marne**.

En el **frente oriental**, los alemanes derrotaron a los rusos en la **batalla de Tannenberg**, pero estos reaccionaron y llegaron a las fronteras del Imperio austrohúngaro. En los Balcanes, la ofensiva austriaca contra Serbia fue detenida.

La guerra de trincheras

Tras la batalla del Marne, los frentes se inmovilizaron. En el frente occidental se abrieron trincheras desde Suiza hasta el mar del Norte, y se inició una fase de la guerra en la que ganar un palmo de territorio al enemigo significaba decenas de miles de muertos. Entonces se hizo necesaria la búsqueda de **nuevos aliados** que aportaran más soldados al frente.

A finales de 1914, Turquía entró en la guerra, al año siguiente lo hicieron Italia y Bulgaria y, en 1916, se incorporó Rumania. Ese mismo año, los alemanes lanzaron una nueva ofensiva en el frente occidental, pero en la **batalla de Verdún** los franceses resistieron durante meses. En julio, británicos y franceses atacaron las líneas alemanas (**batalla de Somme**), con escaso éxito.

Miles de soldados vivieron durante meses en las trincheras sufriendo unas condiciones de vida miserables.

EL DESARROLLO DE LA GUERRA Y LAS TRINCHERAS

Desde el Mar del Norte hasta Suiza se cavaron miles de kilómetros de trincheras. En ellas se enfrentaron los ejércitos con un elevado coste humano: un millón de bajas entre los aliados y 800 000 entre los alemanes.

@ Amplía en la Red...

Para saber más sobre la guerra de movimientos en 1914, entra en: www.tiching.com/731537

1917: la entrada de EE UU y el fin de la guerra

El año 1917 fue decisivo para la guerra. Por un lado, los duros combates de la guerra de trincheras provocaron entre los soldados deserciones y se produjeron numerosos motines en el frente. Por otro, en Rusia triunfó la Revolución bolchevique y los revolucionarios, ocupados en consolidar su gobierno, firmaron la paz con Alemania y se retiraron de la guerra (**paz de Brest-Litovsk**).

El abandono de Rusia fue compensado con la **intervención de Estados Unidos**, que, a consecuencia del hundimiento del transatlántico *Lusitania* por un submarino alemán, decidió entrar en el conflicto. Aunque ya se había extendido la guerra a las colonias, la presencia de EE UU supuso la definitiva **mundialización del conflicto**.

En 1918, en el frente oriental, británicos, franceses e italianos derrotaron a los austriacos y a sus aliados. Los imperios austrohúngaro y turco pidieron el armisticio*, y los combates cesaron.

En el frente occidental, los alemanes fueron derrotados en la segunda batalla del Marne y se produjeron revueltas en el ejército y la marina, además de manifestaciones obreras contra el gobierno alemán. El alto mando alemán se desmoralizó ante el fracaso y sugirió al káiser, Guillermo II, que pidiera la paz. El 11 de noviembre de 1918, **Alemania firmó el armisticio**. La Primera Guerra Mundial había terminado.

Estados Unidos entra en la guerra

Con absoluta conciencia del carácter solemne de la decisión que acabo de tomar y de las graves responsabilidades que esta decisión comporta, pero obedeciendo a lo que considero mi deber constitucional, aconsejo que el Congreso declare que la reciente conducta del gobierno imperial alemán no es sino un cambio de dirección de la guerra contra el gobierno y el pueblo de EE UU. Propongo que el Congreso acepte la posición de beligerante (...).

Mensaje de guerra del presidente Wilson, 1917.

1. ¿Qué hecho concreto desencadenó la guerra? Relaciónalo con el conflicto balcánico.
2. ¿Qué posición adoptó Alemania? ¿Por qué crees que estaba tan interesada en desencadenar un conflicto?
3. ¿Qué juego de alianzas provocó que el enfrentamiento entre Austria y Serbia se convirtiera en un conflicto mundial?
4. Explica las fases de la guerra y los acontecimientos y características de cada una de ellas.
5. ¿Qué hechos provocaron en 1917 un vuelco en la guerra? ¿Por qué hablamos de "mundialización del conflicto"?

Los soldados en el frente

En la guerra, detrás de las batallas, de los países contendientes y de los números que mostraron las bajas y las fuerzas en combate, existió una realidad cotidiana de sufrimiento y destrucción.

Centenares de hombres, en general jóvenes, fueron reclutados y enviados al frente. Ellos fueron los verdaderos protagonistas de la guerra. Su experiencia, sobre todo en las trincheras, fue terrible y marcó a toda su generación.

A EL SUFRIMIENTO HUMANO

El extraordinario desarrollo tecnológico del siglo XIX, y especialmente de la Segunda Revolución Industrial, se aplicó a la guerra, buscando los medios más efectivos para destruir y matar.

ARTILLERÍA, BOMBAS Y GAS

Se fabricaron cañones más poderosos, ametralladoras..., aparecieron los primeros tanques y aviones y se utilizaron gases, que sembraron el terror entre los contendientes. El empleo de **nuevas armas** cada vez más mortíferas provocó un número de víctimas muy superior al de guerras anteriores.

La cantidad de proyectiles es increíble, 80 000 obuses en algunas horas, sobre un espacio de 1000 metros de anchura por 400 de profundidad. Uno se pregunta cómo los seres humanos llegan a sobrevivir y combatir en un infierno semejante, en el que no queda un solo metro cuadrado que no haya sido bombardeado por los obuses.

M. POISOT: *Mon journal de guerre: 1914-1918 [Mi diario de Guerra]*, 1985.

Batalla de Verdún

- 300 días de combates
- 3 200 cañones alemanes
- 270 cañones franceses
- 30 millones de obuses (4 toneladas de bombas por m^2)
- 163 000 muertos franceses
- 143 000 muertos alemanes

Los primeros momentos con una careta antigás son decisivos para saber si vivirás o morirás: la cuestión consiste en comprobar que es impermeable y que no está rota (...).

E. M. REMARQUE: *Sin novedad en el frente*, 1929.

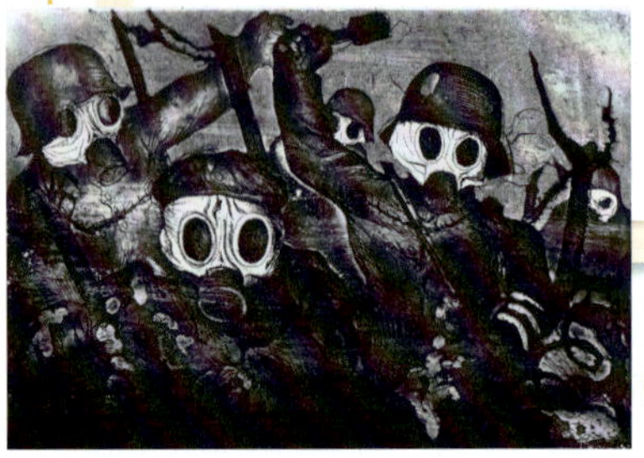

Otto DIX: *Tropas de asalto avanzando bajo un ataque de gas*, 1924.

Hambre y suciedad

Dentro de este fangal, los combatientes tienen el aspecto más extraño. La suciedad ha revestido a los soldados de un uniforme en el cual la invisibilidad desafía todo reconocimiento. Van vestidos de tierra, maquillados de tierra. Los pantalones, la capa, la cara, las armas están llenas de fango. (...) Solo la culata de los fusiles está cubierta con un trapo para protegerla. No podemos distinguir si los cadáveres que encontramos por el camino son franceses o alemanes.

Artículo periodístico, abril de 1915.

Están agotados, no pueden más. No hay café, no protestan. Saben que todo es miseria en este mundo de miseria. Llenan sus fiambreras y comen silenciosamente el guiso frío de buey cocido y patatas avinagradas, buscando preservarse del agua y de la tierra; pero tienen las manos heladas y el pan que comen cruje bajo sus dientes.

Diario de un combatiente, 1917.

Atender a los heridos

El nuevo armamento que se utilizó en la guerra, además de ser más mortífero, provocaba una enorme cantidad de heridos, especialmente por la metralla y las bombas. Se establecían hospitales de campaña y en ellos empezaron a ser habituales no solo los médicos sino también las enfermeras.

En la Gran Guerra ya operaba la organización de la Cruz Roja, cuyo cometido era atender a heridos y prisioneros sin distinción de bandos.

Enfermeras durante la Primera Guerra Mundial.

UNA TRINCHERA DE LA PRIMERA GUERRA MUNDIAL

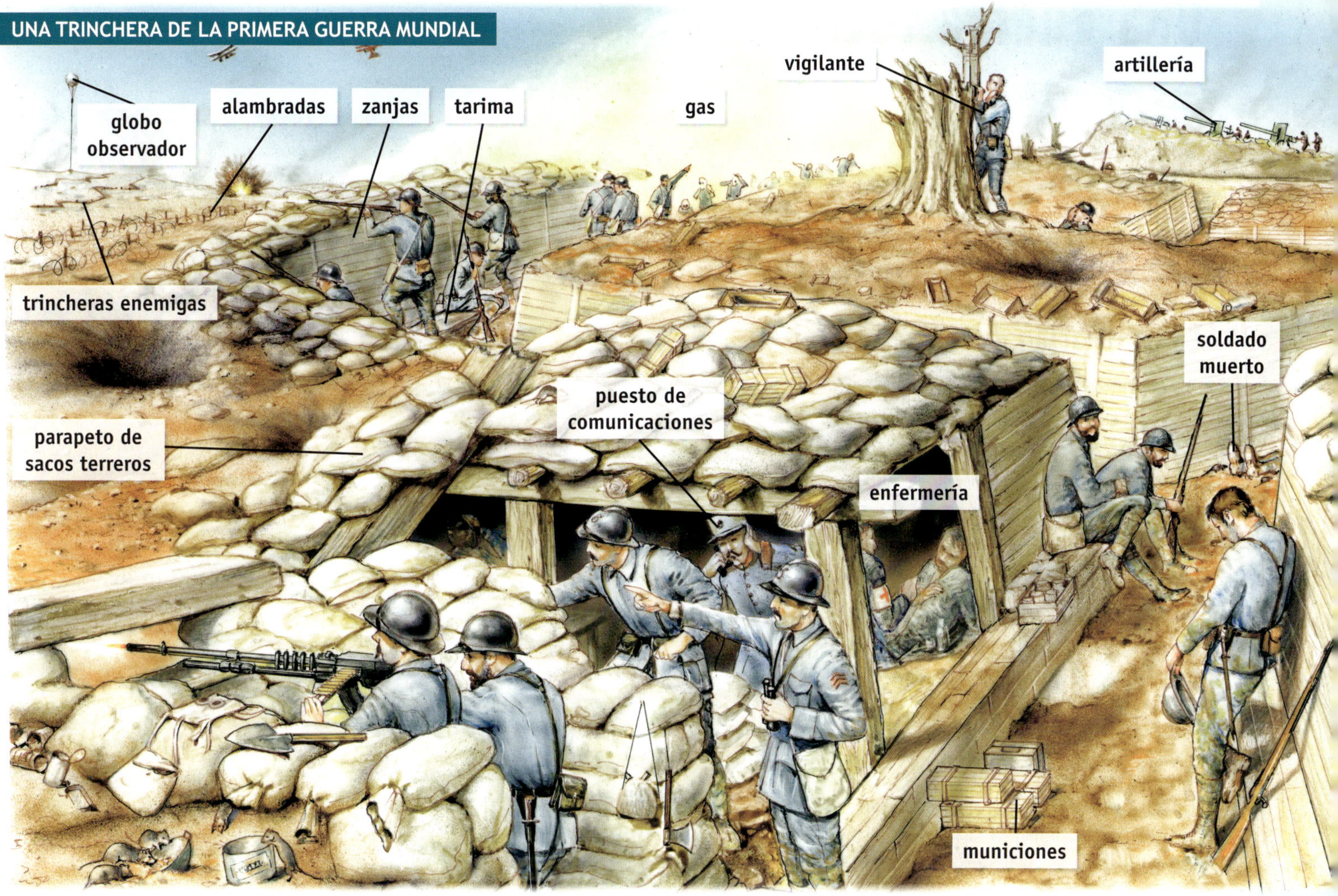

B LA VIDA EN LA TRINCHERA: RESISTIR Y ATACAR

La rutina diaria de los soldados consistía en resistir los ataques de la artillería enemiga parapetados en las trincheras tras un entramado de alambres y zanjas.

Para debilitar al adversario, periódicamente se lanzaban ofensivas en las cuales la infantería abandonaba la trinchera e intentaba avanzar a campo abierto en medio del fuego enemigo.

Un ataque fuera de las trincheras

Los taludes (de las trincheras) se cubren de hombres que avanzan al mismo tiempo que nosotros. Atravesamos las alambradas por los agujeros. Algunas balas empiezan a llegar hacia nosotros (...). Bruscamente, ante nosotros, a todo lo largo de la pendiente, se alzan sombras flameantes. De izquierda a derecha, los obuses caen del cielo, los explosivos salen de la tierra. Es una espantosa cortina. Nos paramos estupefactos (...) después un esfuerzo simultáneo levanta nuestro grupo y lo lanza velozmente hacia delante.

H. Barbusse: *El fuego*, 1916.

1. Observa el dibujo y describe cómo era el sistema de trincheras en la Primera Guerra Mundial. ¿Qué instalaciones había bajo tierra? ¿Qué armamento distingues en las trincheras? ¿Y en el equipo de los soldados? ¿Por qué eran tan importantes las máscaras antigás?
2. ¿Cómo se intentaba asaltar la posición enemiga? ¿Cuál era la mayor dificultad? ¿Cómo se organizaba la defensa de un ataque enemigo?

Ponte en su lugar

3. Con toda la información de estas páginas, redacta una breve descripción de un día en las trincheras:
   - Describe el espacio, la sensación de suciedad (barro, piojos, ratas...), de hambre (comida escasa y desaborida...), etcétera.
   - Intenta relatar un momento de bombardeo en las trincheras, o de un asalto con bayoneta*, o la sensación de ser atacado con gas.
   - Explica el miedo que deberían sentir los soldados a la orden de salir de la trinchera y avanzar hacia el enemigo.

4 Una guerra total

La guerra de 1914-1918 provocó una conmoción tan profunda en las sociedades europeas que se la denominó la **Gran Guerra**. Se consideró el primer ejemplo de un nuevo tipo de guerra, la "guerra total", al no limitarse ya a los campos de batalla, ni a los soldados profesionales sino que implicó a toda la población y a todos los recursos de las naciones contendientes.

La implicación de la población civil

En primer lugar, el nuevo tipo de **ejército nacional**, que surgió con las revoluciones del siglo XIX, comportó la participación en los combates, no de mercenarios o voluntarios, sino del grueso de la **población civil** masculina en edad militar, y, por tanto, los desastres de la guerra golpearon de forma generalizada a la población, cuyos maridos o hijos participaron en la contienda.

Asimismo, el avance de los ejércitos en 1914 podía ser mucho más veloz al contar con medios como los ferrocarriles o los vehículos a motor. Como consecuencia, tanto en Bélgica y en el Nordeste de Francia, como en Prusia, Rusia o Serbia, provocó el éxodo de millones de civiles ante el pavor al saqueo, la destrucción o las represalias, y dio origen a uno de los primeros grandes **movimientos de refugiados** motivado por un conflicto bélico en el mundo contemporáneo.

La guerra requirió una enorme producción de armamento, municiones, avituallamiento… Para ello se utilizó masivamente el **trabajo de mujeres** y hombres en edad no militar, y se alargaron las jornadas laborales.

Además, las necesidades de guerra eran prioritarias y la producción de bienes de consumo se resintió. Faltaban víveres y productos de primera necesidad. A principios del siglo XX una buena parte de la población ya vivía en las ciudades y no tenía recursos, como en el campo, para alimentarse: el hambre hizo su aparición.

Propaganda y control de la opinión

Para que el conjunto de la población mantuviera la moral y contribuyese al esfuerzo bélico, los Estados recurrieron por primera vez a la **propaganda**, con métodos modernos ideados con las técnicas de *marketing*. Esta propaganda permitió movilizar a la opinión pública de cada bando, utilizando de forma recurrente la exaltación de la patria y el odio al enemigo como forma de comprometer a toda la población en el conflicto.

Se recurrió asimismo a la censura de prensa, se manipularon los comunicados militares para crear un estado de opinión unánime. Los pacifistas o los socialistas opuestos a la guerra fueron detenidos y silenciados.

Cartel de reclutamiento de 1916 en el que se dice: "¡Muchachos! Venid. Os necesitamos".

La contribución de las colonias

Tropas coloniales y de voluntarios participaron en los combates al lado de cada bando. Además, las colonias ofrecieron recursos económicos para auxiliar a las destrozadas economías europeas. La movilización de los imperios coloniales extendió el conflicto a otros continentes: África (enfrentamientos en Togo y Camerún), Oriente Próximo (posesiones británicas) y Extremo Oriente (enfrentamientos entre China y Japón).

Cartel de 1917, exaltando el papel de las tropas coloniales.

Cartel americano apelando al apoyo de la población para el esfuerzo de la guerra.

Cartel británico llamando a la ayuda a Bélgica, en manos del monstruo alemán. "Destruir a la bestia. Alístate".

LA ECONOMÍA AL SERVICIO DE LA GUERRA

Desde el punto de vista económico, los gobiernos instauraron verdaderas **economías de guerra**, con una fuerte intervención del Estado. Las factorías debían funcionar con toda su capacidad en la fabricación de armas, y cualquier queja o falta de rendimiento se consideraba una traición. La población femenina, y la masculina no reclutada, fue incorporada a esa producción.

Además la guerra había que pagarla, y los gobiernos se endeudaron y pidieron préstamos. Los aliados lo hicieron especialmente a Estados Unidos, la potencia más rica y al margen del conflicto hasta 1917.

Cartel francés demandando la entrega de oro de los particulares para poder hacer frente a los gastos de la guerra.

Mujeres trabajando en una fábrica de obuses hacia 1916.

EL ESFUERZO BÉLICO (1914-1918)

País	Número de soldados	Número de buques de guerra	Producción de hierro (t)
Reino Unido	8 900 000	64	6 900 000
Francia	8 400 000	28	4 300 000
Rusia	12 000 000	16	4 400 000
Alemania	11 000 000	40	17 000 000
Austria	7 800 000	16	2 700 000
Turquía	2 850 000	sin datos	sin datos

EL PAPEL DE LAS MUJERES EN LA PRIMERA GUERRA MUNDIAL

Para colaborar en el esfuerzo bélico, las mujeres empezaron a trabajar en las fábricas de armamento, en los hospitales, en los transportes, etc. Al final del conflicto, las mujeres constituían el 35 % de la mano de obra industrial de Alemania y Reino Unido.

Las mujeres fueron conscientes de que poseían las mismas capacidades, pero no los mismos derechos que los hombres, y los **movimientos sufragistas**, en demanda del derecho al voto, cobraron gran importancia.

Manifestación de sufragistas reclamando el derecho al voto de las mujeres, en Reino Unido en vísperas de la Primera Guerra Mundial.

1. ¿Qué tipo de ejército se configuró para combatir en la Primera Guerra Mundial? ¿Cómo se implicó al conjunto de la población? ¿Qué intervención tuvieron las colonias en la guerra?
2. ¿Qué significó para la población civil dedicar enormes esfuerzos a la guerra? ¿Qué padecimientos se generaron?
3. ¿Qué papel desempeñaron las técnicas de propaganda? ¿Qué buscaba la propaganda?
4. ¿Qué significó la guerra para las mujeres? ¿Cuál fue su papel? ¿Qué reivindicaron a partir de ese momento?
5. Explica por qué se califica a la Primera Guerra Mundial como "guerra total".

DESCUBRE

5 ¿Por qué se produjo una revolución en Rusia?

La guerra afectó a todos los países contendientes, pero en el Imperio ruso tuvo profundas consecuencias. Generó una revolución, en 1917, sin precedentes y transformó por completo el sistema económico, político y social. ¿Por qué la primera revolución socialista se produjo en el país de los zares?

¿Qué condiciones de miseria y desesperación condujeron a su población a la revuelta? ¿Por qué el sistema político fue incapaz de integrar las reivindicaciones de reformas moderadas? ¿Qué ideas, partidos y líderes pudieron acabar con el zarismo?

A UN IMPERIO AUTOCRÁTICO

A comienzos del siglo XX, el Imperio de los zares era un inmenso territorio donde aún pervivía el absolutismo monárquico. Políticamente, el zarismo era una autocracia, es decir, el zar tenía un **poder absoluto**: gobernaba por decreto, no estaba sujeto a ninguna constitución ni respondía ante un Parlamento.

Una fiel burocracia y un poderoso ejército aseguraban el control del Imperio, mientras que la Iglesia ortodoxa constituía uno de los grandes pilares ideológicos del régimen.

El zar Nicolás II y la zarina Alejandra Fiódorovna en 1894. Los zares se presentaban ante el pueblo como dioses inalcanzables en su poder.

Iliá Repin: *Procesión de Pascua en la región de Kursk*, 1883.

El zar era la máxima autoridad de la Iglesia ortodoxa y esta tenía una gran influencia sobre una población de la cual el 80 % era analfabeta.

B UNA AGRICULTURA FEUDAL Y UNA INDUSTRIA DEPENDIENTE

La economía y las estructuras sociales del Imperio ruso eran de las más atrasadas del continente europeo. La **agricultura** constituía la principal actividad económica y la tierra estaba en manos de una aristocracia privilegiada, inmensamente poderosa y rica.

Los campesinos, la mayoría de la población, estaban sometidos a un régimen casi feudal, desaparecido en la mayor parte de Europa, que los condenaba a unas condiciones de vida miserables. La servidumbre personal se mantuvo hasta 1865 y, aunque se abolió, el poder de la nobleza terrateniente la mantuvo intacta.

En algunas zonas del Imperio (Moscú, San Petersburgo, Urales...) se había iniciado un proceso industrial impulsado, en buena parte, por capital extranjero. Allí había surgido un numeroso **proletariado industrial** que trabajaba en grandes fábricas, casi la mitad de los obreros trabajaban en empresas de más de 500 trabajadores, por unos salarios miserables.

LA POBLACIÓN EN SAN PETERSBURGO

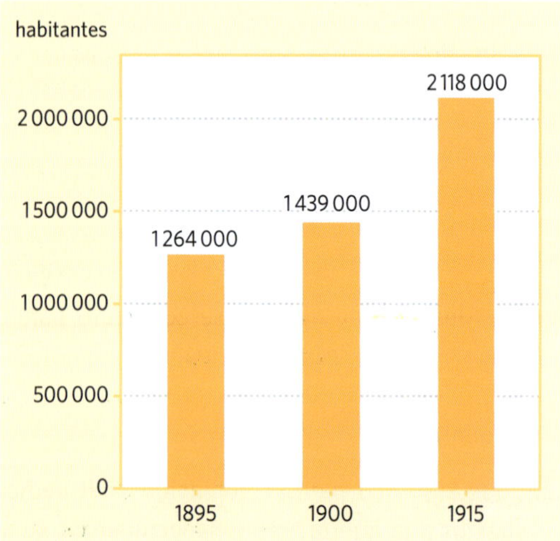

C LA OPOSICIÓN AL ZARISMO

Las primeras corrientes de oposición, populistas (naródniki) y anarquistas se desarrollaron entre los campesinos, pero sin establecer alternativas claras. Entre los obreros industriales se difundieron las ideas marxistas.

En 1898 se fundó el **Partido Obrero Socialdemócrata Ruso**, que tenía como líder más destacado a Vladímir Ilich Uliánov, Lenin. Pronto, el partido se escindió en dos alas, la menchevique (o minoritarios) y la bolchevique (o mayoritarios), partidaria del **camino revolucionario**, convencida de la incapacidad de reformas del zarismo.

A comienzos del siglo XX apareció un partido liberal-burgués, el **Partido Democrático Constitucionalista** (denominados kadetes), y en la izquierda, el **Partido Socialista Revolucionario** (llamados eseristas), con gran influencia entre los campesinos.

La revuelta de 1905

En 1905 estalló una revuelta que exigía el fin de la autocracia. Se celebró una **manifestación pacífica** y el zar respondió con una contundente represión (**Domingo Sangriento**). Pero las manifestaciones y huelgas continuaron y los trabajadores crearon unos consejos de obreros, campesinos y soldados, denominados **sóviets**, para organizarse. Ante la situación, el zar se comprometió a convocar elecciones por **sufragio universal** al Parlamento (Duma) y a propiciar una **reforma agraria**. Sin embargo, las promesas no se cumplieron y en pocos años el zar clausuró la Duma y gobernó de nuevo autocráticamente.

León Trotski (1879-1940) fue uno de los principales dirigentes bolcheviques. Organizó en 1905 el primer sóviet en San Petersburgo.

LOS GRUPOS POLÍTICOS EN RUSIA

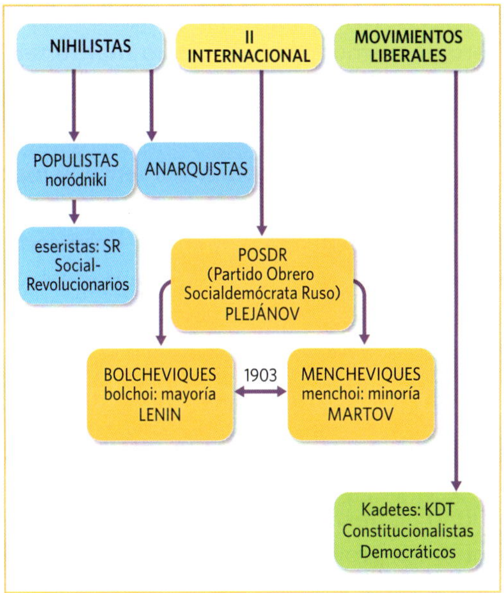

D LA COYUNTURA DE LA PRIMERA GUERRA MUNDIAL

En 1914, cuando Rusia entró en la Primera Guerra Mundial, se evidenció que no estaba preparada para una guerra tan larga, dura y cara: el ejército ruso no estaba capacitado, ni los sistemas de transporte eran eficaces, ni la industria de armamento resultaba suficiente. Como los medios económicos del país se dedicaron a la guerra, el hambre apareció y se extendió el **malestar** entre obreros, campesinos y soldados. Todo ello desacreditó al zar Nicolás II y a su gobierno.

En plena guerra, los que se oponían al zarismo sabían que era la oportunidad de acabar con el régimen y hacerse con el poder.

EL IMPERIO RUSO EN LA PRIMERA GUERRA MUNDIAL

1. ¿Qué forma de gobierno existía en Rusia a principios del siglo XX? ¿Quién sostenía el poder? ¿Qué grupo social era el dominante? ¿Qué situación económica había? Establece diferencias con el sistema social y político de Europa Occidental en esa época.
2. ¿Qué oposición existía al zarismo? ¿Por qué era tan débil el liberalismo burgués? ¿Por qué crecían los grupos socialistas? ¿Qué sucedió en 1905? ¿Cómo afectó la Primera Guerra Mundial a la situación rusa?
3. Observa el esquema que tienes a la izquierda. ¿Por qué se produjo la revolución en Rusia?

Investiga

4. Busca información sobre el origen del Partido Obrero Socialdemócrata Ruso. Redacta un breve comentario en el que describas el origen del partido, sus dirigentes y las diferencias ideológicas entre las dos corrientes: los mencheviques y los bolcheviques.

6 La Revolución rusa

La revolución de febrero de 1917. Caída del zarismo

El 23 de febrero de 1917 se produjo una gran manifestación en Petrogrado (nombre eslavo que había adoptado San Petersburgo en 1914), seguida de una **huelga general** y de **amotinamientos en los cuarteles**. El zar abdicó y se proclamó una república dirigida por un **gobierno provisional**, que se comprometió a convocar elecciones constituyentes para convertir Rusia en una democracia parlamentaria.

El nuevo gobierno, dominado por los partidos burgueses (kadetes y eseristas), inició una serie de **reformas** políticas y sociales. Pero al mismo tiempo decidió **mantener** los compromisos con sus aliados en la guerra. Esto impedía mejorar las condiciones de vida de la población e iniciar la esperada reforma agraria.

El **descontento popular** aumentó, y los **sóviets**, que pedían la retirada de la guerra, empezaron a exigir la destitución del gobierno. La unidad de fuerzas que había derrocado al zar empezó a romperse, y se generó una dualidad de poderes entre el gobierno provisional y los sóviets.

Manifestación de mujeres pidiendo paz y pan, febrero de 1917.

La revolución de octubre. Los bolcheviques al poder

Los **bolcheviques** fueron ganándose el apoyo de la mayoría de los sóviets. Su líder, **Lenin**, que había regresado a Rusia del exilio, propugnó las **Tesis de abril**, donde marcaba la ruta a seguir: derrocar al gobierno provisional e instaurar un gobierno de sóviets obreros y campesinos, firmar la paz con Alemania, repartir las tierras entre los campesinos, ceder la dirección de las fábricas a los obreros, nacionalizar la banca y reconocer las nacionalidades del Imperio.

Los bolcheviques, con el apoyo de los sóviets, que habían creado sus propias milicias armadas, la **Guardia Roja**, prepararon una insurrección para el día **25 de octubre de 1917**. Los sublevados ocuparon la ciudad de Petrogrado, tomaron el Palacio de Invierno y destituyeron al gobierno provisional. La **revolución** se extendió rápidamente por Moscú y los núcleos industriales del país.

El II Congreso de los Sóviets de Rusia, que se hallaba reunido en Petrogrado, proclamó un **gobierno obrero** que fue presidido por Lenin y en el que figuraban Trotski y Stalin.

En noviembre de 1917 se celebraron las elecciones para la **Asamblea Constituyente**, que habían sido convocadas por el gobierno provisional. Los bolcheviques solo obtuvieron el 25 % de los escaños, aunque su fuerza era mayoritaria en las ciudades y las zonas industriales. Ante el temor de que los grupos contrarios a la revolución se impusieran en la Duma, Lenin disolvió la Asamblea y puso **fin al pluralismo político** en la nueva Rusia soviética.

El nuevo gobierno decretó las **primeras medidas revolucionarias**: se expropiaron las tierras para repartirlas entre los campesinos, y las fábricas quedaron bajo el control de comités obreros. Asimismo se firmó el Tratado de Brest-Litovsk (1918) con Alemania, por el que Rusia tuvo que aceptar importantes pérdidas territoriales.

Lenin

Lenin fue el líder bolchevique y principal inspirador de la revolución de octubre de 1917.

En 1897 fue encarcelado y deportado a Siberia por sus actividades contra la autocracia zarista. Tras su liberación, en 1900, se exilió a Suiza. Al triunfar la revolución de febrero, regresó a Rusia para dirigir la toma del poder por los bolcheviques.

Las primeras medidas de la revolución

- Expropiación del capital del Estado.
- Expropiación de la tierra de los propietarios y nacionalización de la tierra.
- Expropiación del capital financiero y nacionalización de los bancos.
- Expropiación de los transportes.
- Expropiación de los créditos, principalmente los extranjeros.
- Expropiación del capital a los campesinos ricos y creación del Comité del Campesinado Pobre.
- Expropiación del gran capital industrial.

Y. KUKUSHKIN: *Historia de la URSS*, 1982.

LA GUERRA CIVIL Y LA FORMACIÓN DE LA URSS

A principios de 1918, los partidarios de la vuelta del zarismo (terratenientes, ejército, etc.) o del liberalismo (burguesía) se levantaron en armas contra el gobierno de los sóviets. El denominado **Ejército Blanco** contó con la ayuda de tropas francesas, británicas, japonesas y norteamericanas, y se enfrentó al **Ejército Rojo**, organizado por los bolcheviques bajo la dirección de Trotski.

Los tres años de **guerra civil** fueron de una gran crueldad para la población, tanto por la escasez de alimentos como por los muertos en combate. En 1921, el Ejército Rojo logró imponerse militarmente pero el conflicto había contribuido al endurecimiento del régimen soviético.

En el verano de 1918, el zar y su familia fueron ejecutados por los bolcheviques.

El poder bolchevique

El partido bolchevique, que desde 1918 había tomado el nombre de **Partido Comunista de la Unión Soviética** (PCUS), se hizo con el monopolio del poder, reprimió a todos los que se le oponían (zaristas, liberales, mencheviques, anarquistas, etc.) y organizó una policía política (Checa) para perseguir las actividades contrarrevolucionarias.

En el ámbito económico, se instauró el "**comunismo de guerra**", por el que se nacionalizó toda la industria, se colectivizaron las tierras y se obligó a los campesinos a entregar sus cosechas al Estado.

La Constitución de la URSS

Art. 2. La base política de la URSS son los Sóviets de Diputados de los Trabajadores, como consecuencia del derrocamiento del poder de los terratenientes y capitalistas y de la conquista de la dictadura del proletariado. (...)

Art. 4. La base económica de la URSS es el sistema socialista de economía (...) como resultado de la supresión del sistema capitalista y la propiedad privada y de la anulación de la explotación del hombre por el hombre. (...)

Constitución de 1923.

LAS REPÚBLICAS SOVIÉTICAS A PARTIR DE 1922

En 1922, el Congreso de los Soviets ratificó la creación de un Estado Federal, la Unión de las Repúblicas Soviéticas.

Cada una de las repúblicas conservaba su idioma, y tenía autoridad sobre la justicia, la educación...; pero no sobre el partido, el ejército, la economía, las relaciones exteriores...

La URSS era un Estado federal con un Parlamento (Sóviet Supremo) y un solo partido político, el PCUS (Partido Comunista de la Unión Soviética). Se trataba de un sistema totalitario que se justificaba con la teoría de la dictadura del proletariado*.

1. ¿Qué sucedió en febrero de 1917? ¿Qué medidas tomó el nuevo gobierno? ¿Quién estaba en contra? ¿Por qué?
2. ¿Qué son las Tesis de abril? ¿Quién las propuso?
3. ¿Qué ocurrió en octubre de 1917? ¿Quién tomó el poder? ¿Cuáles fueron sus primeros decretos? ¿Qué sucedió en noviembre de 1917?
4. ¿Por qué se inició una guerra civil? ¿Quiénes se enfrentaron? ¿Qué sucedió con el zar y su familia?
5. Explica la relación entre guerra civil, ataques exteriores y consolidación del poder bolchevique ¿Cómo se hizo con el control del Partido Comunista? ¿Qué significó para el futuro de Rusia?

7 Europa, al finalizar la guerra

El desastre demográfico y económico

La guerra causó alrededor de diez millones de soldados muertos en combate. A esta cifra hay que añadir las víctimas civiles, afectadas por la subalimentación y las enfermedades, y la falta de nacimientos durante el conflicto, lo que provocó un **retroceso demográfico** generalizado.

Desde del punto de vista económico, la Primera Guerra Mundial significó la **pérdida** definitiva de la **hegemonía europea**. El conflicto empobreció a los países beligerantes. El potencial industrial de Europa se redujo un 40%, y el agrícola, un 30%. Todos los países europeos estaban endeudados tanto en el interior (empréstitos* de guerra) como con el exterior (préstamos, sobre todo con Estados Unidos).

Por contra, **Estados Unidos** fue precisamente uno de los grandes beneficiarios de la guerra y su economía se convirtió en líder de las finanzas mundiales. Su producto nacional bruto se dobló en los años de la guerra y el dólar sustituyó a la libra esterlina como la moneda fuerte y hegemónica en las transacciones internacionales.

La organización de la paz

En enero de 1919 se inauguró en París una conferencia para establecer las condiciones de paz. El **Tratado de Versalles** fue el más importante e impuso las condiciones de paz a Alemania. Otra serie de tratados fueron firmados con Austria, Bulgaria, Hungría y el Imperio turco. En conjunto se impuso la desmembración de los imperios y la **remodelación de las fronteras europeas**.

El presidente estadounidense, Thomas W. Wilson, había aportado su visión de una paz fundada en la concordia y la ausencia de revancha (**14 puntos de Wilson**). Bajo su propuesta se creó la **Sociedad de Naciones** (SDN), una organización internacional que debía garantizar la paz y la cooperación entre los Estados. Pero las condiciones impuestas por los vencedores llevaron a que los vencidos no se integraran en la SDN. Tampoco lo hizo la URSS ni, al final, EE UU y la SDN acabó sin ninguna influencia en la política internacional.

Nuevos problemas, nuevos conflictos

Las conferencias de paz no cerraron las heridas de la guerra, al contrario, abrieron nuevas rencillas. Los **alemanes** consideraron las condiciones impuestas por el Tratado de Versalles como una **humillación** que acabaría exacerbando su nacionalismo y el deseo de revancha en el futuro. También **Italia** planteó su frustración por no recibir las reivindicaciones territoriales que había demandado y creció un movimiento nacionalista.

Por otro lado, la Revolución rusa de 1917 había planteado en Europa una nueva situación de tensión. La revolución bolchevique animaba a las fuerzas revolucionarias de toda Europa. Se producujeron levantamientos en Alemania y Hungría que, aunque fueron sofocados, evidenciaban la existencia de un nuevo conflicto entre el capitalismo y el comunismo.

VÍCTIMAS DE LA PRIMERA GUERRA MUNDIAL

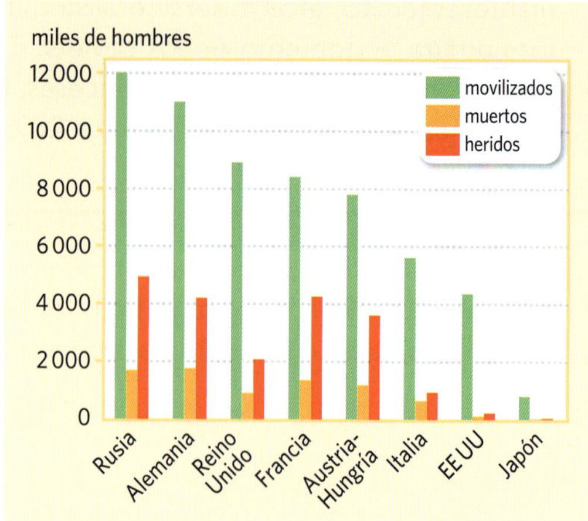

Dibujo de la revista *J'ai vu*, febrero de 1919.

La Sociedad de Naciones

Considerando que para fomentar la cooperación entre las naciones y para garantizarles la paz y la seguridad, importa:

Aceptar ciertos compromisos de no recurrir a la guerra.

Mantener (...) relaciones internacionales fundadas sobre la justicia y el honor.

Observar rigurosamente las prescripciones del Derecho Internacional, reconocidas de aquí en adelante como regla de conducta efectiva de los gobiernos.

Hacer que reine la justicia y respetar escrupulosamente todas las obligaciones de los tratados en las relaciones mutuas de los pueblos organizados.

Pacto de la Sociedad de Naciones, 1919.

LOS TRATADOS DE PAZ: UN NUEVO MAPA DE EUROPA

Los tratados de paz conformaron un nuevo mapa de Europa. El hecho esencial fue el **fin de los grandes imperios** y la formación de **nuevas naciones**, bajo el principio de un Estado para cada nacionalidad.

Pero la realidad no coincidió siempre con las ideas y, muchas veces, las fronteras de los nuevos Estados no se correspondían con las nacionalidades. Así, algunos Estados como Polonia, Rumania y Yugoslavia incluían fuertes minorías de otras nacionalidades, y la creación de una gran Polonia o una gran Rumania solo tenía por objetivo crear Estados tapón contra la URSS.

El Tratado de Versalles

El tratado más importante fue el de la paz con Alemania, firmado en Versalles. En él se declaraba a Alemania responsable de la guerra y se la obligaba a pagar fuertes indemnizaciones. Asimismo, se la desposeía de su imperio colonial, que se repartió entre Reino Unido y Francia. Por último, se reducía su ejército y su marina al mínimo y se dividía parte de su territorio entre los vencedores.

FRONTERAS EUROPEAS DESPUÉS DEL TRATADO DE VERSALLES

Las reparaciones de guerra

Art. 231. Los gobiernos aliados y asociados declaran, y Alemania reconoce, que Alemania y sus aliados son responsables, por haberlos causado, de todos los daños sufridos por los gobiernos aliados y asociados y sus habitantes (...).

Art. 232. Los gobiernos aliados y asociados exigen, y Alemania se compromete, que sean reparados todos los daños causados a la población civil de las potencias aliadas y asociadas y a sus bienes.

Tratado de Versalles: Parte VIII. Reparaciones, 1919.

ALEMANIA CEDE

- Alsacia y Lorena a Francia.
- Schleswig-Holstein a Dinamarca.
- Eupen y Malmedy a Bélgica.
- Posnania a Polonia.
- Niemen a Lituania.

Prusia queda separada por el pasillo de Danzig.

URSS

Se confirman las independencias de los Estados bálticos y la cesión de un gran territorio a Polonia. Rumania se anexionó Besarabia.

IMPERIO TURCO

Cede territorios a Grecia, Francia y Reino Unido en forma de mandatos.

FIN DEL IMPERIO AUSTROHÚNGARO

Nacen nuevos Estados: Austria, Checoslovaquia, Yugoslavia, Hungría y Polonia.

1. ¿Qué situación demográfica y económica se produjo en Europa con la guerra? ¿Y en EE UU?
2. ¿Cómo se negoció la paz? ¿Qué condiciones se impusieron a Alemania? ¿Con qué objetivo se creó la Sociedad de Naciones? ¿Por qué no fue efectiva?
3. ¿Qué Estados surgieron en Europa al desaparecer el Imperio austrohúngaro? ¿Qué sucedió en el Imperio turco?
4. En 1939 estalló una nueva guerra mundial. Intenta encontrar tres razones que expliquen los problemas pendientes que llevaron a un nuevo conflicto.

8 Las vanguardias artísticas

Durante la primera mitad del siglo XX aparecieron en Europa una serie de movimientos, esencialmente pictóricos, que recibieron el nombre de Primeras Vanguardias.

Aunque con distintos planteamientos, todas estas corrientes se cuestionaron el arte del pasado, rechazaron cualquier imitación de la realidad, y experimentaron con nuevos materiales y técnicas.

A EL FAUVISMO

Nacido en París en 1905, el **fauvismo** se caracterizó por la distorsión de la perspectiva y por el uso autónomo del color respecto a la forma y a la realidad.

Así, los colores no coinciden necesariamente con el objeto representado, sino que prevalece la visión subjetiva y estética del artista. Los principales artistas fauvistas fueron **Henri Matisse**, **André Derain** y **Maurice Vlaminck**.

Henri MATISSE: *La habitación roja*, 1908. Los vibrantes colores componen el espacio y crean la profundidad.

André DERAIN: *El puente de Westminster*, 1906.

B EL EXPRESIONISMO

El **expresionismo** fue un movimiento pictórico centrado en la expresión de los sentimientos y las emociones humanas. El uso de líneas quebradas, de formas curvas y angulosas, y de colores exaltados y muy contrastados permitió a los artistas reflejar la angustia existencial del individuo en la sociedad del momento.

E. L. KIRCHNER: *Torre roja en Halle*, 1914. Las líneas angulosas provocan una sensación de inquietud.

MEMOART: Las escuelas expresionistas

- Dentro del movimiento expresionista, de carácter eminentemente germánico, se distinguen dos grupos principales:
  - **Die Brücke** (El puente), representado por los artistas Ernst Ludwig Kirchner y Erick Heckel, reflejó las tensiones sociopolíticas que precedieron a la Primera Guerra Mundial.
  - **Der Blaue Reiter** (El jinete azul), liderado por Vasili Kandinsky, que llegó a la abstracción a partir de la esquematización de las formas.

Vasili KANDINSKY: *Composición IV*, 1911. La obra mantiene elementos figurativos, como los tres caballeros en primer plano, pero el conjunto tiende a la abstracción.

C EL CUBISMO

Se caracteriza por la construcción geométrica del espacio y la sobreposición en un mismo plano de diferentes visiones de un objeto o figura. Con ello se rompía el punto de vista único, es decir, la perspectiva y la profundidad en la pintura que se daba desde el Renacimiento. Los principales temas fueron los retratos y las naturalezas muertas, que se representaron a partir de formas geométricas (cubos, cilindros...).

Los autores más representativos de este movimiento fueron **Pablo Picasso**, **Georges Braque** y **Juan Gris**.

Dentro del **cubismo** se diferencian dos etapas:

- **Fase analítica** (1907-1911), caracterizada por una fuerte restricción cromática de tonalidades cálidas (ocres, beis y castaños) y frías (azules y grises) y la geometrización compositiva.
- **Fase sintética** (1911-1914), en la que aparece el *collage*, técnica en la que se utilizan diversos materiales –recortes de periódicos, maderas, etc.– pegados a la pintura.

Pablo PICASSO: *Las señoritas de Aviñón*, 1907.

El nacimiento del cubismo se vincula directamente a la realización de este cuadro, en el que aparecen las bases de ese movimiento artístico.

D EL FUTURISMO

Umberto BOCCIONI: *Dinamismo de un ciclista*, 1913.

Este movimiento fue fundado en Italia por **Filippo Tommaso Marinetti**, y agrupó a artistas como Umberto Boccioni y Giacomo Balla, que proclamaron la muerte del arte del pasado y exaltaron el poder de la máquina, el movimiento y la tecnología, símbolos del mundo moderno.

Los **futuristas** intentaron reproducir en sus obras la sensación de velocidad, dinamismo y cambio. Por ello inventaron una nueva técnica formal, el simultaneísmo, que consistía en repetir las imágenes sucesivamente y de modo superpuesto, creando así una especie de secuencia fílmica.

En 1914, y derivada del futurismo, surgió la **pintura metafísica**, que recreaba una realidad inquietante. **Giorgio de Chirico** fue su principal representante.

FICHAART @

Busca en Internet una obra de cualquiera de las corrientes artísticas y haz su ficha:

a) **Identificación.** Sitúa cronológica y geográficamente el autor y la obra. ¿A qué corriente pertenece?

b) **Descripción.** ¿Qué se representa? ¿Cómo? ¿Qué técnicas utiliza? ¿Qué material? ¿Qué colores?

c) **Valoración.** Explica por qué la has elegido, qué destacarías de ella y qué emociones o sentimientos te produce.

1. ¿Qué aportaciones presenta el fauvismo? ¿Qué pretendía transmitir el expresionismo? ¿Qué dos grupos lo integraron? ¿Qué caracteriza al cubismo? Explica sus etapas y las particularidades de cada una. ¿Qué caracteriza al futurismo?

Aprecia el arte

2. ¿Crees que en el mundo contemporáneo se debía superar la pura reproducción de las personas, las cosas o los paisajes en la pintura? ¿Qué piensas que pretendían los artistas de las vanguardias? ¿Con qué corriente artística te identificas más? ¿Por qué?

COMPLETA EL MAPA CONCEPTUAL

Con la información del tema, completa en tu cuaderno el siguiente esquema:

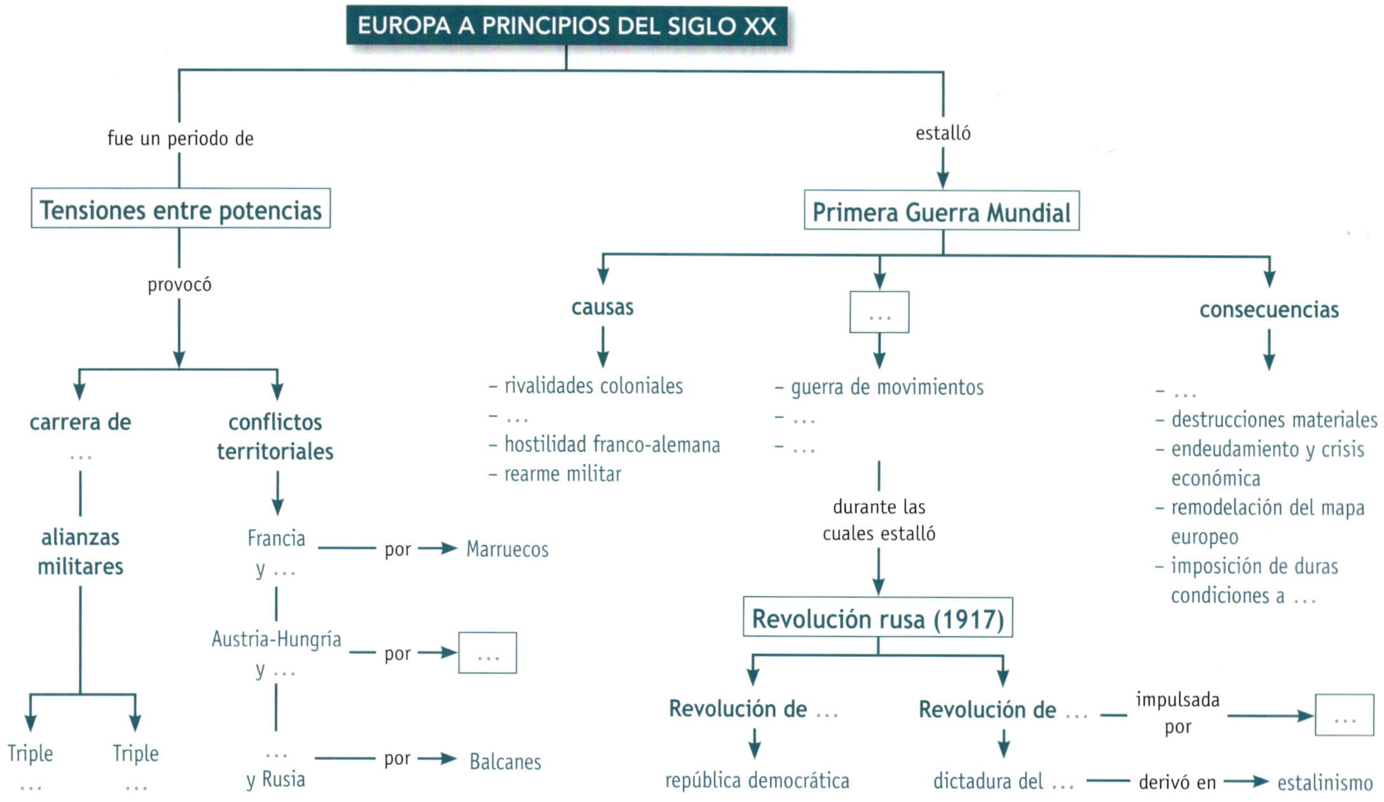

1 CONSOLIDA LO APRENDIDO

a) Explica cronológicamente las diferentes alianzas que se establecieron entre países antes de la Primera Guerra Mundial. ¿A qué intereses respondían? ¿Por qué se llegó a un conflicto mundial en 1914?

b) ¿Qué etapas tuvo el conflicto y cuáles fueron sus características y acontecimientos más importantes?

c) ¿Qué consecuencias políticas, económicas y sociales se derivaron de la Primera Guerra Mundial?

d) ¿Por qué Alemania interpretó el Tratado de Versalles como una humillación? ¿Qué condiciones se le impusieron?

e) ¿Qué características presentaba la Rusia zarista? ¿Por qué estalló una revolución en 1905?

f) ¿Cuándo y cómo se llevó a cabo la caída del zarismo? ¿Qué régimen le sustituyó? ¿Qué diferencias presentan la revolución de febrero y la de octubre?

g) ¿Qué importancia tuvo la guerra civil rusa para el fortalecimiento del bolchevismo?

2 DEFINE CONCEPTOS CLAVE

- paz armada
- carrera de armamentos
- reparaciones de guerra
- movimiento sufragista
- Sociedad de Naciones (SDN)
- autocracia zarista
- sóviets
- bolchevismo

3 IDENTIFICA LOS PERSONAJES

- Archiduque Francisco Fernando
- Thomas Wilson
- Nicolás II
- Guillermo II
- Lenin

4 EXPLICA LAS DIFERENCIAS

- Triple Entente/Triple Alianza
- guerra de movimientos/guerra de trincheras
- Revolución de febrero/Revolución de octubre
- bolchevique/menchevique

RESPONDE A LA PREGUNTA INICIAL

¿Qué acontecimientos se produjeron en Europa a principios del siglo XX? ¿Cómo afectaron a la política mundial?

APRENDE A... COMENTAR UN CARTEL DE PROPAGANDA POLÍTICA

Los carteles con representaciones (dibujos, fotografías, *collages*) y textos fueron un método de difusión de propaganda política muy utilizado durante el siglo XX.

Se pegaban en las paredes como propaganda a favor o en contra de determinadas ideas, como convocatorias de actos importantes, o de difusión de partidos políticos o instituciones.

Cartel bolchevique (1919). Se puede leer: "El camarada Lenin limpia el mundo de basura".

Algunas de las técnicas más importantes de la cartelería política se desarrollaron en la Unión Soviética, tras la revolución.

La enorme masa de analfabetos y el apoyo de numerosos artistas a las ideas revolucionarias fueron los motivos de la difusión de los carteles, innovando sus técnicas que después se exportarían al mundo entero.

1. Identificación y presentación

- ¿De qué tipo de imagen se trata?
- ¿Cuándo fue publicada? ¿En qué país?
- ¿De qué trata? ¿Cómo se describe en el texto y en la imagen?

2. Análisis

- Describe la escena representada en el cartel. ¿Quién es el personaje principal? ¿Cómo lo identificas? ¿Qué utensilio está utilizando? ¿De qué color es? ¿Qué simbología tiene ese color?
- ¿Quiénes son barridos por la escoba? Identifica, a través de sus símbolos, a los tres poderes dominantes de Rusia antes de la revolución.
- ¿Qué simbología se utiliza en el cartel, de forma sencilla y clara, para transmitir los objetivos de la revolución bolchevique? ¿Sus objetivos se limitaban a Rusia? ¿Por qué crees que Lenin está sobre la bola del mundo?

3. Contexto histórico

- ¿Qué momento histórico vivía Rusia en el año 1919? ¿Qué había sucedido en los dos años precedentes? ¿Qué ideología había tomado el poder? ¿Qué pretendía transmitir este cartel a la población mundial?

4. Conclusiones

- Valora la importancia de los carteles para la propaganda política y analiza si en la actualidad continúan teniendo una función similar. Busca un ejemplo actual y realiza un breve comentario sobre él.

RAZONA HISTÓRICAMENTE

Argumenta. ¿Por qué los tratados de paz que siguieron a la Primera Guerra Mundial no fueron capaces de garantizar la paz más allá de dos décadas?

Empatía. Sitúate en Rusia en 1917 y defiende la posición bolchevique frente a la menchevique para pasar de la revolución de febrero a la de octubre.

Causalidad. Determina los acontecimientos que influyeron en la Primera Guerra Mundial. Organízalos en función de estos tres elementos básicos:

- Nacionalismo.
- Imperialismo.
- Alianzas internacionales.

1 Fuentes documentales. Alemania hacia la guerra

"No creo que estemos en la vigilia de un nuevo reparto del mundo, pero, en todo caso, de la misma manera que no queremos perjudicar a ninguna potencia, tampoco vamos a permitir que ninguna potencia nos deje de lado (...)". El ministro de Asuntos Exteriores continuó su discurso haciendo referencia al rápido aumento de la población de Alemania y al desarrollo de la industria y el comercio. "Todo eso", dijo, "nos obliga a una política mundial. Cuando los ingleses hablan de la *Greater Britain*, y los franceses, de la *Nouvelle France*, cuando los rusos se adentran en Asia, también nosotros debemos pretender una Alemania más grande.

Francia todavía no está preparada para el combate. Inglaterra está preocupada por sus dificultades interiores y coloniales. Rusia tiene miedo a la guerra porque teme una revolución interior. ¿Acaso hemos de esperar a que nuestros adversarios estén preparados, o debemos aprovechar este momento favorable para provocar la decisión?

Fragmento de un artículo del diario alemán Die Post, *febrero de 1914.*

a) ¿De qué clase de documento se trata? ¿Qué tipo de fuente es? ¿A quién pertenecen las opiniones del artículo? ¿De qué fecha es el artículo? ¿Quiénes son los destinatarios del texto?

b) ¿Qué argumentos se utilizan para defender las posiciones probélicas de Alemania? ¿Qué debilidades de otros países se exponen? ¿Por qué se defiende el ir a un conflicto lo más pronto posible?

c) Valora el papel que tuvo Alemania en el estallido de la Primera Guerra Mundial y relaciónalo con su evolución económica y política a partir de su unificación (1871).

2 El arte en su contexto. Efectos de la guerra

Otto Dix: *Jugadores de cartas*, 1920.

a) **Descripción.** Observa y describe el aspecto físico de los personajes. ¿Qué relación tiene ese aspecto con los hechos sucedidos entre 1914 y 1918? ¿Cómo refleja el pintor los horrores de la guerra?

b) **Contexto histórico.** Redacta una síntesis sobre las causas de la enorme cantidad de muertos, heridos y mutilados en la Gran Guerra y cómo eso afectó a la generación de la posguerra europea.

3 Espacio y tiempo. El conflicto en los Balcanes

LA DISGREGACIÓN DEL IMPERIO TURCO

a) ¿Qué territorio aparece representado en el mapa? ¿A qué época corresponde? ¿Qué conflicto bélico se produjo en esa zona? ¿Qué consecuencias tuvo para el Imperio turco?

b) ¿Qué potencias tenían intereses en la zona? ¿Por qué? ¿Qué alianzas se fraguaron? ¿Cuál fue el resultado de la Guerra?

c) Relaciona el conflicto balcánico con el estallido de la Primera Guerra Mundial.

WWW. ESPACIO WEB

4 Análisis. El sistema de alianzas

a) Identifica las banderas. ¿Cuáles han cambiado respecto a la actualidad?

b) Determina qué bloque, A o B, representa la triple Alianza y cuál la Triple Entente.

BANDOS PARTICIPANTES EN LA GRAN GUERRA

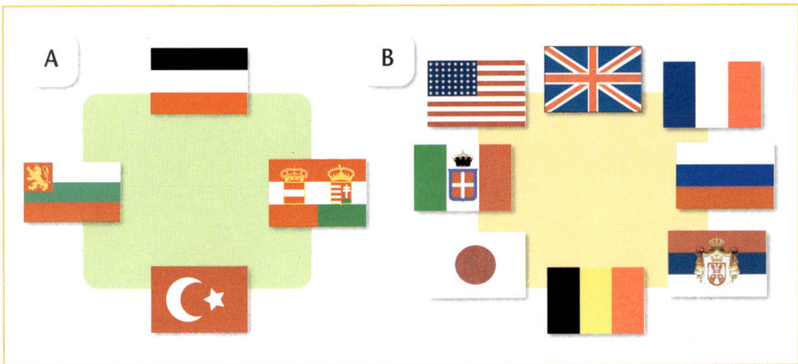

5 Cronología. Rusia (1900-1924)

Dibuja un eje cronológico que comprenda el periodo indicado y sitúa las siguientes etapas y acontecimientos:

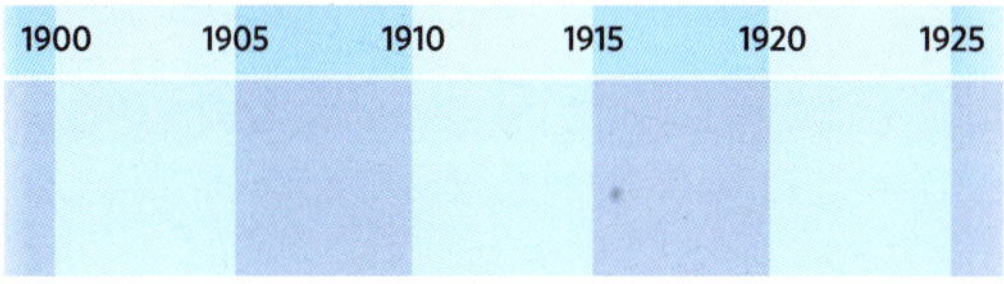

a) **Etapas.** Imperio zarista, revolución bolchevique y guerra civil, y formación de la URSS.

b) **Acontecimientos.** revolución de 1905, inicio de la Primera Guerra Mundial, caída del zarismo, Revolución de octubre, asesinato del zar, muerte de Lenin, Constitución soviética, y Tratado de Brest-Litovsk.

6 Fuentes audiovisuales. SDN

Al acabar la Primera Guerra Mundial se creó la Sociedad de Naciones. Consulta en www.tiching.com/63296 la información sobre la SDN y contesta:

a) ¿Cómo surgió ese organismo internacional y con qué objetivo?

b) ¿Cuáles fueron los países que lo integraron? ¿A cuáles se vetó la entrada? ¿Por qué?

c) ¿En la solución de qué conflictos intervino? ¿Cuáles fueron sus mayores logros? ¿En qué contextos falló?

Se ha hablado mucho del fracaso de la organización por no haber sido capaz de impedir el estallido de la Segunda Guerra Mundial. Infórmate sobre ello en www.tiching.com/63298 y responde:

d) ¿Qué causas motivaron la escasa efectividad de la Sociedad de Naciones?

e) Averigua qué nuevo organismo sustituyó a la SDN al finalizar la Segunda Guerra Mundial. ¿Coinciden en sus objetivos?

Dibujo publicado en la revista francesa *Le Pèlerin*, 1934.

7 Búsqueda de información. Fotografías

Entra en www.tiching.com/744499 y visiona el conjunto de fotografías coloreadas sobre la Gran Guerra.

a) Elige tres imágenes que te muestren el dolor o la tragedia, y la vida cotidiana de los soldados y de la población civil. Justifica tu elección.

RETOS EN LA RED

MINI UNIDAD VISUAL: Unidad o muerte.

ACTIVIDADES AUTOCORRECTIVAS: Resuelve estas actividades y repasa lo que has aprendido.

www.vvd.link/012271/7

8 EL PERIODO DE ENTREGUERRAS

¿Por qué los años entre 1918 y 1939 fueron tiempos de crisis económica, social y política?

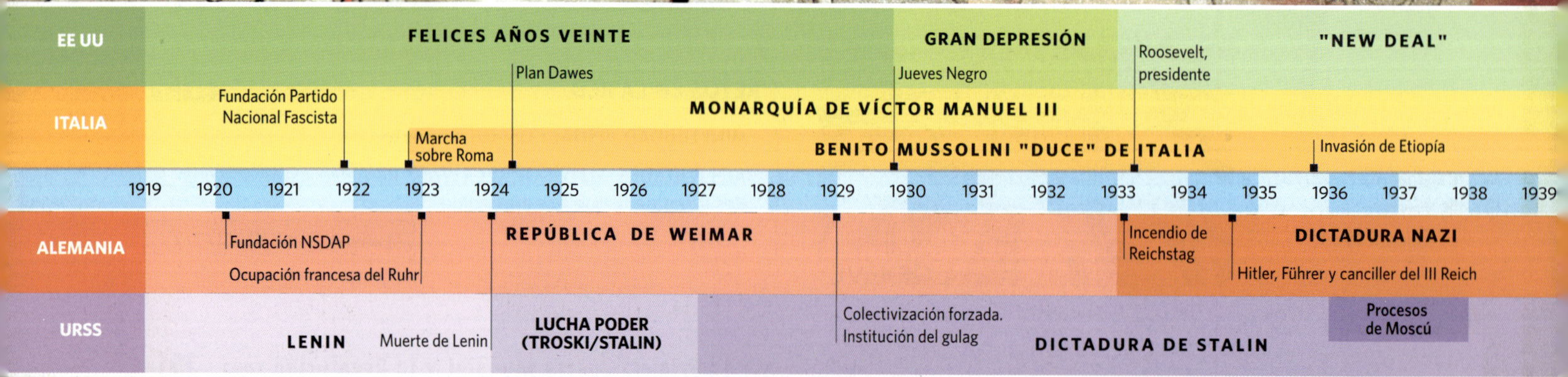

George Grosz: *El agitador*, 1929. (Fragmento)

El periodo de entreguerras fue una época de grave inestabilidad. Como consecuencia de la Primera Guerra Mundial brotaron fuertes rencores políticos entre vencedores y vencidos, y graves problemas económicos que se agravaron con la crisis de 1929 en Estados Unidos.

Además, el triunfo de la Revolución rusa hizo temer, entre las clases conservadoras, la expansión del comunismo.

El resultado fue, en muchos casos, la aparición de regímenes autoritarios y el retroceso de la democracia.

En este contexto surgieron los movimientos fascista en Italia y el nazismo en Alemania. Su política exterior, de carácter agresivo, condujo al mundo hacia la Segunda Guerra Mundial.

¿Qué sabemos?

- Observa detenidamente el eje cronológico. ¿Qué grandes acontecimientos marcaron el periodo de entreguerras?
- Observa el mapa atentamente. ¿En qué país se inició la crisis económica? ¿Hacia dónde se expandió?
- Observa la pintura. Hace referencia a Adolf Hitler. ¿Qué crees que quiere representar?

¿Qué problemas condujeron a una nueva guerra

La etapa comprendida entre 1918 y 1939, conocida como el periodo de entreguerras, es uno de los periodos más convulsos de la historia contemporánea, especialmente en Europa. En el escenario posbélico de la década de 1920, parecía que se debía inicar una etapa de paz, pero los rencores acumulados en la Primera Guerra Mundial, la gran crisis del capitalismo en 1929, las esperanzas revolucionarias que había comportado la Revolución rusa y la aparición de sistemas políticos totalitarios hicieron inevitable el estallido de un nuevo conflicto.

A LOS DESEQUILIBRIOS ECONÓMICOS MUNDIALES

Estados Unidos salió muy beneficiado de la Primera Guerra Mundial. No se había producido ninguna destrucción en sus territorios, sus pérdidas humanas eran relativamente pequeñas y la venta de alimentos, armas y productos industriales a los aliados le reportó enormes beneficios.

Al terminar la guerra, **Estados Unidos** se había convertido en la **primera potencia económica mundial**. Su producción agrícola era muy elevada y la industrial representaba el 44,8% de la producción mundial. Su mayor competitividad abrió los mercados internacionales a sus productos y estos invadieron los mercados mundiales, dominados antes por las industrias europeas.

Además, muchos países de Europa estaban endeudados con Estados Unidos, como consecuencia de los préstamos de guerra.

En contraste con la expansión estadounidense, la guerra mundial **empobreció a los países europeos** que, con una producción agrícola e industrial en retroceso, tuvieron que hacer frente a los empréstitos de guerra y a la devaluación* de sus monedas.

Cuando en **1929** una terrible **crisis económica** sacudió a Estados Unidos, toda la economía mundial, ligada y dependiente de este país, la mayor potencia económica en esa época, también entró en una etapa de depresión económica. Los efectos del paro y la pobreza provocaran una grave crisis social.

La posguerra en Alemania

Los **problemas económicos** fueron especialmente graves para Alemania, que no podía pagar las reparaciones de guerra exigidas por el Tratado de Versalles. Esta situación desató una gran inflación, la pérdida de valor del marco, un gran aumento del paro y un vertiginoso descenso del nivel de vida.

Aunque a mediados de la década de 1920 la situación económica europea comenzó a mejorar, la crisis económica desatada en 1929 volvería a conducir a Alemania a una situación de crisis económica que alentaría el **auge del nacionalismo** y la subida al poder de Hitler.

LA PRODUCCIÓN INDUSTRIAL MUNDIAL EN 1929

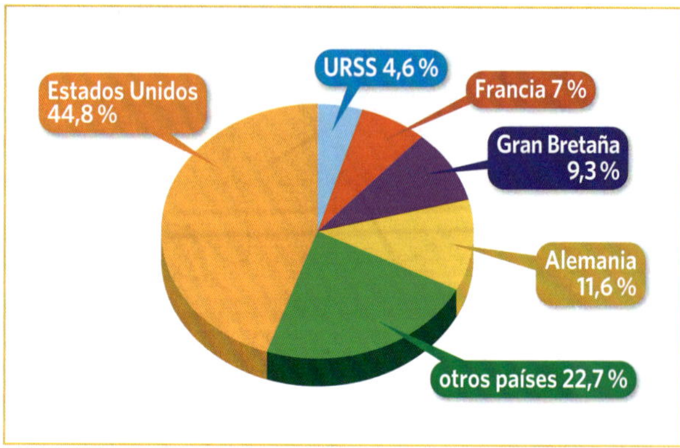

DÉFICIT COMERCIAL[1] DE EUROPA CON ESTADOS UNIDOS

Años	Millones de dólares
1901-1905	553
1910-1914	514
1921-1925	1 268
1926-1929	4 195

(1) Exportaciones menos importaciones.

DEUDAS ENTRE PAÍSES ALIADOS (1918)

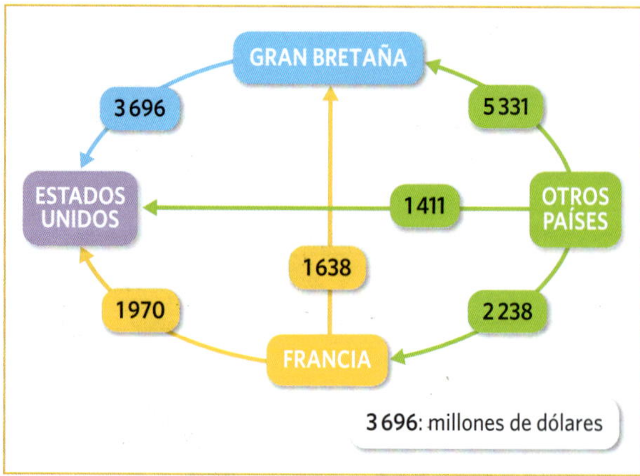

mundial en tan solo veinte años?

B LOS EFECTOS DE LA REVOLUCIÓN RUSA

Las dificultades económicas provocaron una **grave crisis social**, que revistió en ocasiones características revolucionarias. Entre 1919 y 1920 se produjeron huelgas en Gran Bretaña, Francia, Alemania, Italia... Las movilizaciones fueron duramente sofocadas por la policía y el ejército, y se acabó limitando los derechos sindicales. Pero los sindicatos y los partidos socialistas y comunistas se reforzaron recordando a los trabajadores que la Revolución soviética había llevado al poder a la clase obrera.

Todo ello condujo a una fuerte oposición a las democracias, tanto por parte del proletariado, insatisfecho por la represión de sus derechos, como desde la burguesía, temerosa de una situación revolucionaria.

En enero de 1919 se produjo en Alemania el levantamiento de la Liga Espartaquista, los comunistas, que pretendían proclamar un gobierno de consejos obreros según el modelo soviético. Fue duramente reprimido, y sus principales líderes, como Rosa Luxemburgo, asesinados.

Masacre de espartaquistas en Berlín.

C LA CRISIS DE LAS DEMOCRACIAS: EL ASCENSO DE LOS TOTALITARISMOS

AVANCE Y RETROCESO DE LA DEMOCRACIA (1914-1939)

Ante la crisis económica y la agitación social, los países con fuerte arraigo del parlamentarismo y de la democracia consiguieron integrar al socialismo emergente, a través del sufragio universal y de la formación de coaliciones políticas. Ese fue el caso de Reino Unido, Francia, Bélgica y Holanda, principalmente.

Pero en los países con poca tradición parlamentaria, los partidos liberales se vieron impotentes ante la revuelta social y se acabaron imponiendo sistemas políticos autoritarios, que prometían combatir el avance de las ideas socialistas y comunistas.

¿Qué es el totalitarismo?

Régimen político que rechaza los principios de la democracia liberal, y pretende **controlar totalmente a la sociedad**. Coincide en el culto al jefe, el partido único, el adoctrinamiento, el terror y la violencia y la persecución de la oposición.

1. ¿Cuáles eran las potencias industriales en la década de 1920? ¿Por qué Estados Unidos se convirtió en la primera potencia económica mundial al finalizar la Gran Guerra?
2. ¿Qué situación económica se vivía en Europa? ¿Qué país tenía la peor coyuntura? ¿Por qué?
3. ¿Qué consecuencias tuvo la Revolución rusa en la posguerra europea? ¿Quiénes eran los espartaquistas?

Argumenta la respuesta

4. ¿Qué causas económicas y políticas contribuyeron a la crisis e inestabilidad en la Europa de la posguerra? Explica cómo se afrontó esa situación en Europa.
5. Relaciona la aparición de los totalitarismos y su defensa de la violencia y la guerra con el estallido de una nueva guerra mundial en 1939.

2 Estados Unidos: de la prosperidad a la crisis

Los "felices años veinte"

El crecimiento económico norteamericano se prolongó durante los diez años que siguieron al fin de la guerra (1918-1929). Fue una década de prosperidad, los llamados "felices años veinte", donde el **modelo de vida americano** (*american way of life*) y los valores que lo sustentaban (la iniciativa, el esfuerzo individual y el éxito), que prometían enriquecimiento y bienestar a sus ciudadanos, se convirtieron en modelo para todo el mundo.

La expansión de Estados Unidos se basó en una profunda transformación en el proceso de producción de bienes, dominado por la innovación técnica. Por un lado, el taylorismo y el fordismo* contribuyeron a incrementar la productividad y a reducir costes.

Por otro, el aumento de los salarios obreros, las campañas publicitarias, la compra a plazos y los préstamos bancarios abrieron el camino a la era del **consumo de masas**.

La prosperidad se reflejó en un **gran auge de la bolsa**. Los buenos resultados empresariales hicieron aumentar la demanda de acciones, cuyo valor subía constantemente.

En la década de 1920 se impuso una nueva concepción del ocio, con modernos espectáculos de masas (cine, deportes, cabarets, teatro...), con innovadoras corrientes musicales (jazz, charlestón, blues...) y una nueva forma más desenfadada de vestir.

Las contradicciones de la prosperidad

La prosperidad no benefició a todos por igual y, a partir de 1926-1927, una serie de elementos anunciaron la crisis que se avecinaba.

La agricultura conoció graves dificultades. Los precios agrícolas no aumentaban tan rápido como los industriales. Muchos campesinos se habían endeudado para adquirir nuevas tierras y maquinaria con el fin de aumentar la producción. Sin embargo, el mercado no pudo absorber toda esa producción. Las existencias (*stocks*) se acumularon, los precios bajaron y muchos campesinos no pudieron devolver sus préstamos y perdieron sus tierras, sus máquinas y sus casas.

En las industrias, el aumento de los salarios fue mucho menor que el de los beneficios o el de la cantidad de los productos fabricados. Una parte de los norteamericanos cada vez tenía menos capacidad adquisitiva y la **sobreproducción** (exceso de productos para la capacidad de compra) empezó a ser un problema.

La defensa del modelo norteamericano

Somos el pueblo más importante del mundo. Nuestro gobierno es el mejor. (...) Como pueblo, somos el más sabio, políticamente el más libre, socialmente el más desarrollado (...). Hemos sido elegidos por Dios para salvar y purificar el mundo con nuestro ejemplo. Solo si el resto de naciones quieren adoptar nuestros principios religiosos y políticos, nuestra actitud general, nuestra visión de la vida, sin ninguna duda, ellas serán tan felices y tan prósperas como nosotros.

F. Bohn: *American Journal of Sociology*, 1925.

PRECIOS Y EXISTENCIAS DE LOS ALIMENTOS[1]

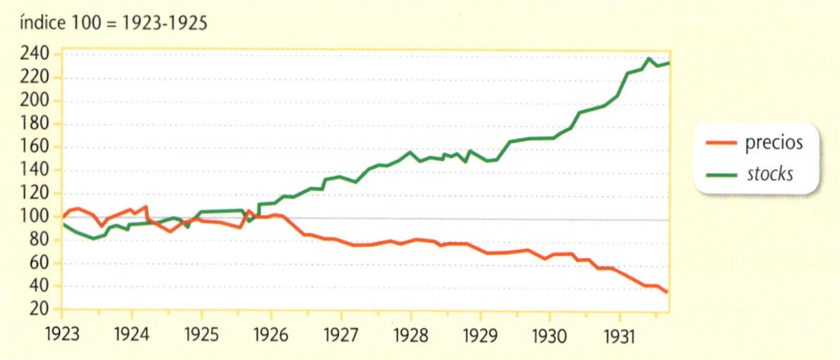

(1) Media mundial de los principales alimentos.

VIVIENDAS CON ELECTRODOMÉSTICOS EN EEUU[1]

	1912	1932
Plancha	0	65
Radio	0	65
Aspiradora	0	30
Lavadora	0	27
Tostadora	0	27
Cafetera	0	19
Nevera	0	12

(1) Sobre el total de viviendas.

El crac bursátil de 1929

Muchos accionistas eran conscientes de que la cotización de las acciones era muy superior a su valor real. La desconfianza cundió entre los inversores, y el **24 de octubre de 1929** (*Jueves Negro*), una gran oleada vendedora afectó a la Bolsa de Nueva York. De repente, todo el mundo quería vender sus acciones y nadie deseaba comprarlas. El valor cayó en picado, desencadenando el **crac bursátil** de 1929.

Miles de **inversores se arruinaron** y el pánico se extendió entre los ciudadanos, que acudieron a los bancos para retirar su dinero. Estos se vieron obligados a cerrar por falta de fondos, ya que no pudieron cobrar los préstamos a particulares y a empresas arruinadas. El crac de la Bolsa precipitó la quiebra de muchos bancos.

En pocos años, la crisis se extendió a todos los sectores de la economía (industria, comercio y agricultura) y provocó una **recesión económica generalizada** (Gran Depresión).

Ante el incremento del paro, el **consumo disminuyó** y muchas fábricas cerraron al no poder vender su producción. El número de **parados** aumentó a 13 millones en 1932, y multitud de familias cayeron en la miseria y tuvieron que recurrir a las ayudas públicas.

La lucha contra la crisis, el *New Deal*

Ante la extensión de la crisis, tanto Estados Unidos como la mayoría de los países europeos adoptaron medidas para paliar sus efectos y propiciar la recuperación de la economía.

El presidente **Franklin D. Roosevelt**, elegido en 1932, propuso el ***New Deal*** (Nuevo Acuerdo), un programa basado en las ideas del economista J. M. Keynes, que defendía la **intervención del Estado** en economía. Sus principales ámbitos de actuación fueron:

- **Económico**. Se propuso ayudar a las empresas privadas en dificultades, a través de subvenciones, crear empresas públicas en sectores sin incentivos para la inversión privada y destruir los *stocks* agrícolas acumulados. Además, el Estado estableció un **control sobre los bancos**, vigilando sus depósitos y obligándolos a facilitar préstamos con bajos intereses.
- **Social**. Para luchar contra el paro, el Estado promovió un gran plan de **obras públicas** (carreteras, embalses...), incentivó el aumento salarial y redujo la jornada laboral a 40 horas semanales.

COTIZACIONES DE LA BOLSA DE NUEVA YORK

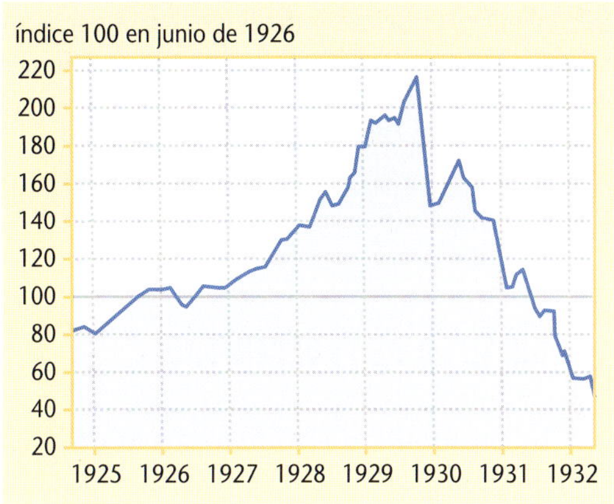

Un hombre protesta contra el desempleo, 1935.

Los efectos del crac de 1929

Noté que todo había cambiado cuando una tarde volví del colegio y mi madre nos mandó a la cola de la sopa gratuita. Si llegabas antes que nadie, no te daban más que el agua grasienta de arriba. Así que le pedíamos al que la servía en los cuencos (...) que la removiera e introdujera el cucharón hasta el fondo para conseguir un poco de carne y patatas.

Peggy Terry, residente en Oklahoma City entre 1929 y 1936.

1. ¿En qué elementos se basó el crecimiento económico estadounidense en la década de 1920? Observa los datos de la tabla y relaciónalos con el sistema de producción en serie y la venta a crédito.
2. ¿Por qué crees que hablamos de los "felices años veinte"? ¿Cómo definirías el "modo de vida americano"? ¿Cómo valoraban su sistema?
3. ¿Qué debilidades presentaba la economía de EE UU?
4. ¿Qué sucedió en octubre de 1929? Explica el mecanismo que condujo del crac bursátil a la crisis y la depresión económica. Lee el texto de Peggy Terry y describe las consecuencias para la población.
5. ¿Qué fue el *New Deal*? ¿Qué políticas aplicó y con qué objetivo?

3 1929, ejemplo de crisis de la economía capitalista

El sistema económico capitalista se caracterizaba, en 1929, por la absoluta libertad de empresa y de mercado. Es decir, no existía planificación económica que determinase cuánto o qué debía producirse y propugnaba la escasa intervención y control de los gobiernos en los circuitos económicos.

Se demostró que las crisis cíclicas son consustanciales al sistema capitalista: a una fase de subida de precios, de beneficios y de produccción, le suele suceder otra de depresión, con saturación del mercado, caída de precios y de producción y aumento del paro. Pero la crisis de 1929 fue tan grave que llevó a introducir algunos cambios en el sistema económico y a cuestionarse la confianza ilimitada en el capitalismo liberal.

¿Qué es lo que llevó a una crisis tan grave de la economía?

A UN CICLO DE PROSPERIDAD

La prosperidad de EEUU en la década de 1920 se debió en gran medida a los beneficios generados por la venta de productos durante la Primera Guerra Mundial y la enorme cantidad de préstamos con altos intereses que les debían devolver los países europeos. Era lógico que las acciones de las empresas, que parecían tener amplios beneficios, elevaran su valor en la bolsa.

Pero ya hemos visto que en poco tiempo ni la agricultura ni la industria podían vender tanta cantidad de productos, en parte porque los salarios de los trabajadores no permitían mantener el crecimiento constante del consumo, a pesar del recurso al crédito.

¿Qué sucedió entonces? ¿Por qué continuaba aumentando el valor de las acciones?

LAS RESERVAS DE ORO

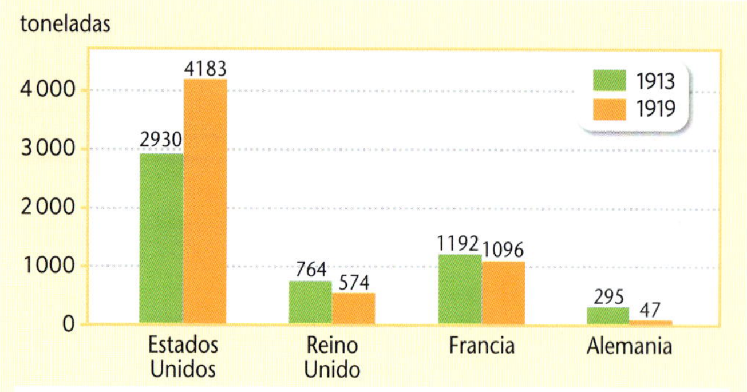

En 1919, EEUU concentraba casi la mitad de las reservas de oro del mundo, ya que las deudas de guerra debían ser pagadas en oro o mercancías.

B LA ESPECULACIÓN BURSÁTIL

Lo que se produjo fue una burbuja especulativa. Una desconexión entre la economía real y la economía productiva. El aumento del valor de las acciones se producía por el convencimiento entre los inversores de que podían obtener grandes beneficios, mientras durase esa época de alza, simplemente comprando y volviendo a vender. Había mucho dinero interesado en invertir, pero también de recurrir al crédito para jugar en la bolsa.

Es más, se llegaba a crear **empresas ficticias**, y con operaciones complejas se corría la voz de que existía una gran demanda de sus acciones e inmediatamente su valor subía. Si al cabo de unos meses se vendían las acciones, se ganaba mucho dinero sin que nadie tuviera en cuenta qué hacía, ni qué vendía, ni qué rendía ese producto.

Jugar a la bolsa

Jugar a la bolsa se ha convertido en una enfermedad nacional que afecta a todas las clases sociales. (...) Ahora, cuando la gente se reúne, ya sean hombres de negocios o trabajadores, mujeres de la alta sociedad o jóvenes empleadas, la bolsa, con sus impetuosos caprichos, constituye el tema de conversación más agradable.

Discurso pronunciado por W. H. King, senador de Utah, 1929.

EL AUGE DE LA BOLSA

C DE LA CRISIS BURSÁTIL A LA CRISIS ECONÓMICA

Cuando a partir de octubre de 1929 se produjo el hundimiento de la bolsa, la primera consecuencia fue la **crisis en la banca**. El hundimiento del sistema bancario norteamericano se produjo sin que la Reserva Federal (Banco Central de EEUU) inyectase liquidez, salvara los depósitos de los contribuyentes o impidiera su quiebra.

El sistema capitalista funciona con el dinero en circulación y con el crédito. Los bancos no poseen en metálico el dinero que se deposita en ellos. Lo invierten también en bolsa o lo prestan con intereses a particulares.

Cuando los bancos no pueden recuperar el dinero invertido o prestado, el sistema económico se colapsa y se produce las crisis de la industria, del comercio y de la agricultura.

EFECTOS ACUMULATIVOS DE LA CRISIS

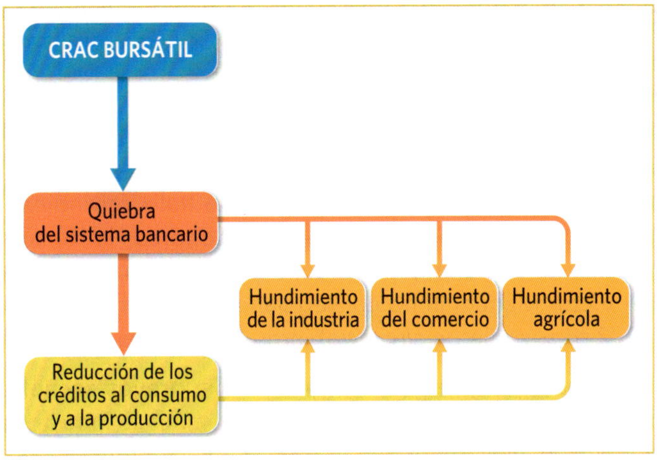

D LA MUNDIALIZACIÓN DE LA CRISIS

Desde Estados Unidos la crisis bancaria se extendió al resto del mundo. Provocó que inmediatamente el crédito se redujera, los inversores retirasen los capitales depositados en los bancos europeos y las empresas norteamericanas disminuyeran sus inversiones.

Asimismo, las importaciones estadounidenses cayeron en picado, con lo cual el comercio mundial sufrió una gran recesión.

La crisis de EEUU en la década de 1930 arrastró a muchos países de Europa y del resto del mundo provocando la quiebra de bancos, el descenso de la producción del comercio y el aumento del paro.

LA CAÍDA DEL COMERCIO INTERNACIONAL

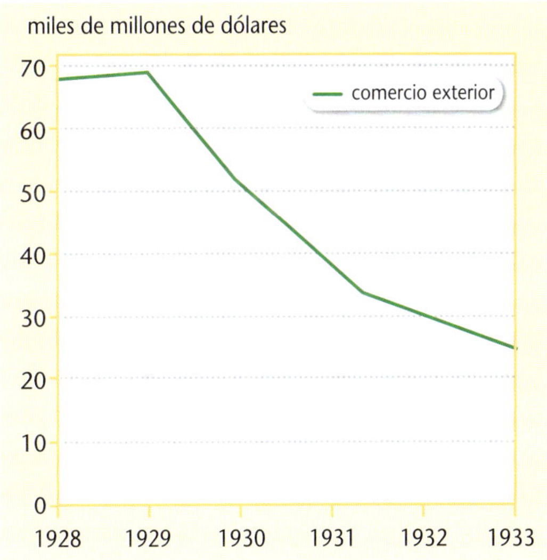

Entrega de comida en Viena (Austria) durante la década de 1930.

1. ¿Qué caracteriza al sistema económico capitalista? ¿Por qué son, en ocasiones, inevitables las crisis?
2. ¿Cómo se pasa de la crisis bancaria o bursátil a la económica?
3. ¿Cómo y por qué se produjo la mundialización de la crisis? ¿Qué repercusiones tuvo?

Investiga

4. Con la información de estas páginas y la consulta a Internet elabora un informe sobre la ola de prosperidad de los años 20 del siglo pasado en Estados Unidos, la crisis de la bolsa y la quiebra del sistema bancario.

4 La crisis de la democracia: el fascismo italiano

Italia fue el primer ejemplo de un país europeo, con un sistema democrático-parlamentario, en el que las consecuencias de la Gran Guerra provocaron el ascenso de opciones políticas nacionalistas y autoritarias que acabarían imponiendo un sistema antidemocrático y dictatorial.

Italia en la posguerra

Los **acuerdos de paz** supusieron una gran decepción ya que los aliados acordaron la entrega a Italia del Trentino, Trieste e Istria, pero no de Dalmacia y Fiume, territorios vecinos que Italia reivindicaba como propios y se había acordado en el Tratado de Londres (1915) su entrega. A esta situación se sumó la **inestabilidad política**: los gobiernos de la monarquía de Víctor Manuel III no conseguían una mayoría suficiente, y entre 1919 y 1922 se sucedieron cinco gobiernos diferentes.

Por otro lado, la guerra dejó en Italia **graves secuelas humanas y económicas**: murieron 700000 hombres, muchas industrias quedaron inutilizadas, y la elevada deuda exterior había aumentado la inflación. Para muchos italianos, el coste de la vida se incrementó, mientras los salarios reales disminuyeron y el número de parados no dejaba de crecer.

La crisis económica generó una fuerte **tensión social**. En el Norte de Italia se desarrolló un movimiento huelguístico que, animado por el ejemplo soviético, pretendía objetivos revolucionarios. Algunos campesinos ocuparon las tierras de los grandes propietarios y los obreros se incautaron de numerosas fábricas. Todos estos movimientos fueron reprimidos, pero el miedo al estallido de una revolución social como la ocurrida en Rusia empezó a preocupar a las clases más conservadoras.

El ascenso del fascismo

En esta situación de crisis apareció la figura de **Benito Mussolini**, quien, en 1919, creó los **Fasci de combate**, grupos paramilitares uniformados con camisas negras, con los que pretendía frenar el auge del movimiento obrero, a base de atacar violentamente a los sindicatos obreros y a sus líderes.

En 1921, los Fasci se transformaron en el **Partido Nacional Fascista**, que se presentaba como el recurso más eficaz para detener los movimientos revolucionarios en Italia. Su programa estaba basado en la construcción de un Estado fuerte, que garantizase la propiedad privada, y una política exterior expansionista.

El nuevo partido contó con el apoyo de la pequeña burguesía, con la financiación de los grandes propietarios agrícolas e industriales y con la tolerancia de la Iglesia católica y del mismo monarca Víctor Manuel III.

En las **elecciones de 1922**, el Partido Fascista solo consiguió 22 diputados en un Parlamento de 500. Pero ese mismo año, denunciando la incapacidad del gobierno para mantener el orden ante la huelga general de los sindicatos socialistas y anarquistas, Mussolini exigió al rey que le entregara el gobierno. Para mostrar su fuerza organizó una **Marcha sobre Roma** acompañado por 300000 camisas negras. En octubre, el monarca, presionado por las fuerzas conservadoras, le nombró jefe del gobierno.

ÍNDICE DE PRECIOS DE LOS ALIMENTOS Y DEL VESTIDO EN ITALIA (1913 = 100)

Año	Alimentos	Vestidos
1913	100,0	100,0
1914	96,2	111,1
1915	104,6	118,6
1916	154,6	191,9
1917	221,9	355,5
1918	284,9	500,7
1919	326,6	594,4
1920	443,4	990,0
1921	464,1	671,3

Programa del Partido Fascista

La nación es un organismo que agrupa a todas las generaciones pasadas, presentes y futuras, la síntesis de los valores materiales y espirituales de la raza.

Los poderes del Parlamento deben ser limitados (...).

Italia debe cumplir su papel de bastión de la civilización latina en el Mediterráneo (...).

El fascismo reconoce la propiedad privada, que es un derecho y un deber (...). Se prohibirá la huelga en los servicios públicos.

Programa del Partido Nacional Fascista, 1921.

Mussolini encabeza la marcha sobre Roma, rodeado de los máximos dirigentes fascistas, en octubre de 1922.

LOS PRINCIPIOS IDEOLÓGICOS DEL FASCISMO

Entre 1922 y 1924, Benito Mussolini desarrolló un proceso de restricción de las libertades y de persecución de sus adversarios (socialistas, comunistas y democratacristianos), pero mantuvo la ficción de un régimen parlamentario.

Después de las **elecciones de 1924**, ganadas por Mussolini gracias a la violencia ejercida hacia sus oponentes, este anunció la instauración de un **régimen autoritario**.

El Estado y el Partido Nacional Fascista quedaron totalmente identificados en un régimen en el que **Mussolini** se atribuyó **plenos poderes**. Los partidos políticos fueron prohibidos, sus líderes, perseguidos y encarcelados, y el Parlamento, sustituido por la Cámara de los Fasci.

Asimismo, las huelgas fueron prohibidas, y los sindicatos, sustituidos por un **sistema de corporaciones** por oficios, que englobaban a representantes de los obreros, de los patronos y del Estado. También controlaba la economía; defendía una **política económica autárquica** que aspiraba a la autosuficiencia económica y apoyaba a las empresas privadas, con pedidos militares y fuertes subvenciones.

El Estado ejercía un férreo **control de la sociedad** a través del partido, que dirigía la vida social y dominaba los medios de comunicación (radio, prensa y cine). Se impuso una concepción enormemente conservadora de la familia y del papel de la mujer, y en esa dirección Mussolini firmó un Concordato con la Santa Sede para restaurar en Italia todas las atribuciones de la Iglesia católica.

Por último, Mussolini prometió la creación de un Imperio italiano que, a semejanza del antiguo Imperio romano, controlaría el Mediterráneo. Con este objetivo, en 1935 invadió Etiopía para ampliar las colonias italianas en el Norte de África.

La simbología fascista

El fascismo italiano quiso emular las glorias de la Roma imperial. Así, el término "fascismo" deriva de la palabra italiana *fascio*, que se refiere al símbolo compuesto por un haz de varas (bastones) rodeando un hacha. Este emblema ya se utilizaba en la Roma antigua, y representaba la autoridad.

Mussolini se hizo denominar *Duce*, que significa "guía", "conductor", y que era la denominación de los caudillos militares romanos. El mismo saludo, brazo en alto, también se usaba en la antigua Roma.

Benito Mussolini

De familia humilde, educado por religiosos, fue maestro de profesión. Se afilió al Partido Socialista Italiano (PSI). En 1914 se declaró favorable a la guerra y rompió con sus antiguos compañeros socialistas. Su discurso ideológico era una mezcla confusa de radicalismo social y nacionalismo exacerbado.

CARACTERÍSTICAS DEL FASCISMO

Exaltación del Estado por encima del individuo.
Nacionalismo agresivo que aspiraba a la expansión territorial. Racismo y persecución de las minorías.
Rechazo del liberalismo y de la democracia. Anticomunismo. Estado autoritario.
Intervencionismo del Estado en la economía.
Culto al líder carismático. Obediencia ciega.
Legitimación de la violencia y culto al militarismo.

Contra la democracia

Además de combatir al socialismo, el fascismo ataca a todo el conjunto de las ideologías democráticas, y las rechaza (...) afirma la desigualdad irremediable, fecunda y beneficiosa de los hombres.

Solo la guerra puede elevar todas las energías humanas (...). Por tanto, la nuestra es una doctrina que se basa en el postulado previamente establecido de que la paz es ajena al fascismo (...). El fascismo transporta este espíritu antipacifista incluso a la vida de los individuos (...), es un nuevo estilo de vida italiano (...).

B. MUSSOLINI: *La doctrina del fascismo*, 1932.

1. Describe la situación de Italia en la posguerra. ¿Cuáles fueron los elementos que favorecieron el ascenso del fascismo?
2. ¿Qué era el Partido Nacional Fascista? ¿Quién era su líder? ¿Qué se proponía? ¿Qué métodos utilizaba?
3. ¿Cómo alcanzó el poder Mussolini? ¿Con qué apoyos contó para conseguirlo?
4. ¿Cuáles fueron las características más destacadas del régimen fascista italiano? ¿Qué símbolos adoptó? Explica sus principales actuaciones de gobierno.
5. Valora qué significó para la democracia la llegada al poder del fascismo. ¿Contra qué principios democráticos se posicionó?

5 Alemania, el ascenso del nazismo

La Alemania de la posguerra

En 1918, tras la derrota de Alemania en la Primera Guerra Mundial, el káiser Guillermo II **abdicó** y se proclamó la república, que estableció su capital en la ciudad de Weimar y se asentó sobre una constitución democrática. La **República de Weimar**, dirigida por democratacristianos y socialistas, tuvo que hacer frente al descontento de amplios sectores de la población.

En sus primeros años, la nueva república se vio amenazada por movimientos revolucionarios de izquierda (levantamiento de la Liga Espartaquista o comunista) y por varios intentos de golpes de Estado de la extrema derecha (Putsch de Múnich* de las milicias nazis).

Parte del malestar provenía de que Alemania tuvo que asumir la **derrota militar** y aceptar las duras condiciones de paz impuestas por los vencedores. El Tratado de Versalles acusaba a Alemania de ser la causante de la guerra, le arrebataba territorios, reducía su ejército y le imponía fuertes **reparaciones económicas**.

Además, los años de posguerra fueron para Alemania de **crisis económica**, **miseria** y **paro**. Las deudas de guerra y las reparaciones provocaron una elevada inflación, que vino acompañada de una gran depreciación del marco. Al descontento de los sectores nacionalistas se unió el de las clases populares, en una grave situación de pobreza.

Adolf Hitler y la aparición del Partido Nazi

Adolf Hitler era un soldado desmovilizado de la Primera Guerra Mundial, que no había aceptado la derrota alemana y que en 1920 ingresó en el **Partido Nacionalsocialista de los Trabajadores de Alemania** (NSDAP), del que se erigió en líder indiscutible.

Su ideología fue recogida en el libro *Mi Lucha* (*Mein Kampf*), donde expresó su desprecio por la democracia parlamentaria y su odio al bolchevismo. Asimismo, defendía el antisemitismo, la superioridad de la raza aria y la necesidad de forjar un gran imperio (Reich) que uniese a todos los pueblos de lengua alemana.

Para convencer a las clases trabajadoras, Hitler utilizó la **demagogia**: prometió trabajo para todos, reducir los beneficios industriales o mejorar los salarios. En sus discursos, arremetió fuertemente contra los que acusó de ser los **responsables de la crisis alemana**: judíos, comunistas y demócratas.

El Partido Nazi escogió como emblema la bandera roja con la cruz gamada y se dotó de una organización paramilitar: las **Secciones de Asalto** (SA*) y las **Secciones de Protección** (SS*).

Estas milicias se opusieron violentamente a la república y protagonizaron varios intentos insurreccionales; se enfrentaron a las organizaciones de izquierda presentándose como una garantía de orden social frente a la agitación revolucionaria.

Hans GRUNDIG: *La marcha del hambre*, 1932.

LA CRISIS ECONÓMICA EN ALEMANIA

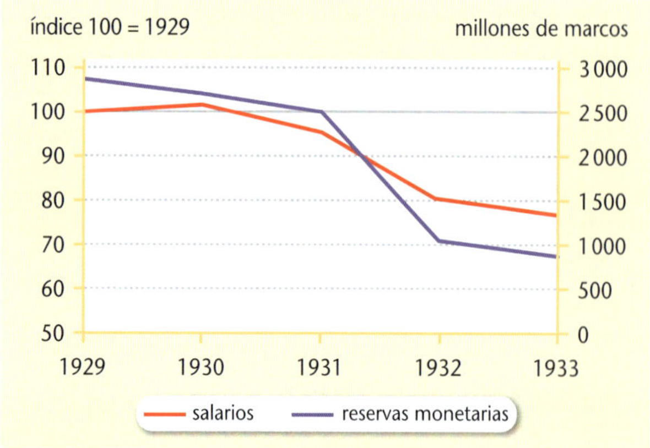

El programa nazi

1. Exigimos la unión de todos los alemanes para constituir una Gran Alemania (...).
2. Exigimos (...) la abolición de los tratados de Versalles y de Saint-Germain.
3. Exigimos territorios y colonias para la alimentación de nuestro pueblo y para el establecimiento de nuestro exceso de población.
4. (...) nadie, salvo aquellos por cuyas venas fluye sangre alemana, sea cual sea su credo religioso, podrá ser miembro de la nación. Por consiguiente, ningún judío será miembro de la nación.

Los 25 puntos del programa del Partido Nazi, 1920. (Adaptación)

LA LLEGADA DE HITLER AL PODER

Alemania vivió entre 1924 y 1929 un periodo de relativa mejora económica. Pero la crisis de 1929 arrastró a muchos bancos a la quiebra, lo que provocó cierre de fábricas, paro y descontento social.

Una buena parte de la población se inclinó hacia las propuestas de los partidos extremistas. Burgueses arruinados, campesinos y obreros desesperados fueron atraídos por las promesas nazis; los intelectuales y la mayoría de obreros se inclinaron por el Partido Comunista.

Por otro lado, el **Partido Nazi** empezó a contar con el apoyo de importantes personalidades de la industria y de las finanzas y a disponer de fuertes ayudas económicas. En las **elecciones de 1932**, consiguió 13 millones de votos y, en enero de 1933, logró que el presidente Hindenburg nombrase a **Hitler canciller**.

Para contar con una mayoría parlamentaria, Hitler convocó nuevas elecciones para marzo de 1933. En plena campaña electoral, los escuadrones nazis provocaron un incendio en el Reichstag (Parlamento) y acusaron del mismo a los comunistas. Este incidente sirvió de pretexto a Hitler para eliminar a sus adversarios y exigir plenos poderes.

En 1934, tras la muerte de Hindenburg, Adolf Hitler se **proclamó Führer y Canciller del III Reich**.

Cómo consiguió Hitler llegar al poder

- Aprovechó los mecanismos de la democracia para hacerse nombrar canciller.
- Se presentó como alternativa al descontento social y a la crisis política y económica.
- Empleó sus habilidades de liderazgo.
- Presentó un programa demagógico y populista.
- Las organizaciones paramilitares nazis impusieron el terror.

Cartel nazi reclamando el voto obrero, 1933.

Destruir la democracia

Nos presentamos a diputados para paralizar la democracia de Weimar con su propia ayuda. Si la democracia es tan estúpida que nos concede dietas y viajes pagados para nuestra tarea inclemente, peor para ella (...).

Si en estas elecciones conseguimos introducir de 60 a 70 agitadores de nuestro partido en diversos Parlamentos, el Estado mismo financiará nuestro equipo de combate (...). ¡Venimos como enemigos! ¡Venimos como el lobo que ataca al rebaño!

Artículo de J. Goebbels en Der Angriff, 1928.

AUMENTO DEL PARO Y ASCENSO DEL NAZISMO

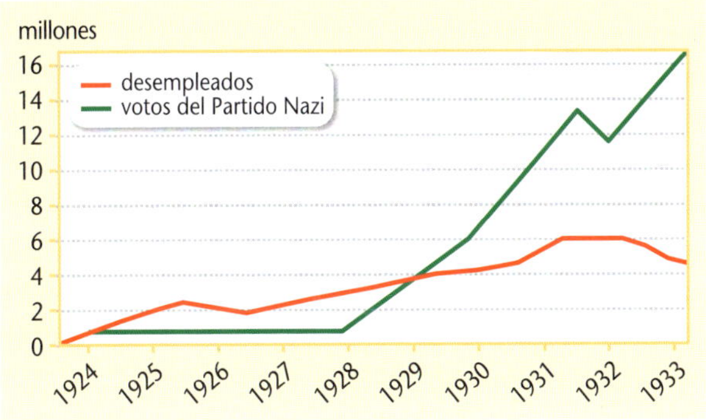

El apoyo del gran capital

Los dirigentes de la economía deseaban la llegada al poder de un *führer* fuerte. (...) El interés común del gran capital era frenar el bolchevismo (...). Otro interés común era la voluntad de poner en práctica el programa económico de Hitler (...).

La construcción de autopistas en todo el Reich, la mejora de los medios de transporte (en particular, de los ferrocarriles) y un desarrollo de industrias como las del automóvil o la aviación y sus sectores anexos.

Declaraciones del banquero Kurt von Schöder.
Proceso de Núremberg, 1945-1946.

1. ¿Qué fue la República de Weimar? ¿Qué situación económica y política tuvo que afrontar?
2. ¿Qué era el NSDAP? ¿Quién era su líder? ¿Cuál era su ideario? ¿Qué métodos utilizaron?
3. ¿Qué consecuencias tuvo la crisis de 1929 en Alemania? ¿Qué repercusiones políticas se derivaron?
4. ¿Cómo consiguió Hitler hacerse con el poder? ¿Qué papel desempeñó en el incendio del Reichstag?
5. ¿Con qué apoyos económicos contó el nazismo? ¿Por qué?
6. Explica razonadamente la posición del nazismo respecto a su participación en las elecciones y para qué querían concurrir a ellas.

6 El régimen nazi, un sistema totalitario

DESCUBRE

En pocos meses, los nazis transformaron Alemania en un régimen totalitario, en el que Hitler y el Partido Nazi controlaban las instituciones, la sociedad y los individuos.

¿En qué principios ideológicos se basada el nazismo? ¿Cómo actuó?

Cartel nazi de la década de 1930. "Un pueblo, un imperio, un führer" fue uno de los eslóganes del nazismo.

A UN SISTEMA TOTALITARIO

A partir del año 1934 se inició la identificación entre el Partido Nazi y el Estado, bajo la única autoridad de Hitler, el Führer. Se **suprimieron las libertades** y las garantías individuales. Se decretó la **disolución de los partidos** y **sindicatos**. Solo fue autorizado el NSDAP, y todos los trabajadores fueron conminados a afiliarse al único sindicato, el Frente Alemán del Trabajo.

La Administración Pública fue depurada. La judicatura quedó sometida a la voluntad del partido. La policía fue sustituida en sus tareas de represión por las formaciones paramilitares de los nazis, fundamentalmente por la SS. En 1934 se creó la **Gestapo** (Policía Secreta), dirigida por Himmler, encargada de la represión de los opositores al régimen y del control sobre la opinión pública.

El poder asoluto del Führer

El Estado (...) no poseerá ningún organismo representativo que decida sobre ningún asunto por el voto de la mayoría, sino solo organismos consultivos que se encontrarán siempre al lado del jefe y que recibirán instrucciones de él.

Adolf Hitler: *Mein Kampf*, 1925.

B LA IMPOSICIÓN DE LA IDEOLOGÍA NAZI

Para el Estado nazi, la sociedad alemana debía tener una absoluta **unidad ideológica**. Se creó el Ministerio de Cultura y Propaganda, que fue confiado a Goebbels, para imponer un pensamiento basado en las **ideas racistas** y **nacionalistas**. La ciencia y la cultura (periódicos, libros, radio...) se "nazificaron", aniquilando la libertad intelectual.

Se reorganizó y se politizó el sistema educativo: se depuró a profesores de universidades y escuelas, y se introdujo la censura en las aulas y en los libros de texto.

El mantenimiento de la pureza racial de la sociedad alemana comportó la persecución y eliminación de toda minoría considerada inferior (gitanos, judíos, etc.) y hasta de los disminuidos físicos o psíquicos. Pero especial importancia tuvo la **persecución de los judíos**. En 1933 se promulgó el boicot a los negocios judíos, en 1935 se dictaron las Leyes de Núremberg, que impedían los matrimonios mixtos y excluían a los judíos de la ciudadanía alemana, y en 1938 se les obligó a llevar un distintivo.

A partir de 1933 se crearon los **campos de concentración** para recluir a los opositores del Reich. Socialistas, comunistas, demócratas de todo tipo y en especial los judíos fueron sometidos a trabajos forzados y, en parte, exterminados.

La quema de libros considerados perniciosos se convirtió en un acto ritual del nazismo.

Las Leyes de Núremberg

Convencido de la conciencia de que la fuerza de la sangre alemana es la premisa de la perpetuación del pueblo alemán, e inspirado en la voluntad indomable de asegurar el futuro de la nación alemana, el Reichstag ha adoptado por unanimidad la siguiente ley:

1. Los matrimonios entre judíos y sujetos de sangre alemana están prohibidos.
2. La relación extramarital entre judíos y sujetos de sangre alemana está prohibida.

Leyes de Núremberg, 1935.

C AUTARQUÍA ECONÓMICA Y REARME

El III Reich se propuso promover un relanzamiento que hiciese de Alemania una potencia económica mundial, preparada para enfrentarse en una guerra que se creía inevitable. En consecuencia, la política económica nazi respondía fundamentalmente a los **proyectos militaristas** y expansionistas de Hitler.

El Estado nazi ejerció un fuerte dirigismo económico, que tenía como objetivo conseguir la **autarquía*** económica para no depender del exterior y convertir a Alemania en un Estado autosuficiente. Se dio prioridad a la industria pesada, sobre todo a la de armamento, que alcanzó un gran desarrollo. Para hacer frente al paro, se llevó a cabo un ambicioso programa de obras públicas con la construcción de numerosas autopistas y otras infraestructuras.

GASTOS DEL ESTADO ALEMÁN

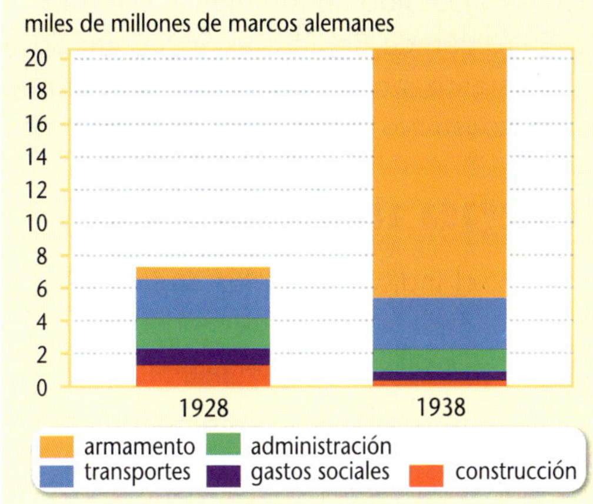

D UNA POLÍTICA EXPANSIONISTA

Hitler vinculó estrechamente la formulación de la superioridad racial con su voluntad de implantar un **nuevo orden en Europa** asentado en el dominio germánico. Las ambiciones expansionistas necesitaban un ejército poderoso y Hitler inició una política militarista: **reforzó el ejército** con la institución del servicio militar y la creación de un nuevo ejército, la Wehrmacht, y de una aviación moderna, la Luftwaffe.

Con un ejército poderoso y una economía orientada hacia la guerra, Hitler se sintió preparado para lanzarse a la construcción de un gran imperio y a la conquista de un "**espacio vital***" al Este de Europa. El camino hacia la Segunda Guerra Mundial estaba ya preparado.

La defensa de la guerra

Las fronteras de 1914 no tienen ningún significado para nuestro porvenir. (...) No darán a la nación alemana solidaridad interna ni le suministrarán alimentos; desde el punto de vista militar, no son adecuadas, ni tan solo satisfactorias (...).

Las fronteras se trazan y se modifican solo de acuerdo con la voluntad humana. El hecho de que una nación consiga adjudicarse un territorio que no le pertenecía (...) prueba, sencillamente, el poder del vencedor y la debilidad de los vencidos. Este poder es la única cosa que da derecho a la posesión (...).

Adolf Hitler, 1927.

E EL ADOCTRINAMIENTO DE LA POBLACIÓN

G. Grosz: *La sociedad alemana*, 1933.

El nazismo dedicó grandes esfuerzos a encuadrar y adoctrinar a la población, especialmente a la juventud, organizada en las **Juventudes Hitlerianas**.

La propaganda y el miedo, pero también el atractivo del proyecto hitleriano, que exaltaba la grandeza de Alemania, el orgullo de la raza y un futuro de progreso, produjo la adhesión de la población y un desentendimiento respecto a los métodos utilizados por los nazis. Todo ello permitió al nazismo presentarse ante el mundo como un régimen incontestado que contaba con el apoyo masivo de la población.

1. Explica las principales características del régimen nazi y por qué lo definimos como un régimen totalitario.
2. ¿Cómo pretendía cohesionar el Estado nazi a la sociedad alemana e imponer su ideología?
3. ¿Cómo se perseguía cualquier oposición? ¿Cómo consigue el nazismo la adhesión de la población?
4. Indica la relación entre el expansionismo militar del régimen nazi y su política económica.

Investiga

5. Busca información sobre la persecución de los judíos y explica las medidas represivas que sufrieron hasta 1939 en la Alemania nazi.

7 La Unión Soviética, la dictadura estalinista

En Rusia se había producido una revolución en 1917 y se había constituido un régimen socialista y un nuevo Estado, la URSS (Unión de Repúblicas Socialistas Soviéticas). Pero, paradójicamente, en la década de 1920 el nuevo dirigente de la URSS construyó un régimen político totalitario.

La llegada al poder de Stalin

Lenin, el indiscutible líder de la revolución murió, en 1924, en un momento en el que se debatía cuál era el mejor camino para consolidar la revolución.

Diferentes propuestas enfrentaron a los dirigentes del partido, en especial a Trotski y Stalin. El primero mantenía que era necesario exportar la revolución, provocándola en otros países. El segundo proponía la "construcción del socialismo en un solo país", mediante la transformación de la URSS en una gran potencia que fuera la cuna de las futuras revoluciones.

Stalin, que se había convertido en **Secretario General del PCUS**, se hizo dueño de la situación a partir de 1927 y se convirtió en el principal dirigente de la URSS. Trotski, su rival, se exilió y en 1940 fue asesinado por orden del mismo Stalin.

El socialismo en un solo país

La política estalinista impuso una **economía** y una **sociedad colectivistas**, con el objetivo de provocar un crecimiento que hiciera de la URSS una gran potencia industrial. Para ello se siguieron estas directrices:

- Se instituyó una **economía planificada** y **dirigida por el Estado**, que elaboraba planes quinquenales para organizar la producción agrícola e industrial. Un organismo oficial, el Gosplán, señalaba los objetivos a alcanzar y evaluaba los resultados.
- Se prohibió la propiedad privada y de este modo, las tierras, fábricas, bancos y transportes se convirtieron en propiedad estatal.

  En 1929 se inició un programa de **colectivización forzosa** de la agricultura que generó grandes tensiones en el campo. Las propiedades colectivas se organizaron en dos tipos de explotaciones: el **koljós**, que funcionaba como una cooperativa gestionada por los campesinos, y el **sovjós**, que constituía una granja propiedad del Estado.
- Se dio prioridad al **desarrollo industrial** basado en la industria pesada con el objetivo de construir las infraestructuras necesarias. El resultado fue una rápida industrialización pero la agricultura sufrió un retraso considerable. Además, la prioridad de la industria pesada descuidó la producción de bienes de consumo y buena parte de las necesidades de la población quedaron desatendidas.

Cartel propagandístico en el que se lee: "Stalin conduce a los pueblos hacia el socialismo".

LA SOCIALIZACIÓN FORZOSA DE LA URSS (%)

	1924	1928	1937
En la renta nacional	35	44	99,1
En la producción bruta de la industria	76,3	82,4	99,8
En la producción bruta de la agricultura	1,6	3,3	98,5
En la cifra de negocios del comercio al por menor	47,3	76,4	100

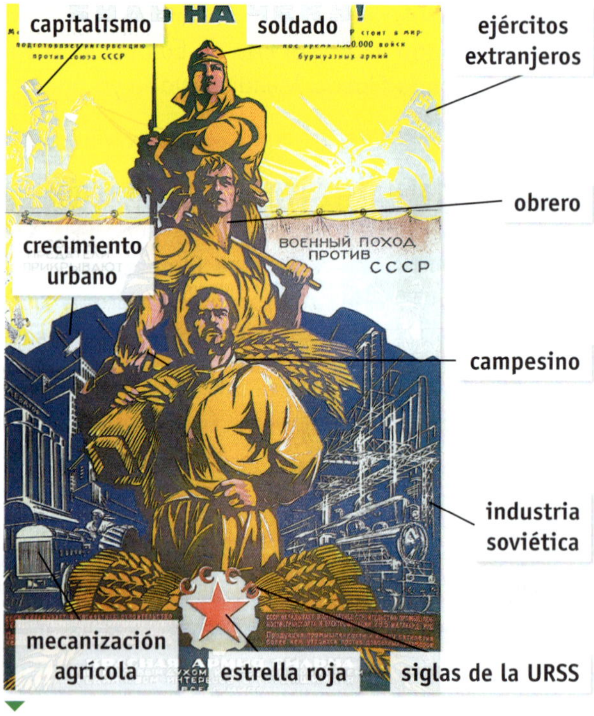

Cartel de propaganda soviético: *El campesino, el obrero y el soldado del Ejército Rojo desafían a los imperialistas*, 1932.

¿CÓMO IMPUSO STALIN SU PODER ABSOLUTO EN LA URSS?

Stalin ejerció el poder en la URSS mediante una **dictadura personal** (estalinismo) alejada de los principios que habían inspirado la revolución bolchevique.

El Partido Comunista se consolidó como eje vertebrador que dirigía y controlaba todos los órganos del Estado. Quedó sometido a la voluntad de Stalin.

La **pertenencia al partido** se convirtió en imprescindible para ocupar cualquier cargo de responsabilidad, y la ideología comunista se impuso a toda la sociedad.

Para consolidar su poder personal, Stalin sembró el terror en todo el país y ejerció una **dura represión**, que afectó tanto al conjunto de la sociedad como a los miembros del Partido Comunista. Todo sospechoso de oponerse a Stalin fue acusado de "enemigo del socialismo".

La represión afectó al conjunto de la sociedad. Fueron especialmente castigados los campesinos propietarios (kulaks) que se oponían a la colectivización forzosa, pero también los disidentes políticos y muchos miembros del Partido Comunista.

En 1929 se instituyó el **gulag***, una red de **campos de prisioneros** donde se recluía a los opositores al régimen y se les obligaba a realizar trabajos forzados.

Las purgas de Stalin

La mayor persecución tuvo lugar durante los **procesos de Moscú** (1936-1938), en los que se depuró a la mayoría de los antiguos dirigentes bolcheviques que podían disputar el liderazgo a Stalin, y a parte de la oficialidad del ejército.

Muchos de ellos fueron ejecutados, encarcelados o deportados a los campos de trabajos forzados.

El culto a Stalin

El liderazgo de Stalin se reforzó mediante el **culto a su personalidad***, ensalzada en todas sus actuaciones y en los medios de propaganda del régimen.

Propaganda soviética que nos muestra a niños halagando a Stalin.

La represión a los kulaks

Mi padre no quería formar parte del koljós; entonces vinieron a nuestra casa personas que discutieron con él y se lo llevaron para pegarle. Teníamos un caballo, una vaca (...) cinco corderos y algunos cerdos. Una mañana unos desconocidos vinieron a nuestra casa y se llevaron todos nuestros enseres y los animales (...).

Nos llevaron a toda la familia a la iglesia de la aldea. Por la mañana nos hicieron poner en camino, escoltados por milicianos. Nos llevaron a unos vagones de tren y cuando nuestro vagón estuvo lleno lo cerraron con candado desde el exterior. Después el tren se puso en marcha. Nadie sabía hacia dónde íbamos.

Testimonio de un niño deportado al gulag.

REPRESIÓN POLÍTICA

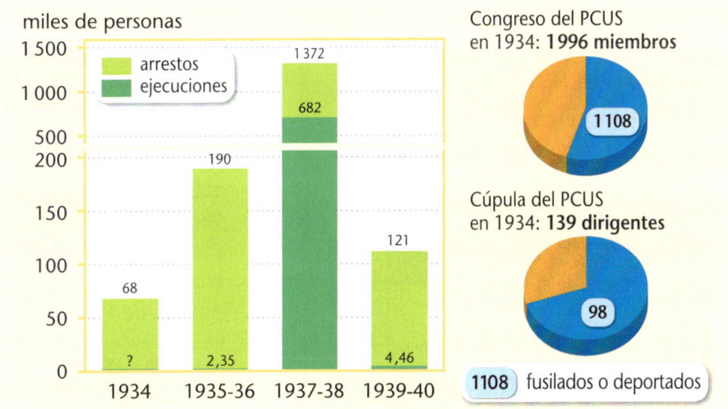

1. ¿Qué proponía Stalin frente a Trotski? ¿Quién se hizo con el poder?
2. Sintetiza las medidas adoptadas por Stalin para transformar la URSS en una potencia industrial. ¿Qué transformaciones experimentó la agricultura y qué consecuencias se derivaron?
3. Explica por qué el Estado soviético era un régimen totalitario. ¿Qué diferencias crees que tenía respecto a Alemania o Italia?
4. ¿Cómo impuso su poder Stalin? ¿Cómo trató a los que se oponían a las colectivaciones? ¿Qué se decidió en los procesos de Moscú?

8 El arte del periodo de entreguerras

La Primera Guerra Mundial tuvo un gran impacto en la conciencia de las personas. Una sensación de hastío y amargura, como resultado de los grandes desastres ocasionados por el conflicto bélico, invadió a los representantes del mundo de la cultura y del arte.

Ese descontento originó numerosas corrientes de protesta que deseaban romper con el arte antiguo, símbolo de una sociedad que había llevado a la humanidad a una confrontación sin precedentes.

Entre los artistas surgió un gran deseo de denuncia social, y de buscar nuevas dimensiones de la imaginación y de la creatividad artística. Además, los avances técnicos (fotografía, cine...) llevaron a los artistas a plantearse la función y el sentido del arte.

A EL DADAÍSMO

El dadaísmo se inició, en 1916, con la intención de destruir todas las convenciones establecidas en el arte.

Su propuesta reflejaba un arte ilógico y absurdo, como reflejo de la locura autodestructiva del ser humano durante la Primera Guerra Mundial.

Los artistas dadá, como **Marcel Duchamp**, defendieron el caos frente al orden y la imperfección de su arte, tomando una actitud antirracional y provocativa como herramienta creadora.

Marcel DUCHAMP: *Rueda de bicicleta*, 1913. Duchamp demostró que una obra de arte se puede realizar a partir de cualquier objeto cotidiano.

B LAS CORRIENTES DE LA ABSTRACCIÓN

La abstracción fue la corriente más innovadora del siglo XX. Rechazaba la pintura figurativa y la representación de la realidad. La inició **Vasili Kandinsky** en 1910, y durante la posguerra se desarrollarían diferentes movimientos abstractos, de tendencia geométrica.

EL CONSTRUCTIVISMO (1913)

Quería representar la maquinaria y la tecnología modernas. El rechazo de la perspectiva y el uso de la bidimensionalidad caracterizan la obra.

Torres GARCÍA: *Constructivismo con campana*, 1932.

EL SUPREMATISMO (1913-1923)

Utilizaba las formas geométricas básicas y una gama reducida de colores.

Esta corriente rechazaba el arte convencional buscando la pura sensibilidad a través de la abstracción geométrica. Su primera manifestación fue la pintura de **Malévich**.

Kasimir MALÉVICH: *Suprematismo I*, 1915.

EL NEOPLASTICISMO (1917)

Buscaba la depuración formal a partir de la intersección de las líneas y los colores.

Este planteamiento artístico, propuesto por **Mondrian**, busca la depuración absoluta de las formas.

Piet MONDRIAN: *Composición en rojo, amarillo y negro*, 1921.

C EL SURREALISMO

El surrealismo nació en 1924, en París, influenciado por las teorías del psicoanálisis de Sigmund Freud. Se caracterizó por intentar plasmar, por medio de formas abstractas o figuras simbólicas, la realidad más profunda del ser humano: el subconsciente.

Dentro del surrealismo se distinguen dos corrientes: la **automatista**, que reproduce un universo de símbolos, a veces abstractos, surgidos del inconsciente y el azar (**André Masson** y **Joan Miró**) y la **onírica**, que recrea figurativamente asociaciones extrañas propias del mundo de los sueños (**René Magritte** y **Salvador Dalí**).

Joan MIRÓ: *Mujer con pájaro a la luz de la luna,* 1949.

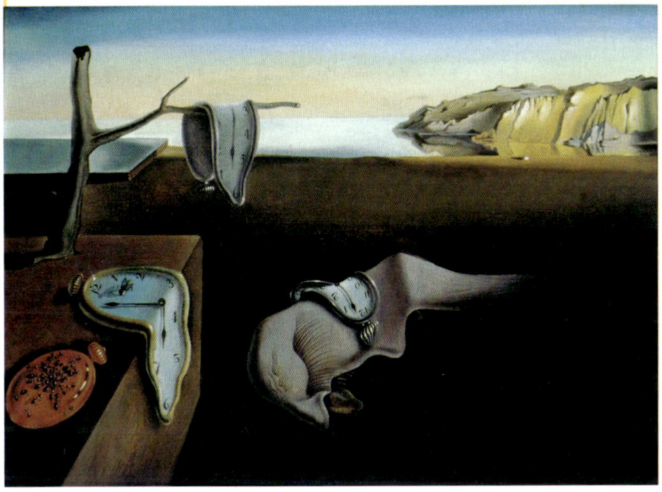

Salvador DALÍ: *La persistencia de la memoria*, 1931.

FICHAART

Busca en Internet información sobre esta obra.

a) **Identificación.** Sitúa cronológica y geográficamente el autor y la obra. ¿A qué corriente pertenece?

b) **Descripción.** ¿Qué se representa? ¿Cómo lo simboliza? ¿Qué técnicas emplea?

c) **Valoración.** Explica qué destacarías de esta obra y qué emociones o sentimientos te produce.

D LA NUEVA OBJETIVIDAD

La terrible situación de Alemania tras la Primera Guerra Mundial tuvo su impacto en el mundo de la cultura y el arte, y los artistas de la década de 1920 propusieron un arte tremendamente agresivo y cargado de una **crítica feroz** contra la sociedad y las instituciones del poder.

Esta tendencia retomó la estética expresionista, utilizando un detallismo meticuloso y desgarrado para mostrar y denunciar las atrocidades causadas por la Primera Guerra Mundial. Los principales representantes de esta corriente fueron los alemanes **Georg Grosz** y **Otto Dix**.

Otto DIX: *El vendedor de cerillas*, 1920.

1. ¿Qué es el dadaísmo? ¿En qué sentido ataca la obra de Duchamp las convenciones artísticas?
2. ¿En qué consiste el arte abstracto? ¿Qué corrientes existen? ¿Cuáles son sus características?
3. ¿Qué es el surrealismo? ¿Puede ser abstracto el surrealismo?

Aprecia el arte

4. ¿Cómo influyó la Gran Guerra en las corrientes artísticas? ¿Qué sentimientos y sensaciones generó en los artistas?
5. Observa la pintura de Otto Dix. Descríbela y explica qué mensaje quiere transmitir su autor.
6. Identifica en este tema y en el anterior cuadros de la corriente Nueva Objetividad y analiza el mensaje que transmiten.

COMPLETA EL MAPA CONCEPTUAL

Con la información del tema, completa en tu cuaderno el siguiente esquema:

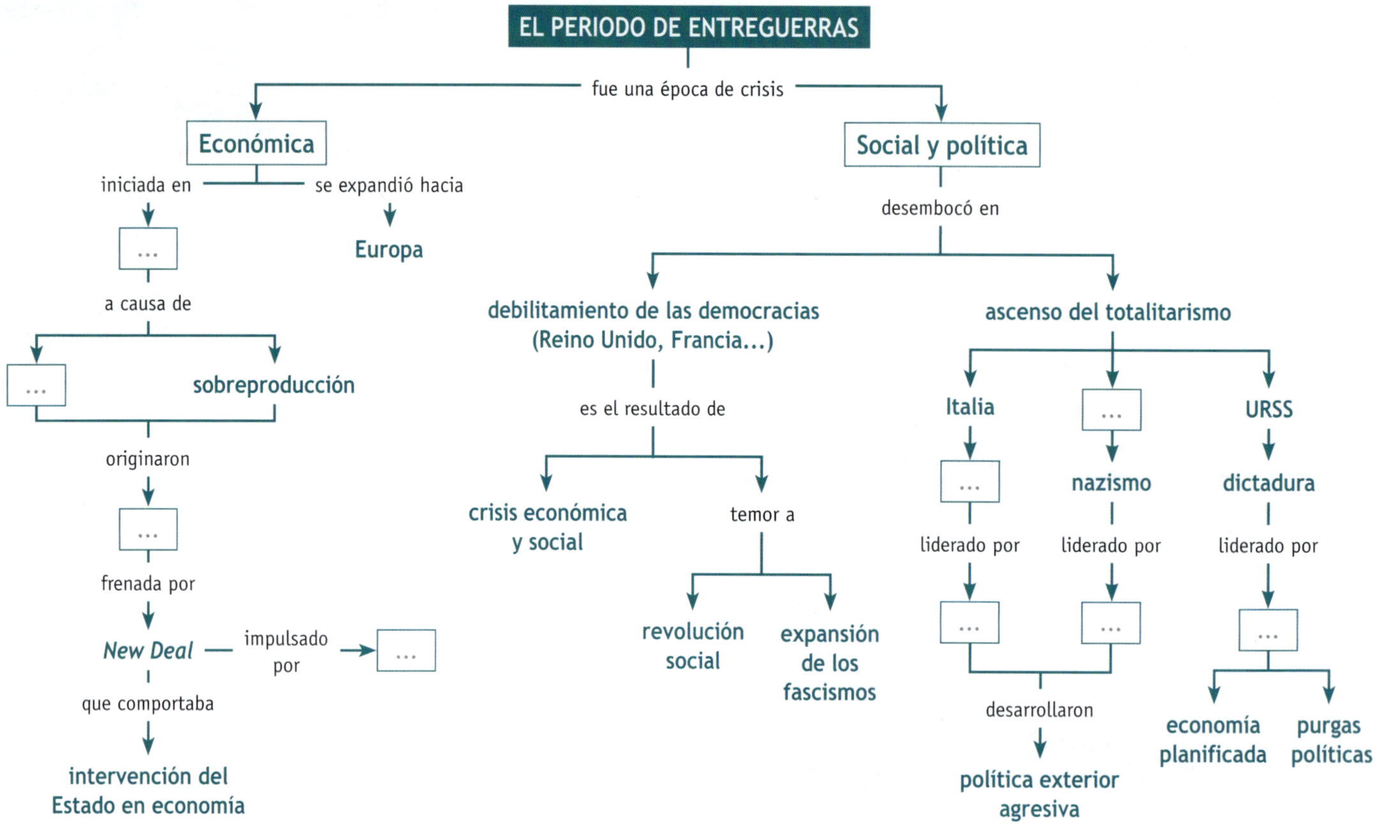

1 CONSOLIDA LO APRENDIDO

a) ¿Qué entendemos por los "felices años veinte"? ¿Qué acontecimiento puso fin a esa década de prosperidad? ¿Qué fue la Gran Depresión? ¿Cómo se intentó acabar con ella?

b) ¿Qué es el fascismo? ¿Qué características presenta? ¿Cómo consiguió Benito Mussolini hacerse con todo el poder?

c) ¿Qué circunstancias propiciaron en Alemania el ascenso de Adolf Hitler al poder? ¿Cuáles son las ideas fundamentales del nazismo?

d) ¿Qué aspectos ideológicos del nazismo y de su política económica prepararon el camino hacia la Segunda Guerra Mundial?

e) ¿Cómo consiguió Stalin hacerse con el poder en la URSS? ¿Qué características tuvo el régimen estalinista?

2 DEFINE CONCEPTOS CLAVE

- nacionalismo
- totalitarismo
- "espacio vital"
- dictadura
- sobreproducción
- nazismo
- fascismo
- especulación bursátil
- depresión económica
- burbuja especulativa

3 IDENTIFICA LOS PERSONAJES

- Franklin D. Roosevelt
- John M. Keynes
- Benito Mussolini
- Adolf Hitler
- Paul von Hindenburg
- Iósif Stalin

4 EXPLICA LAS DIFERENCIAS

- duce / führer
- propaganda / adoctrinamiento
- Partido Nazi / SS
- colectivización / kulaks

RESPONDE A LA PREGUNTA INICIAL

¿Por qué los años entre 1918 y 1939 fueron tiempos de crisis económica, social y política?

APRENDE A... COMENTAR UNA PELÍCULA

Título: *La Ola (Die Welle)*.

Guion y dirección: Dennis GANSEL.

Reparto: Jürgen Vogel, Max Riemelt, Jennifer Ulrich, Jacob Matschenz, Frederick Lau.

País: Alemania.

Año: 2008.

Género: Drama.

Duración: 107 minutos.

El argumento de la película

La trama se basa en la novela de Morton Rhue, fundamentada en un caso real. Se sitúa en un instituto de enseñanza media de una ciudad alemana. El profesor Rainer Wenger propone a los estudiantes de su clase el desarrollo de una actividad sobre el totalitarismo como forma de gobierno.

Los estudiantes están hartos de discutir sobre el nazismo, un tema perenne en las escuelas alemanas. Ante la pregunta del profesor: "¿así que no creéis que otra dictadura sea posible en Alemania?", los estudiantes se muestran escépticos y no creen que la vuelta del nacionalsocialismo sea un peligro real.

Entonces, el profesor decide empezar un experimento con sus alumnos y alumnas con el que pretende demostrar lo fácil que es manipular a las masas.

1. Presentación

- Justifica por qué la película está encuadrada dentro del género dramático.
- ¿Qué sabes sobre el director de esta película? Accede a la página web www.tiching.com/64373 y lee la entrevista que le realizan a Dennis Gansel, su director. Explica qué razones le movieron para interesarse por el tema del nazismo y qué objetivo se propuso al rodar esta película.

2. Análisis

- Elabora una sinopsis sobre el argumento de la película.
  - Escribe un subtítulo para la película que sea revelador del mensaje que contiene.
  - Escoge algunas escenas significativas y explica la intención del director.
  - Describe minuciosamente la personalidad, las razones que les mueven a adherirse a "La Ola" y su evolución a lo largo de la película de los siguientes personajes: el profesor Wenger, Tim, Marco, Lisa, Karo, Sinan y Bomber.
  - ¿Qué razones argumentan las chicas (Mona y Karo) para no participar en el experimento del profesor?
  - ¿Qué opinas de la uniformidad en el vestir? Reflexiona sobre la escena en la que Tim quema su ropa anterior.
  - ¿En qué momento el profesor se da cuenta de que el experimento se le ha ido de las manos? ¿Cómo intenta resolver el problema? ¿Crees que lo consigue? ¿Por qué Tim acaba suicidándose cuando finaliza el experimento?

3. Contexto histórico

- Explica, a través de las escenas de la película, los elementos que facilitan la implantación de una dictadura.
  - ¿Qué mensaje educativo quería transmitir el profesor a sus alumnos con el experimento? ¿Crees que lo consiguió? Razona tu respuesta.

4. Conclusiones

- ¿Qué hubieras hecho tú para frenar "La Ola"?
  - ¿Recomendarías esta película a un amigo? ¿Por qué?

RAZONA HISTÓRICAMENTE

Argumenta. ¿Qué principios del nazismo expresa el eslogan "Un pueblo, un imperio, un führer"? ¿Y el lema del fascismo: "Mussolini siempre tiene razón"?

Empatía. Sitúate en la época y piensa qué razones te podrían llevar a apoyar la política expansionista de Hitler y cuáles a oponerte.

Causalidad. Determina la situación de Europa después de la Gran Guerra y los problemas (no resueltos) que incidieron en un nuevo conflicto bélico. Organízate en función de estos dos elementos:

- Ideología: crisis de las democracias.
- Desequilibrios económicos.

1 Fuentes documentales. La política del *New Deal* en Estados Unidos

Nuestra tarea prioritaria es hacer que la gente vuelva a trabajar. Esto se puede conseguir mediante un reclutamiento directo por parte del gobierno. (...) Nosotros podemos facilitar la realización de este objetivo aumentando el precio de los productos agrícolas y, con ellos, la capacidad adquisitiva de los agricultores. (...) Podemos facilitarlo unificando las ayudas a las víctimas de la crisis. (...) Podemos facilitarlo planificando y supervisando a nivel nacional todas las formas de transporte, de comunicaciones y de servicios que tienen claramente un carácter de interés público (...).

Finalmente, en nuestro camino hacia la plena ocupación, necesitaremos llevar a cabo tres medidas destinadas a prevenir un retorno a los malos tiempos pasados: tendrá que haber una estricta vigilancia de todas las actividades bancarias, financieras y de inversiones; habrá que limitar las actividades de los que especulan con el dinero de los demás; será necesario asegurarse de que nuestra divisa sea a un tiempo adecuada y saneada. (...)

Primer discurso de Franklin D. Roosevelt como presidente, 1933.

a) Identifica al autor de este discurso. ¿Cuándo lo realizó?

b) ¿Qué política económica y social propone? ¿En qué teorías económicas se inspira?

c) Identifica en el texto algunos de los rasgos esenciales de dicha política económica.

d) ¿A qué situación pretendía hacer frente Roosevelt? ¿Cuáles fueron las causas que originaron la situación de crisis de la década de 1930?

e) Valora si las medidas llevadas a cabo por Roosevelt te parecen adecuadas en caso de crisis económica. Justifica tu respuesta.

2 Análisis. El crac de 1929

LAS CAUSAS DE LA CRISIS DE 1929

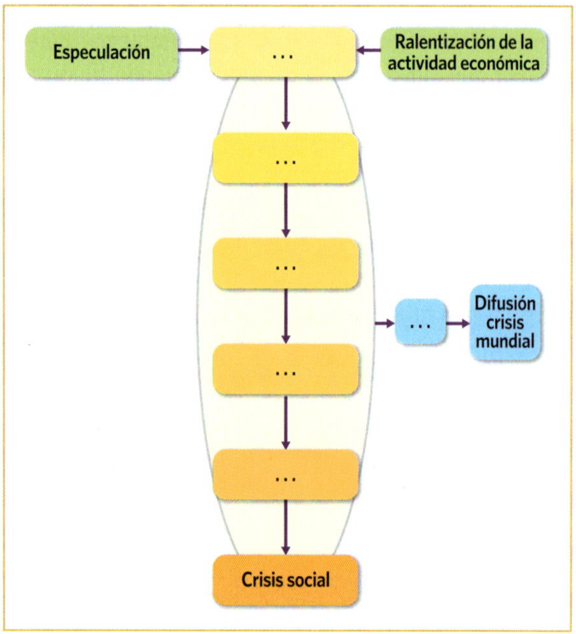

a) Completa el organigrama con los siguientes conceptos: crisis de liquidez, aumento del paro, crisis económica, reducción de las importaciones, hundimiento de la bolsa, quiebras bancarias.

b) Explica cómo acabó desencadenando esta crisis una recesión generalizada en la economía mundial.

3 Espacio y tiempo. Industria y trabajos forzados

LA INDUSTRIALIZACIÓN SOVIÉTICA (1928-1939)

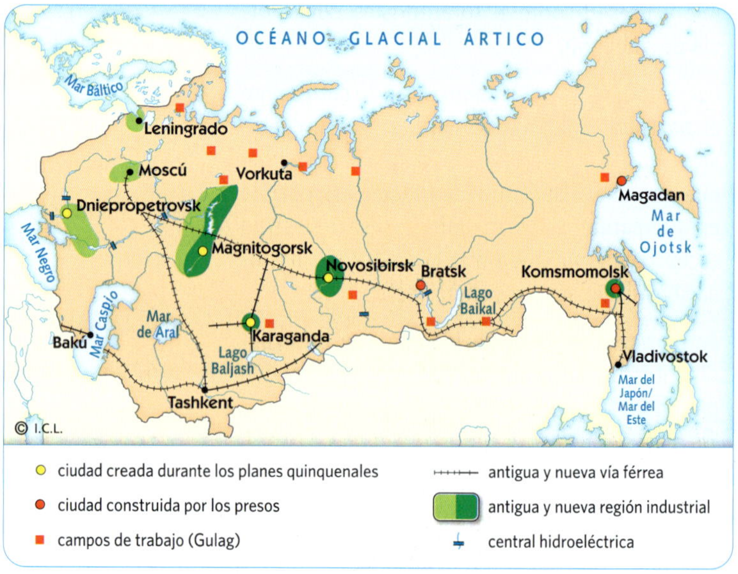

a) ¿Cuáles eran las regiones industriales del Imperio ruso antes de 1928? ¿Qué nuevas zonas se desarrollaron en la etapa estalinista? ¿Qué sectores industriales se potenciaron?

b) ¿Qué eran los campos de trabajo o gulag? ¿Dónde se instalaron? ¿Qué función tenían?

c) ¿Qué trabajos se confiaron a los presos políticos? Elabora una síntesis del proceso de industrialización ruso en la primera mitad del siglo XX.

4 Fuentes documentales. La educación nazi

Haremos crecer una juventud ante la cual el mundo temblará. Una juventud violenta, orgullosa, intrépida, cruel. Es así como la quiero. Sabrá soportar el dolor. No tendrá nada de debilidad o ternura. Quiero que tenga la fuerza y la belleza de las fieras jóvenes (...).

A. Hitler: *Mein Kampf*, 1924.

Ilustración de un libro escolar alemán de 1936.

a) **Descripción.** ¿Cómo muestra el dibujo a los arios y a los judíos? ¿Cuál es la actitud de los arios? ¿Y la de los judíos? ¿Cómo describe Hitler a la juventud?

b) **Análisis.** ¿A qué forma de comportamiento con los judíos incita el dibujo? ¿Cómo lo refleja? ¿Qué objetivos pretendía esta propaganda antisemita y racista? ¿Qué consecuencias tendrá en la forma de pensar de la población?

5 Fuentes iconográficas. El fascismo italiano

Italia durante los años 30.

a) **Descripción.** Describe los personajes de la fotografía: ¿cómo van vestidos? ¿Qué crees que están haciendo? Traduce la pintada de la pared.

b) **Análisis.** Relaciona esos elementos con el fascismo italiano y su ideología.

WWW. ESPACIO WEB

6 Trabajo en valores. Racismo

A lo largo de la historia han existido numerosas muestras de racismo que sostienen actitudes de intolerancia, separación, segregación, discriminación y odio.

A menudo, el racismo se sustenta sobre falsas teorías científicas que pretenden demostrar la superioridad de unas razas sobre las otras.

Consulta la página web sobre el memorial del Holocausto en www.tiching.com/12965 y contesta:

a) ¿Cómo definirías el racismo? ¿Y el antisemitismo? ¿Qué experimentos seudocientíficos desarrolló el nacionalsocialismo alemán para justificar la teoría de la superioridad de la raza aria?

b) ¿Qué métodos de propaganda utilizaron los nazis para difundir sus teorías raciales entre la población?

c) Algunas personas ayudaron a los judíos a esconderse y a escapar de la persecución. Busca en la página web el caso del ciudadano Georges Mandel y explica cuál fue su actuación. ¿Conoces algún otro caso de ayuda a los judíos perseguidos?

A continuación vamos a reflexionar sobre el racismo y la xenofobia en nuestra sociedad actual:

a) ¿Qué entiendes por xenofobia? ¿Crees que hay actitudes racistas o xenófobas en nuestra sociedad actual? Pon algún ejemplo.

b) Busca en la prensa o en Internet algún suceso que muestre actitudes racistas o xenófobas. ¿A qué crees que son debidas?

c) ¿Cómo podrían erradicarse estas actitudes? ¿Cómo puede contribuir la educación a una mayor tolerancia? ¿Qué podríamos hacer desde nuestro centro escolar?

RETOS EN LA RED

MINI UNIDAD VISUAL: Un recorrido por la historia del Partido Nazi.

ACTIVIDADES AUTOCORRECTIVAS: Resuelve estas actividades y repasa lo que has aprendido.

www.vvd.link/012271/8

CÓDIGO DE LICENCIA *
V57L32VMDN9F

edubook
activa el aprendizaje

1 Entra en la web: **activa.vicensvives.com**

2 Introduce el **código de licencia** de tu libro

Introduce tu licencia

3 **Sigue los pasos** y accede a tu cuenta de Edubook

* Licencia gratuita válida por un año desde su activación
En caso de que la disponibilidad y activación de la licencia no sea posible por cualquier causa, el usuario no podrá reclamar a EDUBOOK por ningún concepto relacionado con la misma.

Agradecemos a las siguientes entidades la utilización de sus fotografías:
Foto trincheras: © Nick Stone Original Image MM (página 138).
Foto enfermeras: © Canadian War Museum. Musée Canadien de la Guerre (página 140).

Ilustrado por: Josep Niubó, Carles Salom y Marcel Socias.

Este libro está impreso en papel ecológico reciclable y con tintas exentas de elementos pesados solubles contaminantes. Directiva Europea 88/378/UE, norma revisada EN/71.

Los editores han hecho todos los esfuerzos posibles para asegurar que las direcciones web son las correctas en el momento de la impresión de este libro y no serán responsables de cualquier variación o imprecisión en las páginas web citadas en el presente Libro. Los Titulares del © y la Editorial no serán responsables del contenido de ningún sitio web mencionado en este libro.

Primera edición, 2016

4 5 6 7

Depósito Legal: B. 8.192-2016/ N.º de Orden V.V.: OH13.